上图 / 1930年7月，蔡金涛交通大学毕业照

下图 / 20世纪30年代初，蔡金涛（左）和交通大学同一实验组成员马师亮（中）、蒋葆增（右）合影

上图 / 20世纪30年代，蔡金涛在美国

下图 / 1943年7月，蔡金涛（左二）等在重庆演示研制成功的抗日新产品

上图 / 1947年2月，蔡金涛在作学术报告

下图 / 1964年，蔡金涛在北京

上图 / 1958年，国防部五院二分院领导和专家欢迎苏联专家来华（右二起：柴志、李际亨、王树明、周维、苏联专家、董启强、蔡金涛、黄纬禄）

下图 / 1963年10月，人大、政协考察团在云南考察期间，蔡金涛（中）和著名科学家汪德昭（左）、马大猷（右）在一起

上图 / 20世纪70年代末，《电子学报》复刊后，编辑工作委员会全体委员和工作人员合影（前排右八为蔡金涛）

下图 / 1980年，蔡金涛（左）与胡思益（右）、卢宗澄（中）在广州华南植物园合影

上图／“文革”后，蔡金涛在中国宇航学会召开的学术会议上讲话

下图／二院30周年院庆，张爱萍等领导接见二院部分人员（前排从右至左：黄纬禄、蔡金涛、柴志、董启强、伍绍祖、张爱萍、李绪鄂、刘从军、王可立、吴朔平、沈钧、虞征，中排左八为陈敬熊）

上图 / 20世纪80年代，蔡金涛与老同事们合影（从左至右，前排：钱文极、董启强、蔡金涛、黄纬禄；后排：何国伟、陈德仁、郭芃、沈家楠、李一鸣）

下图 / 1988年11月25日，蔡金涛（前排左三）与胡思益、蒋家仁、武坪（前排左一、左二、左四）、孙仁琦、毛恒光、汪侃（后排从左至右）在广州合影

上图 / 1951年夏，蔡金涛夫妇与子女合影

下图 / 1980年国庆节，应北京市政府邀请，蔡金涛夫妇登上天安门城楼

蔡金涛院士传记

Academician Cai Jintao's Biography

《中国航天院士传记丛书》总编委会 组织编写

谭邦治 著

中国宇航出版社

·北京·

图书在版编目(CIP)数据

蔡金涛院士传记 / 谭邦治著;《中国航天院士传记丛书》总编委会组织编写. --北京 : 中国宇航出版社, 2015.12

(中国航天院士传记丛书)

ISBN 978-7-5159-1066-6

Ⅰ. ①蔡… Ⅱ. ①谭… ②中… Ⅲ. ①蔡金涛(1908～1996)—传记 Ⅳ. ①K826.16

中国版本图书馆 CIP 数据核字(2015)第 321388 号

责任编辑　黄　莘
责任校对　王　妍　汪秀明　**装帧设计**　文道思

出版发行　中国宇航出版社

社　址　北京市阜成路 8 号　**邮　编**　100830
(010)60286808　(010)68768548

网　址　www.caphbook.com

经　销　新华书店

发行部　(010)60286888　(010)68371900
(010)60286887　(010)60286804(传真)

零售店　读者服务部
(010)68371105

承　印　三河市君旺印务有限公司

版　次　2015 年 12 月第 1 版
2015 年 12 月第 1 次印刷

规　格　787×960

开　本　1/16

印　张　19.25　**彩　插**　8 面

字　数　268 千字

书　号　ISBN 978-7-5159-1066-6

定　价　68.00 元

《中国航天院士传记丛书》总编委会名单

《蔡金涛院士传记》
编审委员会名单

序　一

Preface I

中国航天事业自1956年创建以来，已经走过50多年的发展历程。在党中央、国务院、中央军委的亲切关怀和英明领导下，中国航天人团结一心、顽强拼搏、勇于创新、无私奉献，不仅取得了以“两弹一星”、载人航天工程和月球探测工程为代表的辉煌成就，孕育形成了航天传统精神、“两弹一星”精神和载人航天精神，也造就了一支技术精湛、作风优良的航天人才队伍。

航天系统的中国科学院院士和中国工程院院士就是这支队伍的杰出代表。中国航天科技集团公司和中国航天科工集团公司先后有50多位科学家和航天工程专家当选为两院院士。其中，有7位院士获得过“两弹一星”功勋奖章，2位院士获得过国家最高科学技术奖。他们不仅是航天成就的主要创造者，也是航天精神的重要孕育者和忠实践行者。

中国航天事业是在新中国成立不久，工业实力、科技实力、综合国力都很薄弱，帝国主义严密封锁，苏联撕毁协定、撤走专家的情况下发展起来的。以航天院士为代表的中国航天人，自力更生，艰苦奋斗，奋发图强，顽强拼搏，在一穷二白的基础上，独立自主地创建起了中国的航天事业。

航天型号研制是复杂的系统工程，涉及很多领域，需要众人参与，必须大力协同、集智攻关才能完成。以航天院士为代表的中国航天人，在航天工程研制实践中，齐心协力，密切配合，实现了一次又一次技术突破，铸造了一项又一项辉煌成就。他们为祖国的航天事业作出了巨大贡献，却淡泊名利，不计得失，将个人利益置之度外。

航天事业属于尖端技术领域，难度大、风险高、技术复杂，在发展历程中碰到过很多难题，经历过各种坎坷，甚至遭受过重大失利。以航天院士为代表的中国航天人，在困难和失败面前不动摇、不退缩，树立百折不挠、锲而不舍、脚踏实地、严谨务实的工作作风，不断攻坚克难、勇攀高峰，取得了一个又一个胜利，树立了一座又一座丰碑。

今天，在由航天大国向航天强国迈进的征程中，航天院士的科学思想、创新意识、坚定信念和爱国情怀是全体航天人宝贵的精神财富。中国航天科技集团公司和中国航天科工集团公司决定出版《中国航天院士传记丛书》，不仅是为了宣传航天院士的科研成就，总结航天院士的成长规律，更是为了传承航天院士的宝贵精神，使之生生不息、薪火相传，为“续航天梦、筑强军梦、圆中国梦”的伟大实践提供精神动力和思想源泉。

许达哲

2014 年 1 月

序　二
Preface Ⅱ

中国航天事业创建半个多世纪以来，培养和塑造了一大批功勋卓著、德高望重的中国科学院院士和中国工程院院士。他们具有坚定的理想信念和强烈的爱国情怀，理论功底深厚，技术水平高超，善于引领科学发展和技术创新，在中国航天事业发展的关键时期发挥了重要作用，为中国航天事业取得辉煌成就、孕育航天精神作出了突出贡献。

为了全面、系统地总结航天院士的成长规律，把航天院士的科学思想和创新方法记录下来、传承下去，为中国航天事业积累精神财富，为航天强国建设提供有益借鉴，中国航天科技集团公司和中国航天科工集团公司研究决定，组织编写一套《中国航天院士传记丛书》（以下简称《丛书》）。

党的十八大描绘了坚持中国特色社会主义道路、全面建成小康社会、实现中华民族伟大复兴的宏伟蓝图，同时也为加强国防和军队现代化建设、推进我国由航天大国向航天强国迈进指明了方向。在中国航天事业“续航天梦、筑强军梦、圆中国梦”的新形势下，出版这套《丛书》，具有重大的现实意义和深远的历史意义。

记载航天历史。航天院士是中国航天事业的宝贵财富，他们的成长历程反映了航天事业的发展轨迹。这套《丛书》不仅是航天院士个人的传记，也从不同侧面记载了中国航天从技术到管理、从思想到精神的真实历史。

弘扬航天文化。宣传航天院士，就是站在科学的高度，向社会各界全面宣传航天事业，弘扬航天文化，使其成为中华民族文化宝库的重要组成部分，增强中华民族的自信心、自豪感和凝聚力，提升国家的软实力。

传承航天精神。航天精神是包括航天院士在内的几代航天人，在中国航天事业发展历程中，不断积累、提炼、传承而逐渐形成的，是民族精神、时代精神与航天实践相结合的产物，是中国航天事业之魂。《丛书》全面反映了航天院士的学术成就、科学作风和思想品格，有助于航天精神薪火相传。

培育航天人才。中国航天事业已经完成了新老交替，一代航天新人正在茁壮成长。《丛书》是泽被后世的人才工程，对于培育航天人才、发展航天事业、铸造新的辉煌将产生积极的促进作用。

总之，《丛书》是一套具有航天特色的爱国主义教材，是不可多得的精神食粮。相信这套《丛书》的出版发行，必将吸引更多的年轻人热爱航天、投身航天、奉献航天，以饱满的热情和昂扬的斗志再攀高峰，使中国航天事业后继有人，蓬勃发展，续写辉煌。

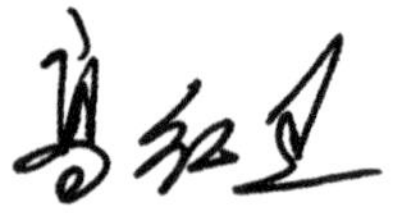

2014 年 1 月

目　录
Contents

引 言

在人类社会发展与进步的历史长河中，在政治、经济、军事、科技等领域，都陶冶和锤炼出一批领导人物和精英。中国人民在中国共产党和毛泽东、刘少奇、周恩来、朱德等老一辈无产阶级革命家的领导下，为推翻压在中国人民头上的帝国主义、封建主义和官僚资本主义三座大山，建立新中国，进行了艰苦卓绝的伟大斗争。人民军队经过第一次国内革命战争、第二次国内革命战争、抗日战争、第三次国内革命战争、抗美援朝战争等血与火的考验，锤炼出了以朱德等十大元帅、粟裕等十位大将为代表的帅、将。在血雨腥风的战争中，他们驰骋沙场、叱咤风云、足智多谋、指挥若定、英勇善战，为了民族的解放，为了夺取无产阶级的政权，他们坚韧不拔，胜不骄、败不馁，终于迎来了中华人民共和国的诞生。这些开国帅将们的功绩将永垂青史、流芳千古。

中华人民共和国成立后，在工业、农业、国防、科技等领域都取得了辉煌的成就。在国防科技工业方面，特别是航天科技工业、核科技工业，更是取得了举世瞩目的伟大成就。1964 年 6 月 29 日，我国首次成功地发射了液体中近程弹道导弹东风二号；1964 年 10 月 16 日，我国成功地爆炸了第一颗原子弹；1966 年 10 月 27 日，我国第一发装有核弹头的地地导弹东风二号甲飞行爆炸试验成功；1967 年 6 月 17 日，我国第一颗氢弹空爆试验成功；1967 年 7 月 10 日，我国改型研制成功中高空地空导弹红旗二号；1970 年 4 月 24 日，我国成功地发射了第一颗人造地球卫星东方红一号；1970 年 12 月，我国第一艘核动力潜艇成功下水；1975 年 11 月 26 日，我国成功发射并回收第一颗返回式遥感卫星；1980 年 5 月 18 日，我国第一发远程液体弹道导弹东风五号全程飞行试验成功；1982 年 10 月 12 日，我国第一发潜地固体导弹水下发射成功；1984 年 4 月 8 日，我国成功地发射了地球同步轨道通信卫星，并成功定点和投入运营、使用……

这些成就对极大地提升中国的国际地位、改变国际战略格局，都发挥了举足轻重的作用。也标志着我国综合国力，包括国防实力、经济实力、科技实力有了实质性的大幅度增强，还极大地增加了中华民族的凝聚力。

这一系列成就的取得，靠的是党中央、国务院、中央军委的英明决策和正确领导；靠的是广大科技人员、工人和干部的艰苦奋斗、攻关创新；靠的是全国各地区、各部门、各单位的大力协同。这其中经过航天科技工程历次成功与失败的考验、洗礼，而凝练的科技专家团队，更是发挥了不可或缺的顶梁柱作用。

蔡金涛就是这科技专家团队的重要一员。正如 1986 年出版的《当代中国的航天事业》所记述的，中国航天已经形成了以钱学森、任新民、屠守锷、黄纬禄、梁守槃、蔡金涛、吴朔平、卢庆骏、杨嘉墀等为代表的学术、技术带头人。这些带头人像军事战场上能征善战的骁将一样，在航天型号工程研制和向科技高峰的登攀中，披荆斩棘，攻克险关、隘口，突破明堡暗碉，率领广大科技人员步调一致地去争取成功。蔡金涛是我国科技界的一位元老，是我国电信技术、无线电电子技术领域一位泰斗级的领军人物，也是我国导弹技术一位主要的开拓者和奠基人。他热爱祖国、忠诚事业，拥护中国共产党和社会主义；一生悉心钻研技术，刻苦钻研科技理论，造诣精深；深入实际，注重实践，是理论联系实际的典范。他惜才如金，荐举贤能，提携后辈，是科技界的一位宗师；谦虚谨慎，平易近人，低调做人，用其坚实厚重的足迹，铸就了无怨无悔、朴实无华、甘于奉献的人生，成为一位德高望重、众口皆碑的楷模。

编撰《蔡金涛院士传记》就是寻觅他的人生历程和科技生涯，颂扬他的业绩与贡献、伟大品格和高尚风范，记述有关科技领域和航天科技工业创建发展的部分史实和成就。既告慰九泉之下的蔡老，也期盼后来者，特别是年轻的航天工作者从中得到启迪，收获裨益。

蔡金涛

蔡金涛院士传记

Academician Cai Jintao's Biography

第一章

农家子弟　立志攻读

蔡金涛出身农家，自幼参加农田劳作，养成了热爱劳动、勤奋刻苦的品格。他凭借刻苦钻研和聪慧睿智，在贫困的家境下学有所成，1930 年 7 月，以国立交通大学电机工程学院第一名的成绩毕业，获工学学士学位。

出身佃农，家境清贫，但聪颖上进，勤奋好学。蔡金涛幸得各位恩师荐举，在父母兄长鼎力支持和亲友接济下，终于完成了小学、初中、高中的学业，1926年8月，以江苏省省立第七中学高中部理科第一名的佳绩考入交通部南洋大学（现上海交通大学）电机工程学院电信门，成为蔡家祖上第一位大学生。

1. 艰辛童年　吃苦耐劳

蔡金涛，1908 年 7 月 1 日出生于江苏省南通县（现南通市）石港东乡二总庵东邻（现属五总乡）一个佃农家庭，其父蔡桂喜、母亲时氏都是勤劳、节俭、朴实的农民，教育子女勤奋忠厚为本。他出生后，家中添丁增口，无疑带来喜悦，但也增加了几分忧虑，多一个人就多一张嘴呀。由于蔡金涛二叔蔡桂元膝下无子，他便被过继给二叔当嗣子。二叔是位木匠，既种地，又做木匠活，但嗜好喝酒、赌博，家中生活十分窘迫。5 岁时，蔡金涛又回到了生父母身边。

蔡金涛兄妹五人，他排行老三，大哥蔡金泉，二哥蔡金浦，四弟蔡金城，还有一个妹妹。他们家除租种地主家的田地外，还开了个小豆腐坊，兼卖些杂货，全家人虽终日辛劳，但也只能勉强糊口，家境十分拮据。父母对他要求很严，一放学回家，便带他下田劳作，天长日久，潜移默化，使他从小养成了热爱劳动、吃苦耐劳、坚韧不拔的品格，也为他打下了刻苦攻读、勤奋敬业的根基。在他幼小的心灵中，还体味到了“汗滴禾下土，粒粒皆辛苦”的寓意。

江浙一带读书风气甚浓，尤其南通更是如此。蔡金涛的父母虽识字不多，但竭力支持儿子读书。5 岁入私塾，塾师为王元先生，一年后进入张辅庭先生办的私塾学校学习。张辅庭是他的启蒙恩师，他在私塾学习非常勤奋刻苦，品学兼优，深得张老师的赏识。蔡金涛的读书欲望极高，特别是在这位博学、进步的张辅庭老师的教诲下，敏而好学、进取向上的他，更是渴望进入公立学校学习。可家境贫寒，父母兄长起早贪黑，终日劳作，节衣缩食，日子还是过得紧巴巴的，时常为他的学费犯愁，他面临辍学的危机。张老师获悉后，心急如焚，亲至蔡家，苦口婆心地劝说他的父母：金涛是可塑之材，辍学太可惜了，即使求亲靠友，也要让他读下去。就这样，在张老师的带领下，蔡金涛于 1918 年考取了骑岸镇县立第四高等小学，继续他的学业。

蔡金涛尊师重道，几十年后，他仍心系启蒙恩师。1963 年，年过半百的科技大家蔡金涛在辅庭老师 70 寿庆时，还送去了贺联，倾述师生情谊。他以刚劲而工整的书法在贺联上写下：“桃李满天下，正应优游乡里，从心所欲不逾矩。情谊向革命，还望督促生辈，随党奋斗直到底。辅庭夫子大人，七十大寿。受业生蔡金涛敬贺。”

临终前，蔡金涛还嘱托他的子女，将美国友人送给他的照相机送给张辅庭老先生的儿子。足见蔡金涛与张辅庭先生的师生情谊和他尊师的美德。

2. 勤奋刻苦　品学兼优

蔡金涛从私塾直接考入高小，没有正规学习过小学一年级至四年级的算术等课程。他深知学习机会来之不易，因此更加勤奋、刻苦和踏实。他家距学校 5

原江苏省省立七中（现南通中学）

千米，每天都跑步上下学，既可强身健体，又可增强意志。针对没有学过的科目，他更是孜孜不倦地自学与钻研，学习成绩提高很快，入高小时，他的考试成绩为全班末名，但到毕业时已上升为全班前几名。

1920 年 8 月，蔡金涛以名列前茅的优异成绩，考取位于南通县城的江苏省省立第七中学（现南通中学）初中部。在他升初中的当头，家中跌宕起伏的年景和小杂货店的营销情况正处于上升期，经济情况略有好转，但要读初中还是有困难，他只好又请出张辅庭先生劝说自己的父母兄长，能让其继续上学。事情比较顺利，他兴高采烈地步入了省立第七中学初中部。

江苏省省立第七中学是清末甲午科状元、我国近代著名政治活动家、实业家和教育家张謇先生于 1909 年创办的我国第一所城市中学——南通五属公立中学，这所中学蜚声江海平原，几经沿革，现更名为江苏省南通中学，属于百年名校。历经世代风雨洗礼，“诚于做人，恒于学问”的通中精神，生生不息、代代相传。建校之初，教育先驱蔡元培欣然题词：“积健为雄”；西学大师杜威翁远渡重洋，登台讲学；一代硕儒朱东润、姜亮夫殚精竭虑、挥鞭执教。数代人用心血和汗水，铸就了该校“严谨善教”的教风。正是厚重的学术底蕴、丰硕的文化积淀，使这所中学成为了人才的摇篮、精英的沃土。迄今该校毕业生中已有包括蔡金涛在内的 20 位学子荣膺中国科学院院士或中国工程院院士，成为各个领域的栋梁之材。

在优良校风的感召和辛勤园丁的教诲下，本已勤奋好学、聪颖进取的蔡金涛，更加专心致志，精益求精。在初中 3 年的学习中，他的成绩始终名列前茅，深得师长的喜爱和同学的敬重。

在这一时期，蔡家的经济虽属于上升期，但每到新学期开学之际，需要筹措伙食费、学费时，仍要求亲靠友，东挪西借。蔡金涛就这样一个学期、一个学期地熬着，转眼到了升高中的时候。继续读高中，成为他雷打不动的意愿。1923 年，他以优异的学习成绩升入高中。

天有不测风云，人有旦夕祸福。就在蔡金涛读高中一年级时，母亲时氏由于积劳成疾，染病去世。母亲去世要支付丧葬费，加上招待亲友吊唁的饭费等，家中的经济骤然下降，他读书的费用更难筹集了。在家中入不敷出的情况下，他艰难地完成了高中学业。

从考入高小到高中毕业这 8 年中，蔡金涛真是备尝艰辛，饱受煎熬。由于

20世纪20年代，高中时期的蔡金涛

他天资聪颖，又非常努力，所以在学习上自是应对自如。孰不知，他却为筹措伙食费、学费煞费苦心，只要学校一放假，他都要下田劳作，或去打短工，以期助父母兄长一臂之力。这种艰苦的磨炼，也践行了孟子的名言："天将降大任于斯人也，必先苦其心志，劳其筋骨，饿其体肤……"

除了艰苦的磨炼，各位恩师的教诲和引导，助推了他忠于事业、追逐科学、坚韧不拔、吃苦耐劳的人生观的形成。其中对他影响较大的当属数学老师陆颂石。蔡金涛在回忆母校南通中学时，曾述及："使我感到最亲近、最难忘的是高中数学老师陆颂石。他讲课语言简练，条理分明，富有启发性。"时至晚年，他还清晰地记得陆老师一段寓意深刻并充满强烈的爱国之情和民族自豪感的谈话："你们看过长跑吧，长跑途中，有先有后，有快有慢，是不奇怪的。过去我们中国，在世界各国的长跑跑道上是领跑的，现在人家追上了，将我们甩在后面了，但是只要我们奋起直追，再度超过他们，也是完全有可能的。"陆老师停了一会儿，接着说："顾炎武先生说得好，'国家兴亡，匹夫有责'，改变中国贫穷落后的面貌，我们都有责任啊！"陆老师的一席话，在他的心里引起了强烈的共鸣。他耳闻目睹，在这个半殖民地、半封建的旧中国，广大的穷苦百姓过着饥寒交迫、水深火热的生活，广大农民虽每日起五更爬半夜地辛勤劳动，仍过着食不果腹、衣不遮体的生活。强国富民的愿望，在这位青年学子的心里油然而生。

另一位对蔡金涛学业和人生观有重要影响的，当属时任省立七中校长的于忱（字敬之）老先生。1906 年 5 月，于忱毕业于张謇创办的南通师范学校甲班本科，1907 年 2 月被派赴日本早稻田大学师范科学习，1909 年 12 月学成回国，到南通师范任职，1924 年 8 月至 1927 年 7 月任校长。此时正值蔡金涛上高中二年级和三年级，于老先生任劳任怨、尽瘁于教育事业；既严格要求，又循循善诱，要求学生勤于学并注重学用结合；特别是于老先生言行中时时刻刻表现出的强烈的爱国精神和民族自豪感……都深深烙在了他年轻的心灵上。与此同时，于忱、陆颂石等师长对蔡金涛朴素诚实的品格、刻苦钻研的学习精神、聪明的才智和拔尖的学习成绩，都十分赞赏。

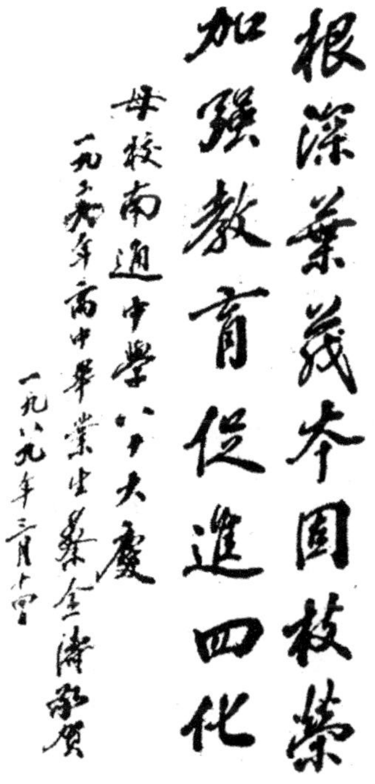

蔡金涛给母校南通中学的题词

直至晚年，蔡金涛仍心系母校南通中学，念念不忘在母校受到的教育。1989年，江苏省南通中学80周年校庆之时，他给母校写去了一封热情洋溢的信:“……离校已60多年。离校越久，感到母校越亲，饮水思源，特乘大庆（建校80周年）节日，向母校致以热烈的祝贺，祝母校永葆青春，为祖国培养更多的社会主义建设人才。”他还深情地怀念母校的老师:“60年前的老师现在虽都已退休，有的已驾鹤仙逝，但回想起他们循循善诱、诲人不倦的音容笑貌，犹历历在目……”足见他对恩师和母校的深厚情谊。

3.交大苦读　崭露头角

1926年7月，蔡金涛在江苏省省立第七中学高中部，以全校理科第一名的成绩毕业。按他的家庭经济状况本应就业，他本人也想就业，以解家庭拮据之急。可当他看到周围的同学都报考了大学时，自己又怎甘落后呢？思前想后，于是前往上海、南京，先后报考了三所有名的大学（位于上海的交通部南洋大学、位于南京的国立东南大学和河海工程大学）。发榜时，他被三所大学同时录取。选择哪所学校呢？经过反复斟酌，他最终选择了交通部南洋大学。主要是因为南洋大学校方负责毕业生的工作分配，只要能毕业，就不愁工作，不至于落到毕业就等于失业的境地。就这样，他成了蔡家祖祖辈辈第一个大学生，步入交通部南洋大学电机工程学院电信门学习。

交通部南洋大学的前身是南洋公学，创办于1896年，历经沿革，1922年至1927年称交通部南洋大学，1927年改为交通部第一交通大学，1928年改为国立交通大学，1959年称为上海交通大学，直至今日。

上海交通大学历年校名变更情况：南洋公学（1896-1904）；商部上海高等实业学堂（1905-1906）；邮传部上海高等实业学堂（1906-1911）；南洋大学堂（1911-1912）；交通部上海工业专门学校（1912-1921）；交通大学上海学校（1921-1922）；交通部南洋大学（1922-1927）；交通部第一交通大学（1927-1928）；国立交通大学（1928-1949）；交通大学（1949-1957）；交通大学（上海部分）（1957-1959）；上海交通大学（1959年至今）。因此，蔡金涛入学时为交通部南洋大学，毕业时为国立交通大学。

大学是助推青年才俊人生起飞的学术殿堂，一流人才往往来自一流大学的培养。蔡金涛于1926年开始在这座有“东方MIT（美国麻省理工学院）”之美誉的著名工科教育学府，度过了4年的求学生涯。

这所学校的费用比较高，每人每年学膳费要三四百元，这在当时是一笔很大的数目。两位哥哥分家另立门户，勉强糊口，父亲已没钱支付他的读书费用，可又不忍心看他失去求学上进的机会。于是咬紧牙关，心想：“无论如何也要支持儿子把书读下去。”凭借多年开店在乡间的信誉，父亲向亲友们求助，采用“请会”的办法，组织了包括他两位哥哥在内的16位会友，大家分摊，先筹集800元，借给最急用的第一个会友，得款者分期偿还。每过8个月再筹集800元，借给第二个会友。由于借款的会友分期偿还，会友缴的费用（称为垫会）逐步减少。这样，就使他的入学费用得到了解决。另外，他还获得了三个学年的奖学金，可够一年的费用，加上省吃俭用，勉强支撑着。但此间也不是一帆风顺，拿到800元的会友如不能按期偿还，又无力缴会费，“请会”就会陷入困境。有

1930年，蔡金涛（前排左四）在国立交通大学与南通中学校友合影

一年临开学时，他几乎无法成行报到，而学校规定又十分严格，如果开学时不能按时报到、缴费，即以自动退学除名处理。万般无奈，他父亲只好临时借高利贷救急。

蔡金涛饱尝求学的艰辛与苦涩，这倒使坏事变成了好事。他更加珍惜来之不易的学习机会，更加刻苦钻研、发奋努力。进入交通部南洋大学后，由于自幼没有离开过南通，他南通口音根深蒂固，对英语学习感到吃力，但他坚信“世上无难事，只怕有心人”“只要功夫深，铁杵磨成针”。于是用心钻研，勤学苦练，很快就赶了上去，英语成绩得以大幅提高。

蔡金涛在大学4年时间里，基本上是教室、图

书馆、食堂、宿舍四个点，除了体育锻炼外，没有其他课外活动，更没有纨绔子弟那么多社交和上街闲逛，正因如此，他养成了沉默寡言、不善与人交流的性格。

但他的学习成绩却是出类拔萃，各科学习成绩都在 90 分以上，无论是基础课、专业基础课，还是专业课，他都学得十分扎实，而且特别注重实践和动手能力的培养，通过各类实验课和实习，培养自己的工作能力。1930 年 7 月，他以国立交通大学电机工程学院第一名的成绩毕业，获工学学士学位，崭露头角。

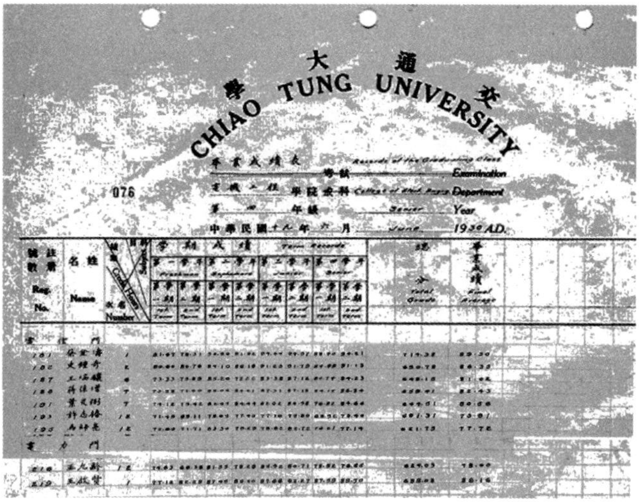

1930 年国立交通大学电机工程学院毕业学生成绩单，蔡金涛名列榜首

蔡金涛

蔡金涛院士传记

Academician Cai Jintao's Biography

第二章

业绩突出　赴美深造

大学毕业后，蔡金涛扎根于技术工作第一线，深受领导赏识和同事拥戴。凭借其学业功底和技术造诣，他以优异成绩获得清华大学庚款公费留美名额。赴美3年，勤奋刻苦，专心致志，取得四项佳绩。

在国立交通大学“精勤求学、敦笃励志、果毅力行、忠恕任事”校训的熏陶下，蔡金涛从心底里萌生实业救国、科技强国的信念。大学毕业后，他投身技术工作第一线，并初创佳绩。工作越深入，越感到科技理论知识的重要，他抓住清华大学恢复庚子赔款留学奖学金制度的机遇，以南京考区第一名的成绩获得庚款公费留美名额，赴美深造。

1. 深入实际　注重实践

1930年7月，蔡金涛从国立交通大学电机工程学院电信专业毕业，8月，即到上海中国电气公司电话机装配厂（美商）实习。20世纪二三十年代，电信技术属于高新技术，他学的正是这一专业。到工厂后，他如鱼得水，经常深入生产车间和试验室，研究和掌握电话机的构造和线路，了解电话机的装配和调试，大有收获。1930年年底，蔡金涛调赴电话机装配厂代管的广州市自动电话局，任维修工程师，凭借着扎实的技术知识和在电话机装配厂获得的实际操作本领，工作得心应手。他还参加了新式旋转开关交换机的安装、调试与维修，工作开展得有声有色。出色的工作表现，初步展示了他精深的技术造诣和较强

1934 年，蔡金涛在物理研究所

丁西林（1893－1974），中国著名剧作家、物理学家、社会活动家

的动手能力。1931 年 3 月，蔡金涛调赴国立中央研究院（上海）物理研究所，任助理研究员。

物理研究所当时是我国一流的科研机构，人才力量和设施设备实力都相当雄厚，特别是所长丁西林（原名丁燮林，字巽甫，1893 年生，1919 年获英国伯明翰大学理科硕士学位）是一位开明、精干、多才多艺的物理学家，中华人民共和国成立后，曾任文化部副部长、中国人民对外友好协会副会长等职，曾当选为第一、二、三届全国人民代表大会代表以及中国人民政治协商会议第二、三届全国委员会委员。

蔡金涛大学毕业后的工作一帆风顺，工作任务饱满，月薪也在二三年内由 40 元提高到 140 元左右。尽管如此，求学时欠下的巨债，仍压得他透不过气来，使他过着入不敷出的生活。在 20 世纪二三十年代军阀混战的年代，举债求学的确是件高风险的事，其中的一笔是他父亲欠下的高利贷，年复一年，本利相滚，数目激增；另一笔是他父亲和二位胞兄从“请会”借的款。由于年景不好，所开的小店已破产，这些债款都落在了蔡金涛的身上，他整日为还债忧心忡忡。

机遇又一次来到蔡金涛的面前。1933年，清华大学恢复庚子赔款留学奖学金制度，获得者赴美学习的一切费用由校方从美国退回的庚子赔款利息中支付。机遇总是留给有准备的人，蔡金涛凭借在大学的学习基础，加上工作4年来的勤奋学习和实践收获，应考是有把握的。特别是科技救国、教育救国、实业救国、为祖国服务的激情在他心底燃烧。1933年夏，他赴南京参加清华庚款留美招考委员会组织的统考，结果独占鳌头，以南京考区第一名的成绩被录取。考取公费赴美留学固然是件大喜事，但他还远远没有还清欠债，去与不去还在犹豫。无奈之下，他向时任物理研究所所长丁西林做了汇报。

丁西林是位惜才如金、追逐事业的开明所长，当他得知蔡金涛举债求学，受债务拖累，而想放弃赴美留学的念头后，立即主动与清华大学协商，最终蔡金涛的留美费用由清华大学庚款利息支付，上海物理研究所照常支付他的薪金，以还清债务。物理研究所将蔡金涛的月薪提升到160元，这样他还清债务的问题就迎刃而解，留美求学终于可以成行了。

2. 喜结连理　翁婿情深

1930年秋，蔡金涛大学毕业后回家省亲，回到南通县石港东乡拜见过父亲等长辈后，来到母校——南通中学，他深知母校是根，母校是本，树高千丈、枝叶如盖，怎能忘记母校啊！他谦恭地拜见了于忱校长，拜见了自己熟悉和不熟悉的老师。他虽很低调，只字不提自己在国立交通大学电机工程学院考试成绩名列第一的佳绩，但在那个“万般皆下品，唯有读书高”的年代和读书风气甚浓的南通中学，佳话不翼而飞。于校长见到蔡金涛时，喜出望外，兴奋不已。于校长邀请他到家中小坐畅叙，于校长及其家人十分好客，留他吃饭，闲谈中问这问那，关怀备至，他感到有些异乎寻常。在南通中学读书时，于校长很喜欢他，那是对一位品学兼优的高才生的喜欢和偏爱；而此次拜访似乎超出了师生之情，他有点儿丈二和尚摸不着头脑。

直到他的启蒙恩师张辅庭来到他家，他才清楚了个中缘由。张辅庭开门见山地说："于校长让我来做个媒，要将他的掌上明珠——女儿于德辉与你结为连理。"蔡金涛一时语塞，过去虽曾与于德辉见过面，可她是大家闺秀呀，娶她为妻的事，自己压根想都没想过。坐在一旁的父亲蔡桂喜简直不敢相信自己的耳朵，心中一怔："人家于敬之是留学东洋的才子，是书香门第，而咱们历代都是家境清贫，面朝黄土、背朝天的农民，真是门不当户不对呀！"张辅庭看出这父子俩的疑虑，连忙解释说："于敬之老先生可是新潮人物，不讲究门当户对，看重的是金涛的人品和学业。"

于德辉，1908 年出生于江苏省南通县骑岸镇，端庄、大方、聪颖、贤惠，毕业于南通女子高中师范学校。经张辅庭做媒，俩人终于订了婚，于 1932 年结婚，从此开始了相濡以沫、白头偕老的一生，共同走过 60 多年不离不弃、携手扶持的人生历程。于忱从此也成了他的"老泰山"，对他的求学、工作等，都给

20 世纪 30 年代末的蔡金涛夫妇

予了极大的关心和指导。

在南通省亲之时，蔡金涛还专门拜访了他小学同班同学曹文照，这可是对蔡金涛有恩之人。那是他在大学读书时，一个新学期即将开学的前夕，“请会”所集之资没有拿到手，又没有其他办法筹到开学报到时所需缴纳的学膳费，按照学校规章，开学时不能交清学膳费是要被除名的。他急得像热锅上的蚂蚁，几乎到了要投河自尽的崩溃边缘。恰逢此时，他偶然遇到了曹文照。曹文照在一家店里做学徒，积攒了一些钱。问清缘由后，曹文照自愿借给他 200 元钱，不计利息，不定还期。这真是雪中送炭，解决了他的燃眉之急。蔡金涛是一位有情有义、极重友谊的厚道人。他带着礼物来到曹文照家中，倾诉他对曹文照的感激之情。尔后，凡是返乡探亲，他再忙也要拜访曹文照。

1933 年，蔡金涛获得清华大学庚款赴美留学资格后，按照清华大学的规定，赴美前要在国内工厂实习一年，以增加实践经验。他在去实习前又回了一次南通，将爱妻于德辉安顿在岳父家中，匆匆告别了妻子家人，参加赴美前的实习。

每分、每秒对蔡金涛都是珍贵的，他非常珍惜出国前的一年时间，在陈茂康（我国第一批庚子赔款留学生）的领导下开展研究工作，用真空管成功地产生了 1 米波长的振荡，并通过校准进行了证实，最后整理总结出了题为《1 米波长表的理论、设计和校准》的科技报告，发表在《中国物理学报》上。20 世纪 30 年代初，产生 1 米波长的振荡，在无线电技术领域属于新技术。

3. 留学三年　四项佳绩

1934 年 8 月，蔡金涛赴美。清华大学对当时庚款赴美留学人员有规定，要求每人学成一门技术回来为国效力，重在下厂实习而不在读取学位。清华大学原本要求蔡金涛掌握无线电用的真空管制造技术，后因找不到对口工厂，无法付诸实施。经物理研究所与清华大学协商，拟按物理研究所的意见，准备改为掌握电磁仪器的制造与校准技术。丁西林所长亲自出面，帮助联系了位于华盛顿的美国商务部标准局（National Bureau of Standards，亦称商部标准局），最后确定为学习和掌握电磁仪器的制造与校准技术。

蔡金涛留学三年，共获四项佳绩。

第一项佳绩是电磁仪器的制造与校准技术。蔡金涛抵美后，来到美国商务部标准局，开始执行他出国的第一项任务，即掌握电磁仪器的制造与校准技术。美国商务部标准局实际上是国立科学院，其最初设立时是以统一贸易中的度量衡为目的。标准局内设有长度、质量、电学、光学、声学、水力学、空气动力学、化学、冶金、工业材料等部，每个部下面又分设很多组，如电学部设有标准电阻、标准电池、电磁仪表、无线电等组。蔡金涛是美国商务部标准局接受的第一位来自中国的学者，受到了局长 J.B.Briggs 的接见，被分配到标准电阻组和标准电池组实习，摸清电学的两个原始单位欧姆和伏特是如何定义和维持的，在全美乃至全世界又是如何保持一致的，然后再及其他，如安培、瓦特等等。他在生活上也得到了许多优待，语言方面得到了美国友人 Irvin Cooter 先生的帮助。

他在美国商务部标准局电学部，除参与日常工作、见什么学什么外，还查

1937年7月，蔡金涛于美国商务部标准局前留影

阅了该局的有关出版物，并请教各项工作的主持人。所用的特殊、精密、准确的仪器及其工艺、材料及校准方法，也都在其调研、学习之列。每实习一项，他都会写出一份总结报告，寄呈国内的物理研究所，以供参考，用了整整一年时间，初步完成了第一项实习任务。

美国商务部标准局的科学家都非常专业又待人和气。例如，F.Wenner是无线电网络专家，“0－∞”公式的首创人；H.B.Brooks是电磁仪器专家，曾设计标准电池比较器；J.H.Dellinger是电波传播专家，衰减现象的发现者，国际无线电科学协会的创始人和美国政府无线电管制委员会的首任委员长；H.Diamond是无线电导航的首创人，无线电探空仪的发明者；S.S.Kirby是高空电离层高度探测先驱者之一；E.H.Hall是石英钟的设计者和标准频率传播者；等等。

蔡金涛在美国商务部标准局实习期间，除了完成既定的实习任务外，还利用业余时间攻克网络简捷计算难题。20世纪30年代还没有电子计算机，网络计算完全靠手工，由于有些问题非常复杂，计算量过于庞大，致使理论无法应用。这成了当时网络应用的关键难题，受到了各国学者的关注。蔡金涛在国内工作时曾接触到这类问题，他在美国商务部标准局实习期间，埋头苦干，刻苦钻研，提出了展开电网络行列式的简捷计算法，写出的论文受到网络权威 Dr.Wenner 的好评，Dr.Wenner 建议将这篇论文在美国商务部标准局刊物或《光学学报》上发表。蔡金涛受到很大鼓舞，心想：我们中国人，一点儿也不比外国人差，外国人研究不出来的东西，我们中国人却能研究出来。他对网络权威 Dr.Wenner 的赞扬与美意，表示了感谢，但又想，自己在物理研究所就已开始研究这个问题，在美的研究是国内研究的继续，写成的论文应在中国发表。后来，他的这篇论文发表在 1939 年的《中国学报》上。

蔡金涛在美国商务部标准局实习告一段落，准备离开，标准局电学部无线电组组长 Dr.Dellinger 问他有什么打算。他回答说，想进工厂学习真空管制造，可找不到合适的工厂，所以拟先进哈佛大学读书，充实一下自己。Dr.Dellinger 立即答应可以提供帮助。Dr.Dellinger 的朋友 H.Pratt 原在标准局工作，后任国际电话电报公司（ITT）总工程师，其公司下有个真空管制造厂。Dr.Dellinger 表示愿意推荐并请 H.Pratt 帮忙。由于信件来往费时，他同意蔡金涛先进哈佛大学读书，等联系好后再通知他。并恳切地说，蔡先生是中国派送来的第一位实习生，希望今后在电磁单位国际统一和无线电频率国际管制方面，能开展合作。

就这样，蔡金涛利用等待联系真空管制造厂的间隙，于 1935 年下半年进入哈佛大学的 Cruft 试验室攻读无线电学硕士学位。导师是元老教授 G.W.Pierce（专长无线电波和振荡）和正教授 E.Leu.Chaffee（专长电子管的热发射及其特性）。同时，他还抓紧一切可以利用的时间，选修了光学、量子物理学和高等数学等课程。这些课程对他后来从事无线电技术和电子管制造等，都发挥了重要的作用。

由于他在国立交通大学电机工程学院电信门学习期间，无论是基础课、专业基础课，还是专业课，都学得非常扎实，基础打得牢，出国前他又在国内工

1935年，蔡金涛（中）与同学在哈佛大学

作四年，理论结合实际，不仅巩固和提高了理论知识，而且增加了实践经验，实验技术也很熟练，再加上专心致志，钻研苦读，所以，他只用一年时间，就完成了硕士研究生的学业，于1936年秋毕业，获得了科学硕士学位，当时恰逢哈佛大学建校300周年，他有幸参加了这一盛大庆典。这是他在美国取得的第二项佳绩——荣获哈佛大学科学硕士学位。

硕士研究生毕业后，导师们一再挽留蔡金涛，劝他不要立即离开——再坚持读一二年就可获得博士学位。但他深深懂得：拿学位不是祖国培养自己的目的，自己的宗旨是为祖国服务。就继续攻读博士学位，还是另找对口工厂下厂实习事宜，他向岳父、老师于忱请教，于忱的答复是："留学的目的应是以学到有用的技术、回来能为国家效力为主，所以，应下厂实习而不要再读博士。"于忱的这一看法对他个人的发展，虽不属远大灼见，但却是符合当时的中国国情，是爱国之见。翁婿不谋而合。因此，他毅然决定下工厂实习。

1936年秋，经美国商务部标准局电学部无线电组组长Dr.Dellinger推荐，凭着美国国际电话电报公司（ITT）总工程师H.Pratt的介绍信，蔡金涛进入在纽瓦克（Newark）的国际电话电报公司实习。该公司的业务面很广，有一个部门负责制造 10 千瓦以上的发信真空管。这个部门的总工程师对他很优待，允许他到下属各单位自由观察、了解、搜集资料，只是不让动手，以防发生意外，影响生产。实习 3 个月后，他几乎搜集到所有关于制造高功率发信真空管所需要的工艺、材料、检验、管理、成本等资料。

此时，蔡金涛与大学同班同学，也是同期赴美的清华大学庚款留学同学蒋葆增同住一寓所。蒋葆增，江苏镇江人，1926 年从江苏省立八中高中毕业，与蔡金涛同时考取交通部南洋大学；1933 年，蒋葆增和蔡金涛又同时考取清华大学庚款留美生，在国内实习一年后，于 1934 年同船赴美；蒋葆增进麻省理工学院攻读硕士学位。1936 年秋，他通过论文答辩，获得科学硕士学位，离开麻省理工学院后，前往纽约的阿克脱勒斯（Arcturus）真空管（主要是收信管）制造厂实习。就这样，蔡金涛把这批发信真空管的资料交给蒋葆增，加上蒋葆增的收信管资料，由蒋葆增进行汇总、整理，并打印成册，一式两份，两人各保存一份。这是他们出国实习真空管制造技术的最大收获，也是他留美所取得的第三项佳绩。对任何一种产品制造技术来说，技术文件（包括设计文件、原材料和零部件购买标准、工艺文件、检验文件等）和制造工艺（通过亲历亲为的工艺实习掌握的制造过程中的大量工艺诀窍）都是制造技术中最关键的核心技术。

20 世纪 40 年代，于忱在上海

在真空管制造厂实习结束后，清华大学庚款留学也已期满，他正拟回国，突然接到物理研究所所长丁西林的指示，并收到一笔丁西林汇来的美金，嘱咐他在美采购必需的标准仪器，且就近请美国商务部标准局予以检校，尔后带回上海。他在美的生活费用，按清华大学公费标准由物理研究所给予补助。

这样，他于1937年初又回到美国商务部标准局，请局方有关专家协助订货，他开始在局里参加校准那些较早交货的仪器，如标准电容器、标准灯泡等，校准合格的仪器即打包运回物理研究所。

为了帮助中国建立自己的电压和电阻单位基准，美国商务部标准局又把自制且久经考验的6个标准电池和2个1欧姆标准电阻，赠送给中国，加上他为物理所购买的6个标准电池，一起装在一个恒温盒内，由他亲自携往欧洲。1937年8月13日，蔡金涛提着装有元器件的恒温盒，带着过各国海关所需的证明文件，乘“玛丽皇后号”轮船离开纽约，前往巴黎国际度量衡局、法国中

1937年，蔡金涛在前往欧洲的旅途中

央试验室、英国国立物理试验室和德国国立物理技术局进行测试比对。测试前要将被测物品封存在各试验室恒温箱内2~3周，使其达到温度平衡，历时较长。

英国为了不让美国占先，也赠给中国2个标准电池。由于美国和欧洲的标准存在微小差异，所测得的伏特值和欧姆值是不同的，但将它们加以适当处理，便可求出各国单位标准的大小。所谓国际伏特、国际欧姆就是这样定下来的，不过要所有大国试验室都参加比对而已。这次由美赴欧的比对活动，完全是靠他在美留学期间省吃俭用攒下的钱，自费进行的。实际是一次单位标准化的演习。

蔡金涛这次欧洲之行，可谓历尽艰辛。在旅馆、车船上，他所携带的恒温盒多次被怀疑为定时炸弹，受到严密的检查。幸有物理研究所和美国商务部标准局的证明文件才得以放行。同时，这个恒温盒还得轻拿轻放，不得碰撞，否则，标准电池晶块会因受震而移动，使伏特值变动，而即使变动只有百万分之几，作为单位标准都是不容许的。另外，手携科学仪器每过一个海关都应该完税。美国和欧洲各国都非常优待，免了税，独到九龙海关时坚不通融，恳求多时，最后还是付了150元港币的入境税才被放行。

1937年年底，蔡金涛带着装有标准电池和标准电阻的恒温盒来到香港，按丁西林所长的指示，把

1937年，蔡金涛（左二）等在回国的海轮上

携带的标准电池、标准电阻寄存于著名科学家李四光的一位香港朋友家的保险柜内，等时局好转后再去取回。

到香港后，由于上海已被日本侵略者占领，蔡金涛只好携带除标准电池、标准电阻外的仪器，前往湖南湘潭下摄司资源委员会中央电工器材二厂（新建的真空管制造车间属二厂的一部分），借住于同学蒋葆增处，并帮助他进行电子管厂的安装工作。由于日寇的侵略，国外到货不齐，途中还有损坏，真空管厂的设备安装非常费力。不过，两人齐心协力，带领有关技术人员、工人历尽千辛万苦，终于试车成功，于 1938 年制成一批急需的汞气整流管。

1938 年 3 月，上海局势稍趋平静，蔡金涛又经由香港回到他 1934 年秋离别的原工作单位——物理研究所。之前，他存放在李四光香港朋友家保险柜中的标准电池、标准电阻恒温盒，直到中华人民共和国成立后，才由著名光学专家王大珩前去香港取回。王大珩后来赴苏访问时，还将这些标准电池、标准电阻带往苏联进行测试比对，至此，原拟的国际比对计划全部完成。由蔡金涛带到香港后取回的标准电池、标准电阻等，一直珍藏在中国计量科学院，成为我国第一批“国际伏特”和“国际欧姆”的候选单位标准。蔡金涛作为我国电磁计量的奠基者和创始人之一，载入我国电磁计量的发展史。这是他在留美期间用艰辛和坚韧而取得的第四项佳绩。

4. 放弃读博　毅然回国

有志者事竟成。坚韧不拔、持之以恒、勤奋刻苦的韧劲，与个人的聪明才智相融合，并植根于科技工程研制试验实践中，必然会取得收获。

抉择虽包含有偶然性，但归根到底仍取决于世界观、人生观、价值观等，取决于聪颖与智慧，有些偶然抉择在短时间内很难判断其正确与否，需要历史和实践来检验。

20 世纪三四十年代，在美留学风华正茂、孜孜不倦、刻苦钻研的中华学子，大体上有三种抉择：一是获得硕士学位后，不读博士，立即回国；二是读完硕士读博士，获博士学位后回国；三是获硕士、博士学位后，继续留美发展，成为美籍华人。

这些莘莘学子虽个人经历、所处环境及家庭情况等各有差异，抉择也不同，但他们的拳拳报国之心却始终不渝，最后都殊途同归。即使是做第三种抉择，成为美籍华人者，但他们的心永系中国，有人晚年归国，落叶归根；有人频繁往来于大洋两岸，致力于中美科技交流。

在美留学期间，蔡金涛的导师都期盼他留下继续攻读博士学位，但他毅然作出第一种抉择，获得硕士学位后，立即回国效力，一方面忠实地执行清华大学和物理研究所的规定与要求，同时亦是其服务祖国、科技救国、教育救国、实业救国的信念根深蒂固使然，信念的坚定必然促成其回国效力的抉择。

蔡金涛

蔡金涛院士传记

Academician Cai Jintao's Biography

第三章

致力电信　抗击日寇

蔡金涛回国后，同蒋葆增一起创建了我国第一个真空管制造车间，并成功地试制出我国第一批真空管。1941 年 7 月，蔡金涛任资源委员会桂林中央无线电器材厂研究室主任，制造抗战急需的各种无线电产品。

1937年7月7日发生了卢沟桥事变，中国人民的抗日战争全面爆发，抗日的烽火燃遍了祖国大地。身在大洋彼岸的蔡金涛毅然放弃读博的机会，决定回国，为祖国服务，为抗战尽绵薄之力。1937年年底，他回到香港，几经辗转，终于回到了阔别三年多的祖国大陆，辗转于西南后方九年，致力于电信和无线电技术，研制生产了多种抗战前线急需的设备、产品，罗致和培养了一批无线电科技骨干，为抗战和发展我国的电信与无线电事业，作出了积极的贡献。

1. 造真空管　增强国力

在香港期间，蔡金涛按物理研究所所长丁西林的指示，存储了经过测试、比对的标准电池和标准电阻，准备返回大陆。由于上海已被日本侵略者占领，他不得已携带未寄存的仪器和资料，前往湖南湘潭下摄司资源委员会中央电工器材二厂（实际上是资源委员会中央电工厂管泡厂的一部分），借住于同学蒋葆增处，并同蒋葆增一起创建中央电工器材二厂真空管制造车间，开始自制真空管。

真空管即电子管，是制造无线电收发报机及其他电子设备的核心器件。显

1938年，蔡金涛（左一）等在湖南湘潭下摄司

然，要发展我国无线电工业，必须自己制造真空管。早在资源委员会组建时，就已经考虑到制造真空管的问题。1936 年，资源委员会派专门委员朱其清赴欧美考察真空管的制造技术，并设法采购所需设备。朱其清在欧洲考察了一圈，因条件苛刻，没有取得结果。1936 年冬，朱其清到达纽约。经清华大学吴有训教授介绍，朱其清见到了蒋葆增（蒋葆增曾在清华大学担任助教），并了解到，清华大学选派赴美学习真空管制造技术的蒋葆增和蔡金涛已分别在纽约阿克脱勒斯真空管制造厂和在纽约附近纽瓦克的国际电话电报公司的发信管厂实习多时，对收发信真空管的制造技术已很熟悉。朱其清邀请蒋葆增和蔡金涛拟制了一份建立真空管厂的计划，列出了设备购置清单，并与美国有关厂商签订了供货合同。这样，真空管厂建厂国外筹备工作迅速就绪。

为了尽快地在中国建立真空管厂，朱其清还与阿克脱勒斯真空管制造厂签订了合作协议，即由阿克脱勒斯真空管制造厂推荐一位美籍华人工程师陈廷鋆来华协助建厂。后来因为上海“八一三”事变发生，陈廷鋆未能按协议来华。

朱其清回国后，于 1937 年在湖南湘潭下摄司正式开展真空管厂的基建工作。蒋葆增于“七七事变”的当天回到国内，被正式任命为真空管厂主任工程师。蔡金涛也离开美国纽约，在完成赴法国、英国、德国进行标准电池和标准电阻的测试比对后，经意大利热内亚乘轮船回国，几经周折，越过地中海、苏伊士运河、印度洋回到香港。此时，上海已被日本侵略者占领，他只好暂在香港逗留。

解放前，蔡金涛（二排右二）、朱其清（前排右四）等参加上海无线电座谈会后合影

1937 年年底，应蒋葆增邀请，蔡金涛来到湘潭下摄司，协助筹建资源委员会中央电工器材二厂真空管制造车间，并参与真空管的制造。他与蒋葆增鼎力合作，利用蒋葆增在美学到的收信真空管制造技术和他在美学到的发信真空管制造技术，经过反复试制和试验，终于在 1938 年年初生产出我国第一批真空管，掀开了我国无线电工业发展的新一页。

综观 18 世纪中叶至 20 世纪中叶，世界经历的全球性的技术革命，足可见蒋葆增和蔡金涛制造的我国第一批真空管具有现实而深远的意义。第一次技术革命是以机械化为主要特征，以蒸汽机的发明为标志，以蒸汽动力的广泛应用为契机，实现了生产技术从手工作坊到机械化的转变；第二次技术革命以电气化为主要特征，形成了以电气技术为核心的技术体系，使人类从蒸汽时代进入电气时代；第三次技术革命以自动化为主要特征，以电子技术为主导技术，形成了以电子技术为核心的技术体系，社会生产在机械化、电气化的基础之上，逐步实现自动化。第三次技术革命开始于 20 世纪三四十年代，到 20 世纪 60 年代达到高潮。在这次技术革命的前期，世界科技领域主要是开展电子运动规律的研究，发现了热电的发射规律。1904 年，英国电气工程师弗莱明发明了真空二极管，它可以作为无线电广播接收的检波器，滤除高频部分，将低频信号的电流检取出来，推动扬声器工作，还原出原来的声音，使无线电通信技术有了很大的进步；1907 年，美国设计师德弗雷斯特又发明了三极管，它有非常重要的放大作用，可以把很微弱的电流信号放大，使人们能从扬声器中听到声音；1918 年，美国电气工程师阿姆斯特朗发明了超外差式接收装置，这样的接收机就能收到不同电台的广播；1920 年，美国电气专家康拉德在美国匹兹堡建立了世界第一家无线电广播电台，从此收音机成为平民百姓及时了解天下大事最便捷的途径；也正是由于有了真空管，毛奇勤、埃克特在 1946 年研制成功世界上第一台电子管计算机。然而，电台发射与接收覆盖面的大小，取决于真空管功率的大小。时处抗日战争时期，收发报机需求量很大，国内所需的真空管全靠进口，但进口途径受阻，自主生产真空管迫在眉睫。作为军事指挥系统的电台、收发报机的“心脏”——发信管、收信管，其军事价值可以多个师的兵力来衡量。

蒋葆增、蔡金涛等我国无线电工业的先驱者们，用他们的聪明才智和心血，研制成功了国内第一个真空管。这一成就对我国电子技术乃至无线电技术的发展，都具有重大意义。若能及时开发应用真空管科技成果，能使我国提前研制和使用电子管计算机，跻身于世界无线电电子技术产业的先进行列。

在蒋葆增和蔡金涛等试制第一批真空管时，抗日战争已经全面爆发，工厂设在毫无工业基础、交通困难的内地，没有熟练的技术工人，甚至制造真空管所必需的煤气设备、真空设备都要通过香港运进来。在恽震、蒋葆增的领导下，一批爱国青年知识分子完全靠自己的力量，把一个近 3000 平方米的厂房内的设备全部安装好，并且培训了一批年轻的技术人员，建成了中国第一个真空管制造车间。

至此，朱其清委托蒋葆增、蔡金涛拟制的建立真空管厂的计划（包括要购置的设备）已经实现。花费 10 万美元购买的发信管、收信管和白炽灯的整套制造设备均已安装好，相关人员学习了随设备配置的成套设计文件、工艺文件、测试文件和试车材料。经过日夜努力，首先试制出抗战急需的真空管。

到 1938 年秋，该厂已研制出几个型号的合格样管，基本解决了材料和工艺问题，1939年正式投产。经过大家的不懈努力，国产真空管从无到有，军用无线电雷达、设备和器械等所需的各型真空管（市场上称为“电工牌”真空管），已能成批生产，解决了许多无线电厂的急需。

除此之外，各型电子管的生产还支援了抗日战争，锻炼和培养了人才。试制时的芯柱组组长吴祖恺，抗战胜利后去美国无线电公司RCA，学习电子束管技术，解放后任陕西彩色显像管总厂（即彩虹集团）第一任总工程师，后被评为中国工程院院士，1994年获国际显示学会（SID）终身成就奖；大功率管组组长单宗肃，抗战胜利后去美国学习雷达用微波管技术，解放后任南京电子管厂总工程师，成为我国著名微波管专家，他们两人均为中国电子管制造事业作出了杰出贡献。

在内忧外患的风雨飘摇之中，在被侵略、被掠夺、被蹂躏的境地里，怀有一腔报国之志的蔡金涛、蒋葆增等仁人志士生产出第一批真空管，原以为可以乘势前进，但好景不长，1939年中秋节前，日寇飞机频繁轰炸长沙，中央电工器材二厂于中秋节后被匆促迁往广西桂林，进行重建。不久，蒋葆增因厂内人事纠纷被迫辞职离厂，而改就中央研究院物理研究所副研究员兼广西大学教务长、电机系主任。功败垂成，致所学未能尽其用，是蒋葆增平生遗憾之事。更为遗憾的是，1944年夏，豫湘桂战役节节失利，桂林受日寇威胁，蔡金涛后来所在的中央无线电器材厂和蒋葆增所在的中央研究院物理研究所都匆促疏散，蔡金涛保存的真空管制造资料全部毁于战火，蒋葆增保存的另一份资料则下落不明。蔡金涛与蒋葆增在美多年的艰辛而不能为国内急需解决的真空管制造问题提供有力的帮助，两人都痛心至极。

1958年，我国研制成功第一代电子管计算机，后又研制成功第二代晶体管计算机、第三代集成电路计算机、第四代大规模集成电路计算机和第五代超大规模集成电路计算机。科学技术发展日新月异、与时俱进。

2. 奔赴后方 致力抗战

1938 年 3 月，上海局势稍趋平静，蔡元培任院长的中央研究院物理研究所派人到湖南湘潭，接蔡金涛返回物理研究所，并聘任他为物理研究所副研究员。

回到上海后，蔡金涛未能回南通探望离别多年的老父亲及妻子等家人，此时，南通已被日本侵略者占领，蔡金涛的妻子于德辉绕道海门青龙港乔装赴沪。

中央研究院物理研究所隐居在法租界的一幢小住宅里，很难开展工作。丁西林所长在蔡金涛返回物理研究所后，交给他的第一项任务是：在敌人的眼皮底下，将物理研究所无线电实验室的图书、资料、仪器设备和少量机床器材等偷运到广西桂林，建立桂林工作站，开展研究工作，为抗战出力。这是一项冒险的工作，需要智慧和勇敢。蔡金涛同妻子于德辉、助理研究员朱恩隆夫妇，还有机工、电工各一名，一行六人，齐心协力，胆大心细，成功地将这些设备、资料转运到广西桂林，在桂林四川会馆内建立了物理研究所桂林工作站。中央研究院的地质、物理和心理三个研究所搬到桂林的部分，联合组成了桂林科学试验馆，由地质所的李四光所长负责指挥。

物理研究所桂林工作站刚安顿下来，李四光所长就交给物理所一项急迫而重要的任务，即受广西省政府委托，在尽可能短的时间内组建一支通信队，包

1938年，蔡金涛拍摄的四川会馆内地质研究所房屋照片，1939年该房屋被日军炸毁

括制造所需的无线电收发设备和培训使用维护这些设备的报务与机务人员。蔡金涛带领桂林工作站的7名员工，包括助理研究员朱恩隆，机工、电工各一名，以及在桂林招收的4名实习生，想抗战需要之所想，急抗战需要之所急，夜以继日地埋头苦干。他们首先是抓紧所需设备的设计与制造，利用仅有的两台机床和由沪运来的一些仪器，在不到一年的时间里，给有关专区制成了短波无线电报话收发机7套，供抗战前线使用的短波无线电收发报机40套。另外，为了减轻发信时手摇发电机吃力而紧张的劳动，减少所需干电池的储备，他们又对这些机器采用了一套不同寻常的供电体制，即收发信时的低压部分由蓄电池直接供电，而其高压部分则采用机械振子先把蓄电池的直流电变为交流电，然后升压、整流，变成收发信时所需的高压电。这样，在电台不工作时，安排人员轮流给蓄电池充电。蔡金涛还请来一名报务员，开办了两期报务员训练班，培养出约200名报务员。同时，他还同助理研究员朱恩隆等一起开办了两期无线电收发报设备技术训练班，培养出约100名机务员。李四光所长更是十分关心和重视这一事关抗战的任务，几乎整天和物理研究所桂林工作站的8名员工一起工作。1940年年底完成了组建一支通信队的任务。将培养合格的报务员和机务员进行搭配组合，分成若干组，或带一套无线电军用收发报机；或带一套无线电报话收发

蔡金涛在广西良丰

机，深入右江一带日寇入侵的前线，提供通信服务，打击日本侵略者。据李四光所长了解，他们所组建和培养的这支通信队表现良好，配合主力部队发挥了积极的作用。蔡金涛等闻讯后都很欣慰，为自己能为抗战尽微薄之力而高兴。

此后，由于日寇的飞机空袭频繁，不得已将桂林科学试验馆迁往广西良丰的雁山，设想为广西培养科技人才。但乡间无市电，只凭木炭发电机来发电，科技工作无法进行。怀有一腔报国之志的蔡金涛无论如何也不想闲着，1941 年 7 月，他受资源委员会副委员长钱昌照的邀请，并征得物理研究所所长丁西林的同意，离开物理研究所，前往前身为生产真空管的中央电工器材二厂的资源委员会桂林中央无线电器材厂，任研究室主任。

桂林中央无线电器材厂几经搬迁、辗转，成为后来的隶属于资源委员会的上海中央无线电器材公司，从 1941 年 7 月，直至 1949 年 5 月上海解放，除在搬迁到遵义的浙江大学执教一年外，蔡金涛一直供职于资源委员会中央无线电器材厂 (1947 年 7 月 1 日改组为中央无线电器材公司，研究室扩编为研究所)。

资源委员会是国民党政府发展生产的机构，前身为国防设计委员会，创建于 1932 年 10 月，1934 年 4 月易名为资源委员会。汇集了翁文灏、钱昌照、朱其清、孙越崎等一批实业家、科学家。在中央无线电器材厂下设研究室，并在上海、南京、天津、重庆、昆明等地设有无线电厂，聚集了一大批先后留学欧美的科学家，如蔡金涛、马师亮、蒋葆增，以及后来誉满全球的电脑巨子王安，无线电和微波专家并获美国科学院院士的郑钧，还有中国科学院院士、“两弹一星”功勋奖章获得者黄纬禄，中国工程院院士陈德仁，等等。

在蔡金涛担任主任的中央无线电器材厂研究室，开始只有他和工程师莫根生两人。中央无线电器材厂设在桂林南郊，有市电供应；机电设备已具相当规模；无线电元件和器材等又由驻香港的采购员负责供应，加上抗战的急迫需求，所以中央无线电器材厂和研究室的工作得以快速推进。

当时的口号是：一切为抗日战争服务。中央无线电器材厂的产品以抗战用的军用移动电台为主，研究室负责装配前线用作宣传的扩音机和收音机，以及用于扫雷的地雷探测器等。

到 1944 年，研究室技术人员已从 2 名扩充到 25 名，全厂员工已扩展到 800 多人。在那国难当头的日子里，每一位有良知的中国人和满怀报国之情的知识分子，都义愤填膺，加班加点，赶制抗战前线所急需的装备，出色地完成了任务，中央无线电器材厂及其研究室受到了上级的褒奖。

蔡金涛在主持研究室工作时，不仅致力于研究室乃至整个工厂科研生产任务的完成，潜心钻研技术，更难能可贵的是，他从无线电技术和中央无线电器材厂的长远发展考虑，积极吸纳科技人才，壮大科技队伍。电脑巨子王安，美国科学院院士、无线电和微波专家郑钧，我国微波技术、量子电子学和激光技术的拓荒者、中国科学院上海光学精密机械研究所副所长黄武汉，中国科学院院士、2011 年度国家最高科学技术奖获得者谢家麟等，当年都是中央无线电器

1943年，蔡金涛（左三）等在重庆演示新研制的抗日设备

材厂研究室的成员。当年的25位科技人员，有些人后来成长为中国科学院和中国工程院院士、专家、教授、总工程师等；有些人当选为全国劳动模范、全国人大代表、全国政协委员。当年开办的报务员、机务员训练班中的一些学员，后来成长为新中国企业或其他方面的骨干，如报务二期的黄健立后担任四机部714厂厂长。时至耄耋之年的这些故友，仍对当年的研究室主任蔡金涛赞叹不已，称赞他爱惜人才，钻研技术，埋头苦干，认真负责。

3. 遇险不惊　化险为夷

战乱年代，四处奔波，在祖国的西南大后方辗转、颠簸，历尽磨难和惊险达9年之久，但蔡金涛为祖国服务、钻研技术的信念却矢志不渝。

抗战时期，在广西桂林逃遁日机轰炸时，蔡金涛同地质研究所所长李四光坐在桂林老君洞口外，敌弹的一个碎片突然从他们头上擦边飞过，非常危险。地质研究所和物理研究所在这次空袭中各被炸死一人。

还有一次是在桂林的四川会馆工作时，突然传来飞机的轰鸣声，大家来不及逃避，李四光和蔡金涛等只好蹲在会馆外的滴水沟里，他们清楚地看到飞机从他们的头顶上飞过，幸好敌机驾驶员没有发现他们。

第三次是1946年12月23日，蔡金涛带着妻子、女儿和儿子乘飞机返回上海，就在他们的下一趟航班，发生了机毁人亡的惨剧。这趟航班是12月24日从重庆起飞，这一天上海大雾，飞机不能着陆，上海机场发出警告，但飞机驾驶员急于回上海与家人一起过圣诞节，仍坚持飞到上海机场。由于飞机上未备有盲降着陆设备，飞机不敢着陆，不断地在上海机场上空兜圈子，等到汽油耗尽，摔到了地面。机上的乘客，大多数是中央无线电器材厂重庆分厂的员工和家属，除一名女教师和一个用布袋吊在机舱的小孩外，其余人员全部遇难。蔡金涛有一位在物理研究所桂林工作站的同事，其爱人带着四个儿子搭乘这一航

1939年8月4日，蔡金涛拍摄的桂林被炸、独秀峰下训练班被焚的照片

班回沪团聚，没想到母子五人全部遇难。每每谈及此事，蔡金涛总会在伤感中不寒而栗。

在由桂林逃难到遵义，由遵义去贵阳，再由贵阳赴重庆等途中，蔡金涛也都是坎坎坷坷，历尽艰辛磨难。从贵阳乘卡车前往重庆，途中有一名国民党93军的士兵爬上了车，车上乘客不同意他上车，要将他推下去，他不但不下去，反而拽住车的后车梆。蔡金涛看不下去，往里面挤了挤，让这名军人坐了下来。到那名军人驻地遵义靶水站时，只见他下车后拿出一颗手榴弹，一把将蔡金涛拉开，对他说："你是一个好人，我要将其他人都炸死。"蔡金涛挺身而出，跟这名军人讲好话，并将自己的一支派克金笔赠送给他，加上驻地其他人说和，一车人才幸免于难。也就是在这趟车的前一天，一辆货车路过这一站，不知什么原因，车被推到路边，一车人全部遇难。

蔡金涛向西逃难的路上，耳闻目睹，亲历了日本侵略者的侵略和狂轰滥炸给中华民族带来的灾难，广大黎民百姓流离失所，妻离子散，同时看到国民党政府贪官污吏横行、腐败无能，使处于水深火热的中国人民更加凄惨、悲凉，这也更加激发起这位学者热爱祖国、热爱人民的激情。

4.执掌教鞭　教书育人

蔡金涛在资源委员会桂林中央无线电器材厂研究室主任岗位上，可谓英雄大有用武之地。中央无线电器材厂和研究室都红红火火，广大员工在“一切为抗战服务”口号的感召下，勤勤恳恳、兢兢业业，为抗战前线研制和生产了多种军用设备。可好景不长，1944 年 5 月，由于国民党在豫桂湘战役中失利，日本侵略者已威胁衡阳，桂林岌岌可危，安全不保。中央无线电器材厂奉命向重庆和昆明撤退。蔡金涛带着家眷撤到遵义，再后撤已找不到交通工具。刚好此时浙江大学已迁来贵州遵义，受浙江大学竺可桢校长之聘，蔡金涛任浙江大学工学院电机工程教授，担任电信系三、四年级的主课授课教师。一到浙江大学，这位对学问孜孜以求、酷爱钻研技术的学者，仿佛找到了赖以生根、发芽、开花、结果的沃土，他拂去逃难的尘埃，一丝不苟地备课、撰写讲义，挥鞭执教。他讲授 4 门课，每周 12 小时，比其他教授的授课时间多一倍，但毫无怨言，尽职尽责。由于他的南通乡音比较重，唯恐学生们听不懂，他就增加板书，多油印讲义，课后还不厌其烦地给予答疑。校方和学生们对蔡教授的教学给予了高度赞赏。

除做好教学工作外，蔡金涛还不顾战火纷飞的困扰，潜心研究技术。他利用业余时间，撰写了《论麦克斯韦方程式之解答》。麦克斯韦方程是研究电磁波

20 世纪 40 年代的浙江大学（湄潭）工学院实验室群（照片下载于浙江大学网站）

传播理论之本，蔡金涛在前人研究成果的基础上，通过多种转换公式，使麦克斯韦方程的解答不依赖于劳伦兹条件；他还分析研究了赫兹解法的不通用性，提出了修正方法。由于战乱逃遁，他到重庆后发现此论文有一个小漏洞，又无暇修改补正，出于严谨，这篇论文仅在会上宣读，没有在刊物上发表。

5. 滞留重庆　潜心研究

1945 年 7 月，蔡金涛在浙江大学（遵义）教了一年书后，携全家到中央无线电器材厂重庆分厂暂住。8 月 15 日，传来日本投降的特大喜讯，顿时整个重庆沸腾了，全中国沸腾了。人们敲锣打鼓、鸣放鞭炮、载歌载舞、欢呼雀跃，庆祝抗战胜利。蔡金涛亦抑制不住内心的激动与喜悦，和广大员工、重庆人民，共庆中国人民取得的伟大胜利。

从日寇占领区撤退到重庆的人，以及来自沦陷区的中央无线电器材厂重庆分厂的员工，都在日夜忙碌，争取早日找到交通工具，返回原籍。蔡金涛家人多，员工们都急着返回上海，他便决定暂时在重庆安心住下。

1945 年秋，蔡金涛撰写了《超外差式接收机的统一调谐问题》（即《统一调谐》论文中的一部分）。在这种超外差式接收机中，高频放大器和高频振荡

1945年，蔡金涛与儿子在重庆分厂小龙坎宿舍前

器工作在不同频率，而且必须保持有一个固定差数，即中频。但高频放大器和高频振荡器这两个调谐电路，又必须使用双连、同轴、可变电容，以方便调谐。这是个难题。一般是在振荡电路中选用一个电感可调（例如用磁芯）的线圈，串接一个调节范围大的可调电容器，并在这一组合上再并联一个可用于修正的小电容。这样，就形成一个具有三个可变参数的振荡电感，然后反复调整，使其在三个预定频率（称为统调频率）上使高频振荡器的频率与高频放大器的频率差都等于所要求的中频，这就是所谓的“三点统调”。如何选取这三个统调频率，使全波段中各点的误差（高频振荡器和高频放大器这两个调谐频率之差）都和中频之差最小，换言之，即三个统调频率如何选取，才能达到最佳设计？在当时的技术文献中找不到答案，蔡金涛用最小二乘方的方法，解决了这个问题。那时还没有可用的电子计算机，中央无线电器材厂沈家楠（后曾任七机部一院 12 所副所长，航天控制技术专家），使用六位对数表，花费了大量的时间，进行了必要的计算。计算结果表明，最小二乘方的方法是有效和可行的。

这是蔡金涛多年研究成果和实践经验的总结与提升，从理论上解决了当时国际上尚未解决的“三点统调”难题。这篇论文后来曾连续刊登在 1950 年 11 月、12 月和 1951 年 1 月的《电信建设》上。

在重庆分厂滞留期间，蔡金涛还和中央无线电器材厂研究室何午山（后曾任七机部二院二部副主任、科技委主任，导弹技术与无线电技术专家）一起研究并撰写了《交流电磁饱和式自动稳压器的原理和设计》，他们还试制出了样机，对设计方法进行了验证。这篇论文发表在 1950 年 5 月和 6 月的《电信建设》上，受到了业内同事的一致好评。

蔡金涛

蔡金涛院士传记

Academician Cai Jintao's Biography

第四章

钻研科技　实业救国

蔡金涛在大学毕业后的27年里，除赴美留学实习外，基本从事电信和无线电领域的技术工作。风华正茂、精力充沛的他，靠着勤奋钻研，铸就了我国电信技术与无线电技术领域造诣深厚的元老地位，业绩颇丰。

蔡金涛，这位1930年以国立交通大学电机工程学院第一名成绩毕业的高才生，的确不负盛名。10多年来，无论是赴美留学，还是回国工作，均以其突出的业绩和科研成果，确立了在我国电信技术与无线电技术领域的泰斗地位，成为一位杰出的开创者和奠基人。然而在那动荡变革的年代，即使像他这样沉默寡言、敦厚朴实的学者，同样也被卷入政治的漩涡：参加中训团、加入国民党；被军统看中，成为虚无缥缈的“军统少将”。这两件事纠结了他多年。

1. 赴渝受训　入国民党

1932年10月，蒋介石决定组建国防设计委员会，对外保密，隶属国民党政府参谋本部，自己担任委员长。1932年11月1日，国防设计委员会正式成立。其成员由国民党党务、军政人员，国民党政府所属企业的技术与管理方面的负责人，金融实业界首脑，知名学者等数十人组成。国防设计委员会主要开展调查研究工作。1934年4月，国防设计委员会改为隶属军事委员会，并易名为国民党政府资源委员会（简称资委会），抗战时期隶属国民党政府经济部，抗战胜利后隶属国民党政府行政院。资源委员会是一个管理国营重工业企业的政府部门，是国民党官僚资本的一个经济机构，主管全国的煤炭、石油、钢铁、有色金属、机械、电力、电工、化工、水泥、制糖、造纸等所谓的“国营企业”。抗战时期的资源委员会主任委员由国民党政府经济部部长翁文灏兼任，抗战胜利后，翁文灏、钱昌照和孙越崎先后担任资源委员会委员长。到中华人民共和国成立时，资源委员会所属各厂矿职员约 3 万人，其中，外国留学和国内大学毕业的各类技术与管理人员约占 60%，还有各种技工和工人约六七十万人。

翁文灏，字咏霓，浙江鄞县人，出生于绅商家庭，是中华民国时期著名学者，中国早期最著名的地质学家，对中国地质学教育、矿产勘探、地震研究等多方面有杰出贡献。1912 年，翁文灏在比利时法语鲁汶大学 (Louvain) 获地质学博士学位，同年回国，在北洋政府农商部任职。1913 年，翁文灏同丁文江等人一同创办了北洋政府地质调查所，在搞地质研究的同时，也招收中学毕业生入所，培养地质人才。这是我国第一个从事地质研究和培养地质人才的机构。翁文灏任该所所长，并在地质研究所任讲师、主任教授等职，中国第一代地质工作者多出自其门下。与此同时，翁文灏还在北京大学、清华大学任兼职教授，曾任清华大学地质学系主任兼代理校长。1934 年，他还兼任焦作工学院（中国矿业大学的前身）常务校董。

1932 年 10 月初，蒋介石决定组织隶属国民党政府参谋本部的国防设计委员会（资源委员会的前身），由蒋介石亲自担任委员长，翁文灏担任负实际责任的秘书长。1934 年 4 月，国防设计委员会改隶属军事委员会，易名为资源委员会。1935 年，蒋介石亲任行政院院长，12 月，翁文灏任行政院秘书长。1937 年，翁文灏出任经济部部长。1938 年 3 月，资源委员会隶属国民党政府经济部，由经济部部长翁文灏兼任主任委员。抗战时期，资源委员会领导称主任委员和副主任委员，抗战胜利后，改称委员长和副委员长。1946 年 3 月，资源委员会隶属国民党政府行政院，翁文灏任行政院副院长，钱昌照担任资源委员会委员长，孙越崎担任副委员长。

1948年6月，翁文灏任国民党政府行宪后第一任行政院院长，11月，翁内阁总辞。1949年年初，蒋介石下野，2月至5月，翁文灏任李宗仁代总统的总统府秘书长，5月，国共和谈破裂，翁文灏辞去总统府秘书长职务，脱离蒋介石集团，初居香港，后移居法国巴黎。1951年，受毛泽东主席、周恩来总理邀请回国，曾任第二届、第三届全国政协委员，中国国民党革命委员会中央委员、常务委员等职。回国后，他仍专注于祖国的地质事业。他的地质学造诣很深，对著名的大陆漂移和燕山造山运动的阐述与发展贡献卓著，为祖国的地质科学和地质事业奠定了基础。著有《中国矿产志略》《甘肃地震考》《地震》《椎指集》等著作。翁文灏一生喜好读书，生活朴素。他去世后，按其遗嘱将所有藏书连同一生积蓄都上交给了国家。

钱昌照，1919年赴英国留学，就读于伦敦政治经济学院，1922年又进英国牛津大学深造，曾参加北洋政府派出的考察团到英国、美国、日本等国考察。回国后，他立志从事工业建设，但时值军阀混战，民不聊生，未能如愿。1930年任国民政府教育部常务次长，1932年任国防设计委员会副秘书长。国防设计委员会易名为资源委员会后，钱昌照任副主任委员，实现了从事工业建设的夙愿。在抗日战争时期，钱昌照与资源委员会主任委员翁文灏合作，在大后方兴办了一批工矿企业，并组织力量对各种资源进行勘探，为战时发展生产、支援抗战，做出了积极而重要的贡献。更为可贵的是，钱昌照罗致和培养了大批的科技人才，为中国的工业技术发展，乃至新中国国民经济建设积蓄了科技力量，其意义重大而深远。

孙越崎，原名孙毓麒，浙江绍兴人，能源专家，中国现代煤炭工业和石油工业的奠基人之一。1915年5月，因袁世凯接受了日本政府提出的《二十一条》，而改名为越崎。1911年年底，他毕业于绍兴简易师范学校，到一所小学义务任教一年。1913 年，孙越崎进入上海复旦公学中学部学习，结识了教师邵力子、同学罗家伦、俞大维等。1915 年中学毕业后，他考入天津北洋大学文科预备科学习，后考进北洋大学矿冶科学习。1919 年，在五四运动中，孙越崎和马骏、谌志笃、沙主培作为天津学生代表与直隶省长曹锐交涉。由于参与学生活动，并拒绝写悔过书，被开除学籍。之后，孙越崎在蔡元培的帮助下转入北京大学学习，1921 年毕业，获得工科学士学位。

毕业后，孙越崎回绍兴休养两年，1923 年秋，他在东北参观了抚顺和本溪的煤矿以及昭和钢铁厂等，在督办尹蔡运的邀请下，参加了中俄官商合办的穆棱煤矿（现鸡西矿务局）的创建工作，任中方矿务股长兼机械股、工程股股长，1929 年煤矿建成投产。在穆棱煤矿创建期间，孙越崎结识了前来调查的北京地质调查所所长翁文灏，并在翁文灏的介绍下加入了中国地质学会和中国矿冶工程学会。孙越崎编写了《吉林穆棱煤矿纪实》一书，1930 年由中国矿冶工程学会出版，翁文灏为此书作了序。

1929 年秋，孙越崎赴美留学，在斯坦福大学采矿系学习，考察了旧金山的金矿和洛杉矶、休斯敦的油矿。为了考察美国东部的煤矿，1931 年 9 月，他转学到哥伦比亚大学研究生院学习，考察了美国著名的煤矿。回国途中，他又绕道欧洲，花了 40 多天时间，考察了英国、法国、德国等国家的采矿业。1932 年 7 月，他经莫斯科和西伯利亚返回哈尔滨家中。孙越崎不愿定居在日军占领下的东北，在哈尔滨待了不到 20 天就南下来到北平。

从 20 世纪 20 年代起，孙越崎先后创建和领导过一批煤矿和油矿，如穆棱煤矿、陕北油矿、河南焦作中福煤矿、玉门油矿等。抗战胜利后，1946 年春，他辞去四川 4 个煤矿和甘肃油矿局总经理职务，作为国民政府行政院经济部东北区特派员，前往东北接收东北地区的重工业，接收了东北电力总局、鞍山钢铁公司、小丰满水力发电站、阜新煤矿、北票煤矿、本溪煤铁公司及沈阳机械厂等数十个企业，同时还兼任行政院河北平津区敌伪产业处理局局长。1947 年 1 月，孙越崎辞去了河北平津区敌伪产业处理局局长及经济部东北区特派员的职务，担任行政院资源委员会副委员长。1948 年 5 月，孙科内阁内，孙越崎任行政院政务委员兼资源委员会委员长。1949 年 3 月，何应钦内阁内，孙越崎任经济部部长兼资源委员会委员长。

1948 年年底至 1949 年年初，孙越崎在中共地下党的帮助下，软磨硬抗，没有按照蒋介石的命令将资源委员会的工厂、研究所拆迁到台湾，使资源委员会及所属的厂矿、研究所得以保全，回归新中国。

1949 年 5 月底，孙越崎辞去经济部部长和资源委员会委员长的职务，离开广州，前往香港。1949 年被国民党开除党籍，被中华民国政府以叛国叛党罪通缉。

1949 年 11 月 4 日，孙越崎携家眷经天津回北京。1950 年 3 月，他由邵力子介绍加入中国国民党革命委员会，任中央委员，并曾当选常委、副主席、监委会主席、名誉主席等职。

1988 年 9 月，孙越崎当选为中国和平统一促进会会长。1989 年，他以年过九旬高龄之躯，不辞劳苦沿江实踏考察月余，撰写了《关于三峡工程问题调查报告》。1995 年 12 月 9 日，孙越崎病逝于北京。

从 1932 年到 1949 年，资源委员会承担着战时大后方中国工业体系建设的重任，为国民党正面抗战战场及军工生产，提供了原材料等物资保障。资源委员会所属的工矿企业，此后也成为新中国国营工业企业的基础。

位于桂林的资源委员会中央无线电器材厂（总厂），其前身是位于湖南长沙的湖南电器制造厂，后迁到广西桂林，1939 年更名为中央无线电器材厂，在当时的声名和地位自不待言，属于高新技术的范畴，又承担着军事装备的研制生产任务，研究室更是高新技术的集中地，受到国民党当局，特别是军界的关注与重视。中央无线电器材厂，包括位于昆明和重庆的分厂，都受到国内工业界、知识界的青睐和羡慕。

在研究室任主任的蔡金涛，工作顺心如意，中央无线电器材厂为其钻研技术、应用技术，实现服务祖国、实业报国、科技报国的理想提供了舞台。他从自己的人生历程中领悟到，师长、上峰都是自己的领路人，对他们的指派、吩咐从不说二话，从他的启蒙塾师张辅庭、高中时的校长于忱、高中数学老师陆颂石，到物理研究所所长丁西林、桂林科学试验馆负责人李四光等，都是他的良师益友。他本是一位“两耳不闻窗外事，一心只读技术书”的书生。然而，任何事物都有两面性，在上峰的器重下，蔡金涛这位不大关心政治的人，也被卷入了政治漩涡中。1942 年 7 月，中央无线电器材厂厂长周维翰指派他去重庆（本来是安排厂里的一位资深秘书钱应瑞前去，但由于钱应瑞患肺病，便临时指派蔡金涛前往），到中央训练团党政班第 21 期受训 5 周。他考虑到时间不长，去重庆还可以抽空参加中央无线电器材厂重庆分厂的一些技术工作，于是欣然答应。孰不知这个中央训练团是为培养国民党骨干并为其镀金而开设的。他在中训团受训结业的 1942 年 9 月，集体加入了国民党。结业后，他又受在国立交通大学电机工程学院同学、时任中央无线电器材厂重庆分厂厂长王瑞骧之邀，在重庆分厂工作一个多月，尔后返回桂林中央无线电器材总厂。

受训后，蔡金涛返回桂林时，被推举为国民党中央无线电器材厂区党部候补执行委员。这个区党部直接归广西省党部管。后由于分管宣传的执行委员恽奎焕离职，由他接替恽奎焕的职务，负责宣传工作。正是这段偶然的赴渝受训和加入国民党的经历，在后来却成为他一生中的一个纠结，在他至不惑之年的 1955 年的肃反运动中，以及至知天命之年的“文化大革命”中，都因这一纠结而受审查，因此也耽误了他人生宝贵的时光，使他终生感到遗憾和懊恼。

2. 军统看中　断然婉拒

大特务头子戴笠手下搞情报的头头魏大铭，原是重庆国民党政府军令部技术室的副主任，后来担任国民党政府国防部二厅的副厅长兼技术室主任。这个搞情报的专家，对中央无线电器材厂及其重庆分厂的技术实力、生产的产品等了如指掌，对蔡金涛的技术才干及其在电信技术、无线电技术方面的造诣也有所耳闻。早在1940年，蔡金涛的大学同级同学、正在重庆军令部技术室工作的王启贤给蔡金涛写了一封信，邀他去军令部技术室工作，并称授予其中校军衔，这实际上是魏大铭授意写的。蔡金涛并不为其所动：一则是他负责中央研究院物理研究所桂林工作站的工作确实很忙，无法脱身；二则是他对中校军衔不感兴趣。因此，没有接受这次邀请。

后由于国防部二厅技术室与中央无线电器材厂的业务关系，魏大铭曾于1941年下半年到桂林中央无线电器材厂参观考察。蔡金涛随厂长周维翰陪魏大铭参观了中央无线电器材厂，魏大铭较详细地了解了厂里和研究室生产、设计的产品。蔡金涛虽没注意到这位大名鼎鼎的魏大铭，但魏大铭却早就注意到了他。1943年3月，蔡金涛又同中央无线电器材厂重庆分厂厂长马师亮一起参观了魏大铭的技术室，了解了技术室的主要设备和技术概况。

1944年8月，蔡金涛在遵义浙江大学刚教完一学期的课，即传日寇已占领贵阳，遵义告急。竺可桢校长连夜召开紧急会议，决定全体师生员工及眷属立即徒步向重庆撤退。蔡金涛家中的子女都还小，动作迟缓，拖至翌日凌晨尚未出发。幸好适时传来新消息：日寇已向贵州独山撤退。这样他才没有拖儿带女上路北逃。惊魂稍定，他又开始登台讲课。1944年9月下旬，一位南通的同乡束星北来到他家，束星北原是浙大教授，后离开浙大，在魏大铭那里研究一个专题，此次是回遵义休假。束星北言明来意，称是受魏大铭之托，请蔡金涛到国防部二厅技术室工作，如同意，魏大铭可派卡车来，接他一家老小到重庆。

得悉后，蔡金涛一阵惊喜：“啊！这是多好的机会呀！前些日子闹着要逃难，无法找到交通工具，差点拖儿带女上路呢！”可他立即意识到，这是魏大铭乘自己的困境，想用提供交通工具做诱饵来诱他上钩。同时，他在浙江大学的聘约还未到期，自己无论如何也不能背信弃义。因此，他当场给予回绝。

尔后，魏大铭又曾多次拉蔡金涛到国防部二厅技术室工作。1947 年 11 月，他在与魏大铭见面时，魏大铭直言不讳地提出，请他每周到技术室去几天指导工作。他清楚地知道，这实际上是让他当技术室的顾问。他心里有底线：技术室有很多国外进口的仪器设备，一起搞协作仿制，常到技术室走一走、看一看是可以的，但要他正式到技术室干，鉴于王启贤、陈景涵的“前车之覆、后车之鉴”，进去容易出来难，他是坚决不干的。因此，他托辞地答复道：“在上海的公司研究所事多走不开，要和公司商量才能决定。”

1948 年 10 月中旬，蔡金涛在台湾参加中国工程师学会年会期间，与赵元良一起被马师亮约请前往草山一家温泉浴室沐浴。马师亮谈起魏大铭那里有一台新式无线电求向器，要仿制生产一批。拟委托中央无线电器材公司仿制，魏大铭希望马师亮和蔡金涛先去南京看一看机器，且加强中央无线电器材公司研究所与国防部二厅技术室的技术协作。马师亮想做生意，蔡金涛想搞新技术，他们都乐于开展求向器的仿制生产。10 月底，他们先后返回上海，11 月初，马师亮、蔡金涛等去南京参观考察了求向器。

后来，魏大铭的国防部二厅技术室又使用送给蔡金涛出入技术室的证章和填写履历表等伎俩，拉拢他加入技术室或到技术室兼职，最后，都无法逾越蔡金涛的底线，他始终没有加入技术室。

尽管如此，蔡金涛与国防部二厅技术室这一段情节与瓜葛，成了他一生中的第二个纠结。蔡金涛是否在技术室兼任过顾问，解放后，组织上，特别是他的直接领导明察秋毫，做出了“蔡金涛是否在国防部二厅技术室任顾问一事，查无实据，只作为被特务机关利用的技术人员论处”的结论。

3. 拒搞接收　致力建所

1945 年 8 月 15 日，蔡金涛与家人同重庆人民，一道度过了载歌载舞、欢庆抗战胜利的不眠之夜，他仰天长叹：“抗战八年，终于将日本侵略者赶跑了！”此时，日本人在沦陷区留下了大批工矿企业和科研机构，急待国民政府资源委员会前去接收。资源委员会拟任命蔡金涛为“接收大员”，领导接收工作。他十分清楚，“接收大员”是发财的“肥差”，对有些人是求之不得的事；但他更知道，这些“接收大员”所发的财都是国难财。他在抗日战争时期西逃的过程中，目睹了国民党官员贪腐的恶迹，欺诈百姓、经商赚钱。这些都为他所不齿，不屑一顾。同时，抗战胜利了，实业报国、科技强国的理想得以实现了。所以，他决定不去趟这个浑水，毅然回绝了资源委员会的委任，继续留在中央无线电器材厂重庆分厂进行自己酷爱的技术理论研究和交流电磁饱和式自动稳压器的设计。

归心似箭，回家的激情在胸中燃烧。蔡金涛的妻子于德辉和年幼的儿女更是急迫地催促他抓紧争取到交通工具，返回上海、南通。可此时此刻，从沦陷区搬迁到重庆的各类人员很多，都急于返回，可谓是一票难求。而他家人多，一时返回不了，而且在中央无线电器材厂重庆分厂还有技术工作要做，只好安心等待。到后来，中央无线电器材厂研究室只剩下他和陈德仁。陈德仁后来一直与蔡金涛共事，曾担任某固体弹道导弹总设计师，成为导弹控制技术专家，后当选为中国工程院院士。

1946 年 12 月 23 日，蔡金涛一家和陈德仁一起乘飞机返回上海，与资源委员会中央无线电器材厂改组后的中央无线电器材公司会合，蔡金涛被任命为该公司的总工程师兼研究所所长。

一贯忠于职守的蔡金涛，作为总工程师兼研究所所长，使命在肩，责任在身，毫不懈怠和失职。他首先积极了解情况，制定生产计划。中央无线电器材公司虽已筹备半年，设立了总办事处和一些营业处，但公司所属的南京、天津两个工厂分别从昆明、重庆迁来，尚需在位于南京、天津接收的日伪工厂上建立，难以立即开展工作。更为困难的是在抗战胜利后，内地生产的主要产品——军用通信机已无市场。而新产品，主要是各种广播收音机，都要重新开发和建立生产线，技术人员也要重新培训，问题和困难很多。尽管如此，位于南京和天津的两个分厂都在统一的计划下着手筹办，而且取得了一定的成绩。可当时起决定作用的中央无线电器材公司总经理却公出在美国，主张技术引进，要和美国无线电公司（RCA）合作，虽谈判了很久，却未能成功。后改为与美国飞歌公司（Philco）谈判，签订了来料加工、代销合同。首批从飞歌公司进口了一万套806式四管收音机，分交给南京、天津的工厂装配，然后交上海中央无线电器材公司销售。这样，总工程师的责任虽然减轻了，但中央无线电器材公司却背上了美商推销员的臭名。蔡金涛不赞同这种来料加工，主张自行设计研制生产收音机。他的第二个任务是重建研究部门。这个部门设在上海提篮桥平凉路与临潼路的交界处——平凉路1号，原来是日侨的一个汽车修理所，要将其改成试验室，工作量相当大。本想在技术领域大展拳脚的蔡金涛，无奈只好从事这些技术行政工作，包括基建改造，购置设施、设备及安装、调试等。他深知研究所要开展产品研制工作，要吸纳科技人才和技术工人，必须建设好试验室，掌握必要的技术手段，因此，他全力以赴地领导和组织了试验室的建设。

除此之外，还要为研究所招聘科技人才和技术工人。在那战乱的年代，这是一件异常困难的工作。他同中央无线电器材公司反复协商，决定仍以招募抗战时期在西南大后方艰苦努力、卓有贡献的员工为主，这样因故不愿意去或不能去南京、天津两个分厂的员工，来者不拒；还有中央无线电器材厂过去派到国外学习后回国的工程师，研究所一律欢迎。他还不辞辛苦，亲自登门找这些故旧，做动员和说服工作。正是由于他惜才如金和苦口婆心地做工作，再加上他的人格魅力，研究所很快就聚集了60多名科技人才和技术工人。主要有：黄纬禄、冯世璋、乔石琼、陈德仁、何午山、张梓昌、张连华、陈克恭、黄足、孙仁琦、莫根生和一些技术熟练的高级技工人才。这些科技人才后来大多成为我国导弹与航天技术、无线电技术等领域的科技专家，为我国航天、无线电电子等科技事业做出了突出贡献。

黄纬禄，是由中央无线电器材厂重庆分厂派往英国实习、进修和深造的，在英国伦敦大学帝国学院获电机工程硕士学位后回国。他将黄纬禄招致麾下。上海解放后，黄纬禄又同他一起来到通信兵部军事电子科学研究院，直至国防部五院二分院（后改为七机部二院）。黄纬禄是位优秀人才，后来在我国液体弹道导弹控制系统的仿制、自行研制和从核潜艇水下发射与陆基发射的固体弹道导弹的研制中，都做出了卓越的贡献，曾任中程液体弹道导弹副总设计师和核潜艇水下发射固体弹道导弹总设计师，1986年当选为国际宇航科学院院士，1991年当选为中国科学院学部委员（1993年改称为中国科学院院士），1999年被党中央、国务院、中央军委授予“两弹一星”功勋奖章，是我国著名的航天总体技术与控制技术专家。

陈德仁与蔡金涛关系甚密，二人同机从重庆返回上海，到上海后，陈德仁曾住在蔡金涛家。这位老部下同蔡金涛一起投入我国导弹事业，成长为导弹总体技术和控制技术专家，曾担任我国从核潜艇水下发射固体弹道导弹的副总设计师和总设计师，为我国液体弹道导弹控制系统的仿制与自行研制，我国水下和陆基发射固体弹道导弹控制系统乃至整个武器系统的研制，都作出了重要贡献。1987年，陈德仁当选为国际宇航科学院院士，1995年当选为中国工程院院士。

更值得一提的是，蔡金涛十分赏识的曾在桂林研究室工作的属下黄武汉。黄武汉祖籍广东省南海县佛山镇（今佛山市），1919年11月26日出生于香港一个劳工家庭，13岁便踏进香港工务局电器厂，开始了打工生涯。聪慧好学的黄武汉白天干活，晚间进香港工程学院夜校部学习，靠着刻苦攻读、自强不息的精神，用了四年多的时间（1933—1937年）获得了电机工程专业毕业证书。1939年9月，被香港邮电电信厂聘为技术员。后又通过自学取得了英国工程学院无线电工程专业函授部颁发的毕业文凭。1941年夏，香港被日本侵略者占领后，黄武汉由香港进入内地，先在广东坪石中山大学电机系实验室工作，后转入资源委员会桂林中央无线电器材厂研究室，在蔡金涛麾下工作。岁月把丰厚的馈赠给予了自强不息的黄武汉，1945年年初，黄武汉以优异的成绩获得了工程技术人员公费赴美实习和留学英国的双重资格。随即黄武汉赴英，先在G.E.C研究所广播实验室工作。由于黄武汉才干出众，被聘为电子技术工程师，后又被推荐到剑桥考文垂（Coventry）研究所专修两年电子技术。在其学成回国前夕，香港大东电报局去电聘请黄武汉任海线及无线电公司工程师，主持微波技术研究。黄武汉后获悉1945年年初获得的赴美实习资格仍然有效，便于1948年年初，赴美国无线电公司（RCA）的一家工厂实习，后又转往国际电话电报公司（ITT）实验室进修微波技术，并于当年年底期满返回香港大东电报局，升任责任工程师。新中国成立后，黄武汉满怀为祖国建设服务的赤子之心，接受中国科学院聘请，于1953年春，到中国科学院近代物理研究所任研究室主任；后任中国科学院电子学研究所微波技术研究室和电子学研究室主任，之后又担任副所长，担负了中国科学院上海光学精密机械研究所筹建的重任，是我国微波技术、量子电子学和激光技术三个新学科的拓荒者和奠基人。1968年7月，黄武汉在“文革”中含冤离世。蔡金涛对黄武汉的去世深感悲痛和惋惜。1978年3月，中国科学院为他平反昭雪，恢复名誉。

其他如张梓昌（计算机技术专家，曾任二院706所所长）、何午山（无线电技术专家）、冯世璋（无线电技术专家，曾任国防部十院副院长）、乔石琼（电磁计量专家，曾任二院计量站站长）等，也都是在20世纪50年代后期先后来到国防部五院二分院，随着我国导弹与航天事业的创建与发展，成长为各自专业技术领域的技术带头人，为我国的导弹与航天事业、雷达事业、电磁计量事业、计算机事业等的发展，做出了突出贡献。对于这些科技专家的成长，蔡金涛这位无线电技术的泰斗级元老功不可没。

蔡金涛不仅爱才惜才，他还亲自育才，对属下

1947年2月，蔡金涛（左，字松谷）与大学同班同学余育德（右）在交通大学

的科技人员悉心指导，即便在1947年中国人民解放战争轰轰烈烈展开之时，他还兼任交通大学教授，亲自指导两名硕士研究生。

4. 技术领导　率先垂范

罗致来60多位科技人才和高级技工实属不易，这些科技人才和技术工人得有活干，作为中央无线电器材公司总工程师兼研究所所长的蔡金涛感到压力巨大，不能误人子弟。他深知实践增才干，于是千方百计地给大家找活干。先后自行设计研制了张力计、无线电探空仪及多种印刷电路、汞电池等产品。

蔡金涛还竭尽全力组织科技人员进行反复的研究讨论，自行研制了中功率的扩音机、高级多管全波段收音机、自动换片的收扩两用机和弹速测量仪等。这些产品在20世纪40年代都属于高技术产品，也是抢手产品。他身先士卒，同科技人员一起讨论确定技术方案，一起搞设计，一起解决设计和试验中的技术难题，为这些产品的研制成功做出了不可替代的贡献，也展示了他的真才实学，从而博得了下属的敬佩。

他还同有关设计人员一起深入到只有10人的小车间，克服各种困难，苦口婆心地调动工人的积极性，组织车间生产了几百部“资源牌”高级收音机，这些收音机成为当时市场上的紧俏商品。这些产品的研制生产，不仅使这批科技人员和技术工人得到了锻炼，提高了技术水平，积累了实践经验，同时获得了经济效益，在一定程度上为公司和研究所缓解了经济困难。

5. 拒去台湾　迎接曙光

抗战胜利后，蒋家王朝不顾全国人民反内战、反饥饿、反迫害，要和平、要民主呼声的日益高涨，悍然发动了全面内战。中国正处于两种前途、两种命运大决战的关键时期。随着中国共产党领导的中国人民解放军在辽沈战役、淮海战役、平津战役的节节胜利，国民党政府开始向孤岛台湾撤退。中央无线电器材公司及所属研究所的技术人员们惶恐不安，因为他们知道，蒋家王朝了解资源委员会所属的中央无线电器材公司及其研究所是科技人才济济的重要部门，他们无论如何不会让像蔡金涛这样的顶尖人才落入共产党之手。国民党反动派，特别是国防部二厅，更是绞尽脑汁，千方百计地诱迫蔡金涛等去台湾，效力于蒋家王朝。

何去何从，面临抉择。摆在蔡金涛面前的有多种可能，第一种可能是到美国去，脱离国共内战。1934 年到 1937 年在美国商务部标准局时，他结交了美国朋友 I.L.Cooter。在他初进标准局时，I.L.Cooter 受局长的指定，在生活上照顾蔡金涛。I.L.Cooter 是他最亲近的美国朋友，I.L.Cooter 后来留学英国，其专长是电阻和磁场的精密测定。1949 年上海解放前两周，I.L.Cooter 给他来信，建议他举家赴美，一切手续由 I.L.Cooter 托人代办，一切费用由其代筹，他到美后的工作是到某大学担任讲师，可生活安定后再归还 I.L.Cooter 的垫款。梁园虽好，但毕竟是人家的土地。思前想后，他认为这完全是建议他当“白华”，变成寄人篱下、没有祖国的人。于是，抱定为祖国服务、实业救国、科技强国信念的他，不改初衷，婉言谢绝了 I.L.Cooter 的好意。

第二种可能是接受当局的胁迫，举家迁往台湾。生活和安全虽无问题，但在黑暗昏庸，“黄钟毁弃，瓦釜雷鸣”的国民党统治下，怎能施展才华、报效祖国呢？！“良骏败于拙御，智士踬于暗世。”他不甘心跻身于这个贪腐横行、尔虞我诈的“党国”之下。

第三种可能是想方设法把人员、设备等留下来，迎接新曙光，拥抱新中国，建设新中国。

但留下来谈何容易，想留下来也要经历千难万险，在那时局动荡的战乱年代，国民党政府和军统的极端反动分子随时可能对想留下者及其家属采取行动，或绑架，或下毒手。这需要他沉着应对，找出万全之策。“志士幽人莫怨嗟，古来材大难为用！”他陷入思索和矛盾之中，最终起决定作用的还是“为祖国服务”的信念。他最终选择了留下来！

就在上海解放前的一个下午，蔡金涛突然接到上海警备司令部电信监察科查科长的电话，称国防部二厅副厅长魏大铭从南方来电，问他要不要离沪，如要离沪，电信监察科可提供交通工具。接此电话，如五雷轰顶，觉得此决心不好下，他当即告知这位科长，容考虑后再答复。回家后，他先和妻子于德辉商议。刚好他的老朋友、时任中央无线电器材公司研究所所长秘书的潘德钦下班从他家后门经过，他请潘德钦来家小坐商量离沪之事。一同讨论后，两人认为在这种局势下独自一人离沪很危险，决定不离沪；但如果直接拒绝，又怕魏大铭翻脸，恼羞成怒，指派人将他绑架。蔡金涛像热锅上的蚂蚁，焦急万分。蔡金涛又立即来到马师亮家，向马师亮报告了魏大铭要其离沪的情况。英雄所见略同，马师亮也不同意他离沪。此时，马师亮妻子的一位在公济医院任会计的朋友也在，于是商定，为免遭魏大铭的迫害，请这位会计朋友帮助蔡金涛住进公济医院，谎称得了阑尾炎，需开刀治疗，不能离沪。次日，蔡金涛给查科长回了电话，称近日身体欠佳，时常腹痛，要到医院检查，恐不宜远行，因此，暂不离沪，容后视情况再定。查科长听后说道，此事是魏长官委托的，既然这样，电告魏长官就是。从查科长与魏大铭的通话中，他感到对方语气还较和缓，没有不快和生气之意。这样，蔡金涛的心才算放下，但还要时刻提防军统的人，以防不测。公司及研究所的员工都认为台湾太小，不具备基本的研究条件。在公司及研究所上层和资源委员会上层敷衍了事和广大员工的抵制下，加上到 1949 年 3 月，国民党政府阵脚已乱，自顾不暇，搬迁的压力削减。经过 4 个月的反搬迁斗争，护所终获成功。蔡金涛后来没有住进医院，还是在家里迎接了上海解放，迎来了中华人民共和国的诞生。

马师亮，陕西省米脂县杨家沟人。1930 年毕业于国立交通大学电机工程学院电信门，获工学学士学位；赴广州自动化电话局任副工程师；1932 年夏赴美国留学，次年获康奈尔大学硕士学位；1936 年获密歇根大学博士学位。归国后，在武汉大学任教授；1941 年至 1949 年，历任浙江大学电机系中英庚款讲座教授、中央无线电器材厂重庆分厂和天津无线电厂厂长、中央无线电器材公司总经理等职。马师亮从 20 世纪 40 年代初开始致力于无线电技术研究，是我国无线电工业的奠基人之一。

上海解放前夕，时任中央无线电器材公司总经理的马师亮同总工程师蔡金涛等，抵制国民党令其搬迁至台湾的命令，全力保护了中央无线电器材公司及位于上海、南京、天津、重庆、昆明等地的研究所与工厂，保全了设施设备和专业技术人才等资源，解放后交人民政府接管，为新中国发展无线电工业立了功。1949—1952 年，马师亮先后任上海大同大学电机系教授、天津南开大学教授；1952 年后任天津大学电力及自动化系教授，一直从事教育和科研工作。

当年，位于上海的中央无线电器材公司的研究所，是科技精英聚集的地方，更是国民党政府动员和组织搬迁台湾的重点，在国民政府资源委员会委员长孙越崎的筹划下，以及中共地下党的大力协助下，马师亮与蔡金涛等密切配合，全体员工齐心协力，冲破了国民党的重重政治压力和威逼利诱，中央无线电器材公司及其所属的研究所终得保全，悉数回归解放了的新中国。

然而，让人始料不及的是，“文革”时，在国民党政府遗弃的材料中，发现了一份国防部二厅去台人员购买机票的名单，内有蔡金涛的名字，职务是国防部二厅少将专员。这份名单的原委无从查起，但这确实是子虚乌有的事。蔡金涛从未参加国民党军队，也未被授予少将军衔，更没有应允去台湾。分析起因：一是国民党反动派处心积虑地想把蔡金涛弄到台湾，并拟任国防部二厅少将专员；二是国民党反动派为制造混乱，诬陷蔡金涛，是对他执意不去台湾的一种报复，使他在共产党的政权下活得不愉快。

历史的事实是，在宁沪解放的前夕，由于资源委员会委员长孙越崎、副委员长吴兆洪等的策划与斡旋，并得到了中共地下党的支持、帮助，在包括马师亮、蔡金涛、潘德钦等广大管理人员和员工的拥护与配合下，反搬迁、护所护厂工作取得成功，终于保全了资源委员会及所属的厂矿企业、研究所及其人员，留在了上海，解放后交给了人民政府，为党、为人民、为祖国做了有益的工作，立了功。孙越崎、蔡金涛在耄耋之年时，同住北京医院北楼，偶有交谈，孙老向蔡老表述了中央无线电器材公司及马师亮、蔡金涛的功迹。

但在“文革”中，江青口出恶语，说资源委员会没去台湾，留在大陆，所以该机构一定不是搞实业救国的，而是潜伏的特务组织。因此，资源委员会的所有成员，除先出国后起义回国的翁文灏、钱昌照、孙越崎三位委员长外，都被诬陷为特务，直至“文革”结束后，这些人的特务问题还没有解决。孙越崎获悉后，于1984年向中央打了报告，说明当时的情况。中共中央政治局讨论了此事，认为这些人保护了国家财产和人员，是有功的，但不算起义。中央统战部为此专门下发了文件。这些人中包括马师亮、蔡金涛、潘德钦等。1984年5

月，天津市委组织部、统战部接到中央统战部下发的统发[83]695号文《关于对资源委员会护产有功人员落实政策的通知》，天津大学党委根据中央统战部的文件，下发了文件，指出："马师亮在上海解放前夕，任资源委员会中央无线电器材公司总经理时，冒着生命危险，不执行国民党要将公司所属工厂、研究所迁往台湾的指令，留在上海。保护该公司所属在各地的工厂、研究所，保护好工厂、研究所的器材、机械设备等财产，并保护了大批专业技术人才。解放后向人民政府交出，为党为人民做了有益的工作。"马师亮所在的天津大学党委根据上级指示，追认马师亮为有功之人。这些事都是马师亮与蔡金涛等共同所为，称蔡金涛为有功之人，当之无愧。

6. 解开纠结　还本复原

第一个纠结是：1942年7月，蔡金涛在桂林中央无线电器材厂任研究室主任时，曾被调往重庆中央训练团党政班第21期受训五周。受训结束后，集体加入国民党，返回桂林中央无线电器材厂后，又被选为国民党中央无线电器材厂区党部候补执行委员和执行委员，负责宣传工作。到1944年夏，中央无线电器材厂从桂林撤退后，这个区党部自然解体，也没有再活动；第二个纠结是：蔡金涛在桂林中央无线电器材厂研究室任主任，直到抗战胜利后，在位于上海的中央无线电器材公司任总工程师兼研究所所长期间，与国民政府国防部二厅技术室业务往来密切，更有科技交流。蔡金涛与国防部二厅副厅长兼技术室主任魏大铭等，互有参观考察，接触较频繁。魏大铭试图将蔡金涛调赴技术室任职或聘为兼职顾问，但他对国防部二厅技术室早已看破"红尘"，从未应许，更未接受聘任。上海解放前夕，溃不成军的国民党政府国防部二厅曾使尽各种招数，想把蔡金涛拉到台湾，但他一直坚持拒去台湾。

正是这两个纠结，使蔡金涛在历次政治运动中多次受到审查。1955年7月，中共中央下发了《关于开展斗争肃清暗藏的反革命分子的指示》，在全国范围内大张旗鼓地进行一场肃清反革命分子的运动。蔡金涛所在的通信兵部根据中共中央的指示开展了肃反运动。由于蔡金涛曾加入过国民党，并任区党部执行委员，以及蔡金涛与国防部二厅技术室的瓜葛等历史问题，对他进行了立案审查。1956 年 11 月 27 日，通信兵部党委对蔡金涛做出了审查结论：蔡金涛在参加国民党期间，均为一般活动，未发现比较严重的政治历史问题，不做反动党团骨干分子论处；蔡金涛是否在国防部二厅技术室任顾问一事，查无实据，只作为被特务机关利用的技术人员论处。对于肃反运动的审查，他认为被怀疑为特务事出有因，最终查无实据，他非常感谢组织和群众，花了大量的人力、财力、物力，搞清了他的历史，是大好事。肃反对他做出没有比较严重的政治历史问题的结论后，1957 年 1 月，他被调任为通信兵部电信技术研究所通信研究室主任，并被评为一级研究员；1957 年 5 月被提升为军事电子科学研究院总工程师。这次肃反运动结束后，蔡金涛卸下了包袱，一身轻松。

这次肃反运动对他触动比较大，有喜有忧，有苦有乐。所做出的结论，没有比较严重的政治历史问题，使他如释重负。专案组的人员实事求是，严肃认真，特别是通信兵部主任王诤在搞清事实的基础上，果断地对他的问题做出结

20世纪50年代末，蔡金涛于北京

论，没有比较严重的政治历史问题，使他更加敬佩共产党人实事求是的作风。肃反后，他得到了组织的进一步信任，相继被任命为通信兵部电信技术研究所通信研究室主任、电信技术研究所（后改为军事电子科学研究院）总工程师。另一方面，他因受审查而未能参加中国科学院1955年进行的第一次学部委员评选。本受邀参加我国1956年春天组织的《1956年至1967年科学技术发展远景规划纲要（草稿）》的讨论与制定工作，由于他正在接受审查，而未能参加，他为失去这次为国效力的机会感到痛心，也是终身的遗憾。还有，结论中“没有比较严重的政治历史问题”，还是留下了一般政治历史问题的尾巴，在当时的政治环境下，他调入国防部五院二分院后，参加导弹型号研制的范围和赴导弹试验基地参加飞行试验都受到了限制，直到1966年12月才被批准赴导弹试验基地参加红旗三号导弹的飞行试验。

他第二次被审查是1968年6月，那是“文革”的特殊年代，像蔡金涛这样从旧社会走过来的知识分子难逃劫难，他被关进牛棚，进行隔离审查，直至1977年10月7日组织上正式宣布恢复他的职务，前后近10年。期间，中共七机部核心小组于1975年11月26日下发了《对“蔡金涛同志政治历史问题结论意见”的批复》（（75）七党字第52号），同意中共七机部二院核心小组仍维持1956年11月27日通信兵部党委的结论意见，望认真落实对蔡金涛同志的各项政策。

在恢复一切职务后，特别是到了晚年，每当提起“文革”中被审查的事，他对“四人帮”倒行逆施、破坏航天科研生产、阻扰我国经济与科技发展的罪行痛恨万分。他为自己痛失了精力充沛的10年，不能从事酷爱的科技事业，为祖国服务，而感到切腹的心痛。但幸运的是，他在被审查中坚持实事求是、讲真话的原则，没有对他的故旧讲过一句不实之词，客观上起到了保护人才的作用，如当时在二院工作的黄纬禄、陈德仁、何午山、沈家楠、张梓昌等，还有一些八级工人。正是由于他讲真话，没有为了自己一时过关而说假话，使这些同事和下属得以继续从事航天科研生产工作，为我国航天科技工业的发展做出了重要贡献。同时也没有出现由于不实之词而使问题复杂化的现象，对他的审查亦能较快结束。

1993 年，他亲自书写了一段忧国忧民、激情四溢、充满知识分子敢于担当的发人深省的话语:“在‘文革’脱离工作期间，人类第一次飞近月球并登上月球，苏联的月球自动站在月球上着陆；美国也发射了它的第一颗人造地球卫星；苏联自动站第一次在金星上着陆，并发回照片，……我们的时间浪费在个人的政审上，太浪费了！！！而且这政审在通信兵部已搞过，在调来国防科委系统前肯定也背靠背地搞过，……过去政审几次，多有过结论：没有大过。‘文革’中故意反复审查，‘四人帮’似乎别有用心，故意不让新中国突飞猛进！”他还在这段话处附上了他珍藏多年的 1962 年 4 月 14 日的一张报纸，其中有“莫斯科欢庆宇宙航行周年”的报道。特别要注意的是，他在“太浪费了”这句话后边画了三个“！”，足见他拳拳报国的焦急心情。

蔡金涛

蔡金涛院士传记

Academician Cai Jintao's Biography

第五章

科技元老　电信泰斗

从 1941 年 7 月进入桂林中央无线电器材厂，到 1949 年 5 月上海解放，再到 1957 年年底调入国防部五院，前后两个 8 年，蔡金涛在无线电通信技术领域，为我军乃至我国电信科技的发展，起到了开拓和奠基作用。

1949年5月27日，上海获得解放，蔡金涛以其既开心、又复杂的心情，开始接触和拥抱新社会。耳濡目染，他逐步认识了伟大的中国共产党和中国人民解放军。他从心底里再次燃烧起了钻研科技、报效祖国、为祖国服务的激情。这位我国现代科技界的元老，开始专心致志地钻研我军现代通信技术，研制先进实用的设备，并积极地吸纳、稳定和培养科技人才，为我军乃至我国电信科技的发展，起到了开拓和奠基作用。

1. 喜迎解放　踏上征程

1949年5月27日，这是载入上海史，乃至中国史的值得庆贺和纪念的日子。这一天，上海市中心地区宣告解放。次日，1924年5月就已加入中国共产党的老党员、无线电技术专家涂作潮，被任命为接管资源委员会中央无线电器材公司研究所的军代表，负责接管这个技术人员和知识分子密集的要害单位。

此时，蔡金涛正待在家里，当他从广播里获知这一消息后，欣喜万分。自己一手筹建的研究所终得保全，可以交给解放后的人民政府了；用心血和汗水凝聚的硕果，可以服务于祖国和人民了。但他对中国共产党的了解甚少，只知道共产党和国民党正进行殊死决战，自己虽未对祖国、人民犯下大的罪恶，但毕竟加入了国民党，并为国民党反动派设计和生产了一些通信设备……共产党会原谅自己吗？怀着忐忑不安的心情，他低头漫步在大街上，惊愕地发现，戴着胸牌的中国人民解放军排列整齐地和衣露宿在里弄两侧的地上，而且不大声喧哗，秋毫无犯，从不扰民。这位从旧社会过来的知识分子，眼圈湿润了。他对照抗战时期向西南后方撤退时所见的国民党军队欺压百姓的所作所为，不禁在内心发出惊叹："古今中外哪有这么好的军队呀！这样的军队战无不胜是必然的。"走着，走着，他看到广大的工人、农民、学生和市民载歌载舞、敲锣打鼓，高唱着"解放区的天是明朗的天""没有共产党就没有新中国"……到处高喊着"中国共产党万岁！""毛主席万岁！""中国人民解放军万岁！"的口号，他的心情豁然开朗："这样的党，这样的军队，这样的政府，不会亏待诚实的人。"

没隔几天，他就接到通知：到研究所，作为留用人员，负责该所员工的工作与生活。他虽不习惯于高声大气的感激，但内心的激动溢于言表，下决心尽职尽责。

6 月初，在首席军代表涂作潮的主持下，成立了研究所所务管理委员会，成员有蔡金涛、冯道生（中共党员）和黄纬禄三人。蔡金涛这位生于满清，在旧中国度过了不惑之年，又经过抗日烽火洗礼的科技专家，感到解放了的上海一切都是新鲜的。不久，他从侧面得知，涂作潮这位老布尔什维克曾赴苏联受过特工技术培训，学习过无线电技术，后在潘汉年的领导下，筹建和恢复了中共在上海的秘密电台，是电影《永不消逝的电波》中主人公李侠人物原型李白的师傅，代号"木匠"，周恩来昵称涂作潮为"涂木匠"，是我党隐秘战线上大名鼎鼎的人物，也是在无线电技术领域颇有造诣的老干部。涂作潮尊重知识，珍惜人才，到所后不久，就明确地提出，研究所是个藏龙卧虎的地方，有 20 多位身手不凡的工程技术高手，这些科技人才是建设新中国、新上海不可或缺的宝贵财富。涂作潮指派工作人员按照研究所花名册进行清点，当发现王安、郑钧等，都是抗战时期由研究所的前身桂林中央无线电器材厂研究室派往美国学习，而一直未归时，涂作潮立即下令，所有技术人员一律不准辞职。同时，他领导的军管会很快对留用人员进行了政治审查并给出结论，使这些技术人员轻装上阵。对此，蔡金涛看在眼里，喜在心上，从内心里感到涂作潮是位惜才如金，具有远见卓识的老革命，与自己不谋而合，从内心由衷地佩服。他还从广播和报纸上听到和看到陈毅市长、潘汉年副市长等的讲话和举办的一些活动，万分感慨：“共产党领导的土八路并不土，确实是人才济济。”他逐步形成并坚定了信心：共产党能建设好上海、建设好新中国。

立志科学报国的蔡金涛，历经战乱，好不容易盼到像涂作潮这样信任他的好领导，所以愿意在其领导下为国效劳，实现自己科学报国的理想。有近 90 人的研究所，历经沿革，在战乱中经历风雨，1941 年 7 月在桂林无线电器材厂成立时仅有 2 人，到 1944 年时已有 60 多人。在一切为了抗日的激情鼓舞下，大家争分夺秒地完成了不少项目。1944 年 6 月，在受日寇威胁的大撤退中，仪器设备、图书几乎全毁，到重庆中央无线电器材厂时，研究室人员最多时只有 6 人，即便如此，大家仍然坚持研究工作。纵观其历史，人虽然不多，但都是精英；项目虽然不大，但都很先进，蔡金涛认为研究所解放后在共产党的领导下，在电子学科发展中定能大有所为，现在遇到难得的好机会，一定要让领导们了解研究所以前的工作，以便他们能更好地使用这支力量。

蔡金涛和办公室的同事一起，仔细整理了研究所自桂林研究室成立至上海解放期间所完成的主要项目，分门别类地列出每个项目的类别、工作名称、负责人、内容概要、应用情况。这些项目按类别分布，如下表所示。

类别	项目数	蔡金涛承担 / 参与的项目数
通信设备	10	5
收音设备	7	0
扩音设备	2	0
供电设备	4	2
生产与研究（用）设备	13	1
工程原料	3	0
无线电零件	4	0
纯粹研究	14	12
总计	57	20

这份史料记载，蔡金涛承担的项目主要有以下几个方面。

在通信设备方面，包括调频收发报机样机（该机用于品质高超的无线电广播或多讯叠传电报，负责人是蔡金涛、何午山，试制成功但未应用）；稳频振动器（用于发报机，可有与石英片相似的稳频功效，负责人是蔡金涛，已用于新研制的 20 瓦发报机）；阔带天线（在波长调动甚大时，天线输出仍可保持不大的变化，极适合于便携式发报机使用，负责人是蔡金涛、陈克恭，已用于新研制的 20 瓦发报机）；发码新法（将高低两种频率互拍，可得一新频率而发出之，如低频时断时续，则发出的电波亦然，这是此种发码法的原理，与现时通用的移频发码法很相似，负责人是蔡金涛）。

在供电设备研制方面，主要有稳压器（利用铁芯饱和现象，可在市电电压变化甚大（180~250 伏）的情况下，获得稳定输出（220 伏 ±0.5%），且自动调整，效率极高，极适用于市电不稳之处，曾在重庆、天津销售，当时仍列为南京无线电器材厂正式产品之一，负责人是蔡金涛、何午山）。

在设备的研究与生产方面，主要有声频输出计（专为试验收音机与扩音机之用，功效不亚于美货，负责人是蔡金涛、陈德仁，曾制造多台，送南京无线电器材厂使用）。

在科技理论研究方面，主要有：一般电网之计算简法（利用此法，普通电网解答可以看图写出，节省很多时间，原来要用数日计算，应用此法可用数小时完成；负责人是蔡金涛。此法是他业余研究的成果，在分析电路时大有帮助，曾在《电工杂志》上发表）。一般行列式展开之简捷法（利用此法展开高次行列式犹如默书之便；负责人是蔡金涛；此法是他业余研究的成果，在解决联立方程式时大有帮助，曾在中国工程师学会发表）。无线电地波之可靠射程（由半理论公式，可以迅速估计电波的射程；负责人是蔡金涛；此项是他业余研究的成果，在估计发射波射程时大有帮助，曾在中国工程师学会发表）。统调超等他拍接收机中最佳的对正频率（此乃应用最小二乘方方法解决收音机设计中的一大难题；负责人是蔡金涛、沈家楠；已应用于收信机与收音机的设计，曾在中国工程师学会发表）。阻抗升高器（利用电子管与反馈作用，可使任何阻抗升高千百倍，并可任意调节其数值；负责人是蔡金涛、陈德仁；在电子工程领域是一项新技术，应用广泛，曾在《电信建设》杂志上发表）。音频控制之设计（利用电阻与电容的组合，如设计合理，可以获得预期的频应特性；负责人是蔡金涛；应用于高档扩音机与收音机上，30 瓦扩音机样机的设计中曾应用此设计）。耦合电路之分析（详细分析耦合电路，使其提高效率；负责人是蔡金涛、丁瑜；已用于一般发报机，曾在《电工杂志》上发表）。反相器之研究（将几种反相电路进行分析，以获得更为稳定的工作；负责人是蔡金涛；应用于一般声频放大器上，曾在《无线电世界》上发表）。声频混合器之设计（此混合器可将四个输入混合后，输出于两个线路而互不相扰；负责人是蔡金涛；南京无线电器材厂制造的 5000 瓦广播机采用了这一设计）。阔带移相器之研究（分析现有的移相器后获得一个更好的实验配合，已证明其正确性；负责人是蔡金涛；单旁带无线电路机，采用自行配合的移相电路，此电路已在《电信建设》上刊出）。频率变动对于稳压器之影响与其矫正法（在稳压器的输出中，接一适宜的串联电路，可以矫正频率变化的影响，对此设计方法进行详细研讨；负责人是蔡金涛；已用于稳压器制造上）。

从这一史料的记载中，我们可以清楚地看到，蔡金涛从桂林到上海，以满腔热情全力以赴地进行无线电设备、通信设备的研制，尤其是以其远见卓识，积极地开展了有关项目的预先研究，并获得了广泛的应用。可以说这些工作及在其中所得到的经验，为他和研究所做好了准备，使其能在新中国无线电事业、通信事业的创建与发展中，发挥开拓和奠基作用。

除了总结汇报，在军管会的领导下，蔡金涛还积极主动地同黄纬禄等一起，在研究所解放前工作的基础上，研究制定工作计划。首先，为支前的需要，停止了原来小规模的制造工作，压缩了研究工作，接受了大批的修理工作，并安排了 1950 年的 16 个项目。研究所的工作，没有受体制变动的影响，得以继续有效地进行。

1949 年 11 月，研究所从无线电器材公司中独立出来，改称上海电器工业研究所（简称上海电工所），划归华东区工业部电器工业处代管。由于该所为电器工业处代管，其经费和管理等都要由所里自己负责。身为研究所所长的蔡金涛责任重大，不仅负责所里的技术与管理，还筹划经费养活整个研究所，求得生存与发展。他还从抓人才入手，千方百计地调入一些技术骨干，并根据所里研究、设计、生产、试验工作的实际需要，调入一些技术工人，使人员结构更为合理。有了人还得有活干，他组织科技人员大力开发有销路的产品，以增加所里的经济收入。他们先后研制了弹速测量仪器、应力计、单路载波机、探空仪、印刷电路、汞电池、氧化铜整流器等，为满足国计民生及国防需要做出了重要贡献，也增加了所里的经济来源。他们还为上海电信局修复了由英国进口、报废了的四路载波机。

刚从战争阴霾中走出来的上海，乃至全中国，到处是战争留下的满目疮痍，研究所既要发展技术和生产，又要养活自己，着实不易。尽管如此，蔡金涛在繁忙而艰巨的工作任务面前，仍视技术工作如命，不遗余力地抽时间、挤时间开展技术工作，在交流电磁饱和式稳压器设计方面，取得了优异的科技成果。正是由于他的业绩和贡献，被评为上海市第一届劳动模范。他第一次见到陈毅市长并聆听了他的讲话和鼓励，心情十分激动，切身体会到党和国家对技术和劳动的尊重，对共产党、新社会，有了进一步的认识，产生了亲切感。

蔡金涛珍藏的《上海市劳动模范大会纪念册》

2. 机构变迁　人尽其才

华东区工业部原有一小的电工研究所，名为电工研究所，实际是研究电子学的。1949 年 10 月，华东区工业部徐明材教授约谈蔡金涛，拟将上海无线电器材公司研究所与由王良楣工程师主持的电工研究所合并，成立一个较完整的研究所，并嘱蔡金涛代为征求王良楣的意见。由于王良楣不同意，这一设想只好作罢。上海电工所独立出来后，其经费和管理都要自己负责。华东区工业部电器工业处勉强负担了这个所代管后的第一个月工资，以后就不管了。因电器工业处编制很少，只有十几个名额，养不起五六十人的研究所，便要求上海电工所从外边找项目干，养活自己。从此，上海电工所发动大家各处去揽项目，群策群力，克服暂时困难。这一时期，对电工所支持帮助最大的是军委通信部，挤出经费支持上海电工所的正常运转。

此时，上海电工所的归属及任务方向仍未明确。1949 年 9 月，中央成立了重工业部，1950 年年初，华东区又将上海电工所交给重工业部，重工业部接管了两个月，觉得其在重工业部没有大的用处，又将其交给电信工业总局。邮电部副部长兼重工业部电信工业总局局长、军委通信部部长王诤远见卓识、慧眼识珠，对这个研究所如获至宝。

王诤，我国无线电电子工业的杰出领导，原名吴人鉴，1909 年 5 月 16 日出生于江苏省武进县。1928 年考入黄埔军校第六期通信科，1930 年 12 月参加中国工农红军，1934 年 9 月加入中国共产党，参加了中央苏区第二、三、四、五次反围剿和举世闻名的二万五千里长征。曾任我军第一个无线电台的队长、红军无线电大队大队长、红军无线电总队总队长、军委总司令部第四局（通信联络局）局长等职。新中国成立后，历任中央军委第三局局长（后改为军委通信部部长）兼国家电信工业总局局长，邮电部党组书记、副部长，中国人民解放军通信兵部主任兼军事电子科学研究院院长，国防部五院副院长兼二分院

20世纪50年代的王诤将军

院长，四机部部长、党组书记，中国人民解放军副总参谋长兼总参四部部长。1955 年被授予中将军衔。1978 年 8 月 13 日病逝。

王诤当时的目标很明确，即建立一个研究所，研究与解决较高级、复杂的技术问题。这个研究所既不是专搞生产的企业，也不是管理生产的职能部门，也不同于科学院与大学，而是从事电信技术的探索、研究和提高工作。

1950 年 10 月下旬，电信工业总局主持召开了第一次全国电信工业会议，上海电工所应邀参加了会议，蔡金涛、黄纬禄和蒋家仁三人赴会。会后，他们向王诤汇报了工作并亲聆了王诤的指示：4 个月后，上海电工所迁到北京军委通信部，迁前仍暂在上海原地工作；工作任务由军委通信部总工程师陆亘一负责安排，日常公事可就近向华东区工业部电器工业处处长曹维廉请示；经费按月造册向军委通信部请领。这样，上海电工所的去向、任务方向都得以明确，人心大定。

王诤宣布决定后不久，即派人来所领导和主持了人员、物资、财务等的清点工作。1951 年 4 ~ 5 月，蔡金涛、黄纬禄、蒋家仁再次来北京查看候选所址和房舍，最后决定在通信部另建新楼，成立电信技术研究所。1952 年下半年，王诤派专人到上海电工所主持搬迁工作，整个研究所约 30 名科技人员被调往北京。

据通信兵部的有关档案资料记载："军委通信部首长早在 1952 年就预见到无线电电子科学在国防现代化建设方面具有极其重大的作用，因而及时地将国内有限的研究力量集中到部队开展研究工作，从而成立了电信技术研究所。"蔡金涛一直对王诤怀有知遇之恩，非常敬佩，终身将其视为良师益友。

自 1949 年 5 月，中央无线电器材公司研究所被军事接管以来，尽管归属关系几经变化，但研究所的技术工作一直照常进行，从未中辍，并取得了一批优异的科技成果，这当然应归功于首席军代表涂作潮等的领导，归功于全所员工的觉悟和积极努力的工作，蔡金涛、黄纬禄等人的负责进取精神也是功不可没。

1952 年，席卷全国的思想改造运动深入开展，蔡金涛这位从旧社会走过来的高级知识分子，无疑是思想改造的重点。1952 年 6 月，他被派赴位于苏州的华东革命大学，学习政治理论。校长是老革命兼书法家舒同。蔡金涛非常珍惜

1952年，蔡金涛（前排右一）等在苏州华东革命大学前合影

难得的脱产学习机会，抓紧时间学习马列主义和毛泽东思想，并进行新旧社会的对照，对新社会、共产党有了进一步的认识，从心底里认识到共产党好、新中国好。他的思想觉悟有了进一步提高，1952 年 12 月结业后回到上海。

1952 年 9 月，上海电工所经过筹备已经搬迁到北京，更名为军委通信部电信技术研究所。1953 年 1 月 13 日，蔡金涛被调赴北京电信技术研究所，开始了他在无线电技术、电信技术领域的新征程。

3. 钻研技术　研制设备

蔡金涛来到电信技术研究所后，感觉和上海电工所相比，一切都是新鲜的。军委通信部部长、通信兵部主任王诤亲自领导，并设有政治委员，政治工作部门、后勤行政部门一应俱全。他们虽仍着便服，但亦属于部队在编职工，按部队的模式进行管理，所里充满了团结、紧张、严肃、活泼的气氛。蔡金涛先后被任命为工程师和研究员，开始了梦寐以求的科研工作。

自 1946 年年底返回上海后，蔡金涛基本从事科技组织管理工作，只能在业余时间搞科研工作，实在是身不由己。他有一个坚定的信念，新的理论、新的概念、新的方法常常来源于实践，而实践是否圆满又往往需要理论的指导，这就是实践—理论—再实践的循环。他认为一名科技工作者深入到科研生产的第一线是非常必要的，认为能归队搞科研是一件幸事。

开始，蔡金涛以工程组组长的身份研制移频收发报机。后奉上级指示，研制脉冲多路通信样机。第二次世界大战结束后，国内对脉冲通信只闻其名而未掌握任何资料，这在当时是一个全新的课题。他毫不畏缩，知难而进，带领全组技术人员，主要有张志英、蒋通、瓦利亚（苏联留华的北大毕业生）、孙淑惠、柴人奇、张成祥等，攻坚克难。其中张志英、蒋通、孙淑惠等，后来同蔡金涛一起调赴国防部五院二分院，从事导弹雷达技术工作，成长为无线电技术专家，有的还担任过所长、副所长，为我国航天技术，特别是雷达技术的创建与发展，做出了重要贡献。当年这些年轻的科技人员在蔡金涛的带领下，埋头苦干、刻苦攻关，于1954年9月完成了多路部分的线路试验。在研制过程中，蔡金涛凭借其在无线电技术知识和物理学知识方面的高深造诣，积极地出主意、想办法，遇到问题与挫折时，冷静地进行分析，找出解决难题的关键，并虚心地同组内人员研究讨论，使研制工作得以顺利进行。研制过程中，他充分展现了认真负责、严谨务实的治学态度和勤奋刻苦、任劳任怨、埋头苦干的工作作风。

在多路部分研制成功后，由魏鸣一牵头，配上微波收发部分，研制成功了脉冲多路通信机。魏鸣一后来调赴四机部（电子工业部），亦成长为无线电技术专家，曾任电子工业部副部长、中信公司董事长。

脉冲多路通信机全称为微波多路、脉冲调制、接力通信机，这台样机的研制成功，在北戴河会议上得到了中央领导的表扬，当时的报纸曾刊载了这一消息。样机的研制成功，为后来微波多路脉冲接力通信系统的建立，奠定了技术和人才基础。这也是蔡金涛被公认为我国电信技术领域元老之一的一个标志。

在此期间，电信技术研究所还接转了上海电工所尚未完成的科研计划，也承担了一些新的或临时的项目（课题），蔡金涛的这些老部下在项目研究中只要遇到难题，都会毫不客气地向这位老所长请教。而他既不摆架子，也从不训人，和来访者平等讨论，一起研究解决办法，并提出中肯有益的意见。同事们都反映蔡金涛谦虚谨慎，平易近人。

1955年全国开展肃反运动，9月，蔡金涛因历史问题被审查。即使在接受审查期间，他也从未放松或停止过工作。1956年5月，他完成了《各种形状的脉冲所组成的脉冲列被调制后的频谱分析》，在内部刊物《电子学研究》上发表。1956年11月，通信兵部党委对蔡金涛做出结论：未发现较严重的政治历史问题。自此，他轻装上阵，以饱满的热情投身于我军通信技术工作。

1957 年 1 月，通信兵部发布命令（通干字第 44 号），任命蔡金涛为通信研究室主任，张立中为通信研究室第一副主任，沈宜春、魏鸣一为通信研究室副主任。通信研究室可谓“兵强马壮”，所承担的科研任务也更多了。与蔡金涛同时被任命的有：黄足、张履谦分别为侦察干扰研究室主任、副主任；黄纬禄、沈家楠分别为控制显示研究室主任、副主任；吕保维、吴展、李蕴滋分别为电磁波研究室主任、副主任。其中，黄纬禄、吴展、李蕴滋、沈家楠、张履谦于 1957 年年底调入国防部五院二分院，后来都成长为导弹总体技术、控制技术或无线电技术专家，都担任过研究所以上的科技领导；黄纬禄、张履谦分别被评选为中国科学院院士和中国工程院院士，黄纬禄还荣获了中共中央、国务院、中央军委授予的“两弹一星”功勋奖章。

蔡金涛被任命为通信研究室主任后不久，又被通信兵部党委任命为中国人民解放军军事电子科学研究院总工程师。在蔡金涛拟任总工程师的干部考核材料中有这样的记述：蔡金涛同志在电信科学理论和实践经验上都比较丰富，历史上未发现较严重的政治问题。这一记述就是对当时蔡金涛的真实写照。

1956 年是中国科学技术的第一个春天，周恩来总理在全国政协会议上向全国人民发出了“向科学技术进军”的号召，蔡金涛在 1956 年至 1957 年亦是好事喜事接连不断，在他的历史问题有了结论后，在职务晋升的同时，还在 1956 年全国知识分子定级中，被评为通信兵系统唯一的一位技术一级。1957 年 1 月，中央军委决定将通信兵部电信技术研究所与邮电部电信科学研究所合并，扩建为中国人民解放军军事电子科学研究院，由通信兵部主任王诤兼任院长和政委，各类人员不断补充。到 1957 年年末，全院职工已达 600 多人，除 12 个研究室外，还有分布在全国各地的 7 个高空电离层观测站、一个 200 多人的试制工厂。军事电子科学研究院的科技工作蒸蒸日上，科学研究硕果累累，凝集了一大批高级知识分子，被赞誉为全军的“一颗珍珠”。

1957年4月21日，这是蔡金涛终身难忘的日子，他在中南海怀仁堂受到毛泽东主席、周恩来总理等党和国家领导人的亲切接见，并与他们合影留念。他激动不已，暗下决心，要以热烈而镇定的情绪、紧张而有序的工作，来报答党和人民对自己的关怀与信任，要为发展我军、我国通信事业而尽职尽责。

蔡金涛

蔡金涛院士传记

Academician Cai Jintao's Biography

第六章 调赴五院 投身创建

蔡金涛上靠国防部五院及二分院领导，下靠科研生产一线的科技人员、干部和工人，凭借着钻研和负责精神，群策群力，团结奋斗，圆满完成了二分院基建任务，做了一件功在当代、利在千秋的大好事。

1956年10月8日，成立了国防部五局（导弹工业管理局）和我国第一个导弹研究机构——国防部第五研究院（简称国防部五院）。1956年11月23日，聂荣臻批准国防部五院下设10个研究室，即：六室（总设计师室），主任为任新民；七室（空气动力研究室），副主任为庄逢甘；八室（结构强度研究室），主任为屠守锷；九室（发动机研究室），主任为梁守槃；十室（推进剂研究室），主任为李乃暨；十一室（控制系统研究室），副主任为梁思礼；十二室（控制元件研究室），副主任为朱敬仁；十三室（无线电研究室），副主任为冯世璋；十四室（计算技术研究室），副主任为朱正；十五室（技术物理研究室），副主任为吴德雨。1957年1月，中央军委决定将通信兵部电信技术研究所扩建为中国人民解放军军事电子科学研究院，通信兵部主任王诤兼任院长和政治委员。1957年11月9日，国防部五院提交的《关于导弹研究院的体制意见的报告》，建议以国院部五院的机关为基础组成总院；以国防部五院十个研究室中的六、七、八、九、十室为基础，组成一分院，负责各类导弹总体设计和弹体发动机的研制；以国防部五院十一、十二、十三、十四、十五室和中国人民解放军军事电子科学研究院为基础，组成二分院，负责各类导弹控制系统的研制。11月21日，聂荣臻予以批准。1957年

11月16日，国务院总理周恩来任命钱学森为国防部五院院长兼一分院院长、刘有光为国防部五院政治委员、王诤为国防部五院副院长兼二分院院长、谷景生为国防部五院副政治委员兼一分院政治委员、刘秉彦为五院副院长兼一分院副院长。11月16日被定为一、二分院的建院日。1958年2月1日，总参谋部正式行文，决定将中国人民解放军军事电子科学研究院划为国防部五院建制。

蔡金涛随之调入国防部五院二分院，开始了从事导弹与航天事业的生涯。他的第一项任务是参加和领导创建二分院，为二分院的基本建设提供技术支持。二分院及所属单位的工业、民用建筑的规模与设计，必须以科研生产机构的设置、人员的编制等为基础，工业建筑的建设离不开承担的科研生产任务与专业技术要求，也必须满足相应的工艺要求等，这些都是科技人员要考虑的问题。自此，在将近40年的岁月里，他一直在二分院这片沃土上辛勤地耕耘，直至生命的最后一息。

1. 认真负责　精心选址

1958年3月10日，国防部部长彭德怀元帅批准国防部五院“8102”（一分院建设工程）、“8103”（一分院液体火箭发动机试验站，简称试验站建设工程）、“8108”（空气动力研究中心建设工程）、“8109”（二分院建设工程）四个基本建设项目的设计任务书。“8102”工程建在北京南苑地区，“8103”“8108”工程建在北京云岗地区，“8109”工程建在北京永定路地区。1958年12月25日，国防部五院召开基建工作会，决定成立国院部五院基建委员会，刘秉彦任主任，刘佩荣、耿锐任副主任。1958年6月至1959年9月，国防部五院在接收苏联提供的各类导弹型号技术资料的同时，还接收了苏方提供的关于“8102”“8103”“8108”“8109”等工程项目的基建资料971册，空气动力风洞试验资料33册。其中有关的基建资料为“8109”工程建设提供了很大的帮助。

1960年2月10日，罗瑞卿总参谋长批准了“8109”工程初步设计审查议定书。在“三通一平”的基础上，“8109”工程于1960年3月正式破土动工。

从选址、编制设计任务书，到工程初步设计及审查，是十分艰巨而复杂的工作，都需要技术支持，蔡金涛为之付出了艰辛的劳动和大量的心血，在二分院的奠基和创建中，做出了一份重要且不可或缺的贡献。

选址时，有四个地点可供选择，包括财经学院、颐和园、永定路和鲁谷。四地各有其长，各有其短，各方面的意见大相径庭。蔡金涛受命负责选址工作，广泛而认真地听取各方面的意见，并亲自乘车前往四地踏勘，认真分析了四地的利与弊。经过综合分

20世纪50年代末的蔡金涛

析，认为永定路地区为宜。其一，按北京市的规划，永定路地区有地铁，利于战时疏散；其二，二分院已接收了位于永定路地区的总后勤部财经学校和通信兵部第一通信团的营房，有宿舍，可以快速开展工作；其三，靠近解放军各总部和解放军总医院（301 医院），工作联系方便。最后领导采纳了他们的意见，确定了二分院的位置：在北京市西郊复兴门外永定路东西两侧，东至中央大道（现为五棵松北路），南临复兴路北，西至玉泉路（医院在玉泉路西侧），北到金沟河路南侧。距北京市中心天安门 14 千米。另外，还划定了专门的空地（无建筑物和其他地物），作为二分院测试场地，即长辛店 304 无线测试试验场。其他还确定了包括电源、气体、热力、供水、下水、污水处理、卫生标准、防空等级、抗震等级、消防设施等方面的一些具体、特殊的技术要求。

2. 与苏谈判　一丝不苟

1957 年 9 月，以聂荣臻副总理为团长、陈赓和宋任穷为副团长的中国政府代表团赴莫斯科，同以苏联部长会议第一副主席别尔乌辛为首的苏联政府代表团进行谈判，并取得了进展。10 月 15 日，中苏双方签订了《中华人民共和国

1958 年，国防部五院二分院领导和专家欢迎苏联专家来华（右二起：柴志、李际亨、王树明、周维、苏联专家、董启强、蔡金涛、黄纬禄）

政府和苏维埃社会主义共和国联盟政府关于生产新式武器和军事技术装备以及在中国建立综合性原子工业的协定》(简称《国防新技术协定》)。《国防新技术协定》中明确，在1957年至1961年年底，苏联向中国提供几种导弹样品和有关技术资料；苏联向中国派遣专家帮助中国仿制导弹；苏联向中国提供导弹研制资料与发射基地的工程设计资料；增加中国派赴苏联的火箭与导弹专业的留学生名额；等等。

根据中苏签订的《国防新技术协定》，苏联将帮助中国建设导弹研究院。1958年1月13日，苏联派遣了由32名专家组成的代表团来京，双方经过谈判、考察、踏勘、选址等，共同拟定了包括“8109”工程在内的四个项目的设计任务书。

在“8109”工程设计任务书的拟定中，由钱文极、蔡金涛、黄纬禄、梁思礼、张履谦等组成的二分院谈判组参加谈判。“8109”工程包括苏联帮助进行初步设计的工业项目和我国自行设计的部分工业项目与全部民用项目。苏联帮助进行初步设计的工业项目，关系到我国导弹事业中控制、无线电、计算机等技术的发展，事关重大，称得上百年大计。蔡金涛深知责任重大，他也知晓制定好设计任务书是前提、是基础、是关键。然而要想把设计任务书拟定得全面、明确，没有疏漏和错误，需对工程项目承担的科研生产任务了解透彻、准确。可在当时，他们对导弹及其控制系统等分系统刚接触不久，更没见过实物，怎么办呢？一靠“临阵磨枪”，蔡金涛利用谈判的业余时间，潜心致力学习有关技术资料，以期达到“不快也光”的目的；二要虚心学习，认真听取苏联专家的意见和建议，并多思考，多问几个为什么，以知其所以然；三是发扬技术民主，经国内各专业技术的专家充分讨论，反复研究，集中大家的聪明才智。正因如此，蔡金涛和他的团队圆满地完成了“8109”工程设计任务书的谈判与制订工作，中苏双方签订了《关于设计火箭研究院工作的一些规定》的合同。合同规定从设计任务书的批准之日起，中方即应向苏方提供项目所在地区的全部水文地质和气象资料，苏方无线电技术委员会设计院承担“8109”工程项目的设计任务，负责提出扩大初步设计方案和提供工艺图纸，中方负责土建设计。

良好的开端是成功的一半。在“8109”工程设计任务书制定出来后，蔡金涛等又按照合同快马加鞭地工作，使上报的《中华人民共和国国防部第五研究院第二分院设计任务书（草稿）》于1958年3月10日获国防部部长彭德怀的批准，其主要内容包括二分院的基本任务和规模，即二分院承担弹道式地地导弹、地空防空导弹、地舰飞航式导弹和空空导弹的控制系统的研究、设计和试验任务，二分院研制试验基地由以四个专业设计部和一个试验工厂为主体的13个单位组成，全部建筑物展开总面积为12.7万平方米，总人数为9061人。

3. 夜以继日　审查初设

中苏双方在完成“8109”工程设计任务书的谈判与制定工作后，二分院按合同规定，按时组织了“8109”工程地形测量和水文地质测量，并将测量数据按要求适时地提供给苏方设计单位。1959年8月，苏方无线电技术委员会设计院将“8109”工程初步设计方案交给国防部五院，同年9月16日，苏方还将“8109”工程32本设计图纸资料交给国防部五院。

国防部五院二分院随即开始初步设计的审查工作。为此，二分院于1959年9月15日召开了专题会议，研究部署关于“8109”工程初步设计答辩、审查的准备工作。同年12月1日，国防部五院批准组成“8109”工程初步设计审查代表团，团长为二分院院长周维，团员有：廖昌林、钱文极、薛伟民、蔡金涛、赵淮川、张慕枚、王道力、晋炯、张锋、吕理复、李湘等，代表团下设六个专业组和一个秘书组，其中，技术审查组组长为蔡金涛，副组长为吴朔平、黄纬禄，成员由各专业的科技专家组成。技术审查是一项艰巨而细致的工作，蔡金涛以

20世纪60年代初，蔡金涛（后排右一）和廖昌林（前排右一）等合影

高度负责的精神，一丝不苟地研究苏方提供的初步设计方案及设计图纸资料。他还根据技术审查组成员的专业情况，进行分工，各负其责，使初步设计方案和设计图纸资料都有成员进行详细的学习和研究，然后由技术审查组进行集体讨论，为与苏方谈判做好充分准备。

1959年12月14日，苏方以雅姆·良鲍夫为首的13名专家到达北京，中苏双方就“8109”工程的初步设计方案、设计图纸等进行了答辩、讨论和商谈，辅以现场勘查，前后共进行了20多天。蔡金涛很清楚，审查过程也是一个学习和消化的过程，他们日夜兼程，抓紧一切时间进行质疑和讨论。在审查过程中，争论是难免的，有时争得脸红脖子粗，他会恰如其分地让大家在会场休息一下，冷静下来，缓和一下气氛，再进行讨论。他要求技术审查组人员既要谦虚谨慎，虚心地向苏联专家学习，又要有科学求是的精神，把技术问题搞个水落石出。他还特别强调要从中国的国情出发，紧密结合中国的实际。在审查中，他带领的技术组从整体布局到每一栋楼，直至每个试验室、测试间，从技术指标到建筑材料的使用，都进行了严格而细致的审查，提出了宝贵的改进意见。审查中，他发现没有图书馆，便亲自按照美国国会图书馆的设计画出样图，呈请建设二分院图书馆。聂荣臻非常关心二分院图书馆的建设，明确指示，中国的专家要有自己的图书馆，设计上要朴素大方，美观实用，还亲自确定了图书馆的设计方案。后由清华大学具体设计建造了二分院图书馆，并成为图书馆的标准模式。正是由于蔡金涛谦虚谨慎、实事求是，不固执己见，凭借渊博的科技知识和技

20世纪60年代初建成的国防部五院二分院图书馆

术功底，熟悉四门外语（英、德、法、俄），而赢得了苏联专家和国内专家的一致佩服与赞赏。

在以周维院长为团长的“8109”工程初步设计审查代表团的领导下，技术审查组与其他组及时沟通情况，密切配合，终于圆满完成了“8109”工程的初步设计审查。1960年2月2日，中苏双方共同签署了《“8109”工程初步设计审查议定书》，二分院院长周维、政治委员董启强代表中方在《议定书》上签了字。《议定书》指出：“审查了初步设计后，认为初步设计符合设计任务书的要求，初步设计在技术上是先进的，经济上是合理的，因此，建议初步设计予以批准。”1960年2月4日，国防部五院院长钱学森、政治委员刘有光、副院长王诤、刘秉彦联名向中央军委呈报了《呈请批准“8109”项目的初步设计审查议定书》的报告。2月10日，罗瑞卿总参谋长批准了《中华人民共和国国防部第五研究院二分院“8109”工程初步设计/两个阶段设计/审查议定书》，为工程的施工图设计和施工的全面展开提供了依据。

在此期间，按照中苏两国政府签订的《国防新技术协定》，苏方向中国提供的P－2液体近程弹道导弹、C－75中高空地空导弹实物及其技术资料，陆续运抵中国。1958年5月29日，聂荣臻副总理向国防部五院部署了P－2导弹（国内代号为“1059”）的仿制工作。随着1959年9月、12月，以及1960年2月苏方向中国提供的C－75导弹技术资料的陆续到达，国防科委、国防工办立即组织队伍，仿制苏C－75导弹武器系统（国内代号为“543”）。1958年4月17日，蔡金涛被任命为二分院第一专业设计部副主任；1960年12月14日被任命为二分院总工程师；1961年9月5日被任命为二分院副院长。他的工作任务和责任在不断地增多和加大，此时他已年过50，却精力充沛，似乎有使不完的劲。他一手抓“1059”和“543”导弹的仿制工作，一手为“8109”工程提供技术支持，工作有条不紊，紧张有序。

“8109”工程在完成初步设计和审查议定书的工作后，相继转入施工图设计、施工准备和全面施工阶段，国防部五院二分院与设计单位、施工单位通力合作，密切配合、精心设计、严密组织，呈现出大干苦干、热火朝天的景象。从1960年3月正式破土动工，到1964年年底建成，历经5年的大力协同、艰苦奋斗，“8109”工程通过验收。在施工图设计、施工验收等阶段，需技术支持，他担任

中華人民共和國國务院
任命書

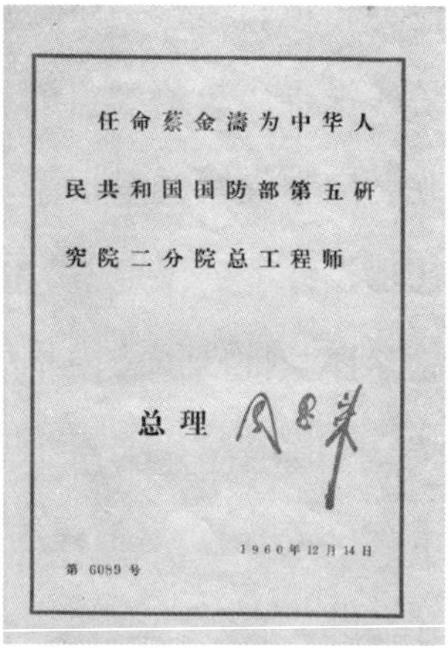
任命蔡金濤为中华人民共和国国防部第五研究院二分院总工程师

总理

1960年12月14日

第6089号

中华人民共和国国务院任命蔡金涛为国防部五院二分院总工程师任命书

组长的技术审查组自始至终给予了大力协助和支持，随叫随到，深入施工现场讨论问题、解决问题。特别是1960年8月苏联专家撤走后，一些设计修改问题、施工中遇到的技术问题，还包括其他一些细节问题，如院机关机构设置、技术岗位及其职责的确定等，作为技术审查组组长的蔡金涛都提出了中肯而实事求是的意见，起到了技术支撑的作用，为“8109”工程中国化做出了突出贡献。这些都充分体现了他和各位技术专家严谨务实、精益求精的工作作风，他们为“8109”工程做出了一份重要且不可或缺的贡献。

4.优质工程　解决屏蔽

为了适应导弹控制系统和无线电设备研制的需要，“8109”工程对一些研究室、厂房、车间都规定了特殊的技术要求，许多技术要求在我国此前的基本建设中从未遇到过。“8109”工程是我国20世纪60年代绝无仅有的，其主要的特殊技术要求有：

内部环境条件要求苛刻，如研制惯性仪表的五号厂房，要求大面积恒温、恒湿和超洁净，规定厂房内的温度必须达到20±1℃，相对湿度必须保持在50%±5%，含尘量不超过0.5毫克/立方米，即一个小时内在4平方米的表面上只允许有1～2个微粒灰尘落下。

自动化程度高，如采用自动调节空气装置、热力自动控制装置、电镀过程自动化装置等。

设计标准高，厂房、研究室、试验室、图书馆、档案馆等均为高强度设计，具有抗七级地震的能力。

动力要求复杂，一些试验室、研究室均要求能同时提供几种不同幅值的非标准的交流电源、直流电源和特种电源。

这些技术要求给设计和施工都带来了较大的困难，需要二分院同承担设计与施工任务的各单位联合进行技术攻关，解决设计、施工中遇到的各种难题。蔡金涛所领导的技术审查组迎难而上，同有关单位圆满地解决了各种难题。

二分院建成初期，发现院外边总有外国使馆的汽车，经分析了解，其目的是获取我方试验时的各种电磁信号。苏联这类工程都建在纵深的偏僻地区，不必考虑电磁屏蔽问题。二分院则不同，必须很好地解决电磁屏蔽问题。为此，蔡金涛组织有关科技人员，成立了屏蔽室专题研究组。这个组由从院内有关单位抽调来的8名科技人员组成，张荫柏担任组长。由于这项工作有其特殊性和难度，专题组的成员基本上都没有接触过这个难题，作为这个组技术总指导的蔡金涛发挥了重要作用。经过分析、研究和查阅有关技术资料，他向屏蔽室专题研究组介绍了“电磁屏蔽室的理论、设计和检查”，包括麦克斯韦方程和各种情况下的解法、板屏蔽的各种表达形式、球屏蔽、板屏蔽和球屏蔽的关系、小孔和缝隙对屏蔽的影响、网屏蔽、结构设计与选材等，给屏蔽室专题研究组指明了研究方向和重点。在他的指导与带领下，经过两年的攻关，屏蔽室专题研究组查看了有关试验室和办公楼等，找到了电磁信号泄漏点，进行分析研究和讨论，对可能造成电磁信号泄漏的地方，包括门窗等，采取了防电磁信号泄漏措施，使这一问题得到圆满解决。

时至今日，当年屏蔽室专题研究组组长张荫柏对此事仍记忆犹新，他动情地说：“蔡老对我们专题组的指导非常细致，当时我们都是刚从学校毕业两三年的年轻人，就接到这么大的一个项目，很有压力。我们在蔡老的指导下，团结奋斗，冲破重重难关，最后取得了成功。”张荫柏还特别谈到，“在这个专题进行的过程中，有幸接触到了蔡老等老科技专家，确实是受益匪浅，感觉蔡老等非常谦虚，平易近人，没有架子，做事情很细。”

“8109”工程是一项规模大、进度急、要求高、协作面广、保密性强的工程。“8109”工程的竣工，堪称我国导弹与航天事业创建发展历程中的一座丰碑，

“8019”工程的领导与组织者、设计与施工的参与者，都为之做出了不可磨灭的贡献，蔡金涛、吴朔平、黄纬禄等科技专家，用他们诚实的劳动，聪颖的智慧，提供了强有力的技术支持，为这一座丰碑增添了绚丽璀璨的光彩。

“8109”工程于 1965 年上半年竣工，经验收合格，交付使用。验收结果表明，“8109”工程无论是工业项目还是民用项目，都达到了设计标准，质量良好，大部分工业项目达到了优质水平。

“8109”工程的圆满竣工，标志着我国第一个各类导弹控制系统的研究设计试制试验中心全面建成，为发展我国导弹与航天事业，提供了国内一流的科研大楼和生产厂房（其中包括当时国内一流的电镀车间，国内最好的专业图书馆，我国第一个大面积超洁净厂房和超洁净试验室），提供了优良的设施设备和仪器仪表（其中包括当时国内少有的中小件精密机械加工设备和国内最先进的无线电计量设备）。50 多年来，这些建筑及其设施设备，为我国液体弹道导弹与长征系列运载火箭控制系统、固体弹道导弹、地（舰）空导弹等研制，发挥了基础性作用。“8109”工程功不可没。

蔡金涛

蔡金涛院士传记

Academician Cai Jintao's Biography

第七章

地地导弹　主持控制

在我国导弹与航天技术创建中，蔡金涛作为技术指挥员和带头人，领导和参加了液体弹道导弹、地空导弹等的仿制、改型研制和独立研制工作，特别是在液体弹道导弹控制系统的研制中，做出了突出贡献。

蔡金涛调赴国防部五院二分院后，作为技术指挥员（二分院控制系统研究室主任，第一设计部副主任，二分院总工程师，二分院副院长，国防部五院第一届科学技术委员会副主任委员等）和科技专家，一方面领导和参加了“8109”工程建设的全过程，发挥了强有力的技术支持作用；另一方面主持和参加了P-2液体近程弹道导弹控制系统的仿制、改型研制的液体中近程弹道导弹控制系统的研制（包括由混合制导改为全惯性制导系统的决策与研制）、独立研制的东风三号导弹控制系统的方案论证与预先研究等。

20世纪60年代初，根据聂荣臻副总理的指示，国防部五院明确提出：技术指挥员主持和负责技术工作，技术问题要在充分发扬民主的基础上，由技术指挥员决定，重大问题由技术指挥员提交党委审议批准。作为技术指挥员的责任是非常重大的。也正因如此，蔡金涛为我国早期的液体弹道导弹控制技术的发展，做出了开创性和奠基性的重要贡献。

1. 领导参加　仿制控制

按照中苏两国政府1957年签订的《国防新技术协定》，苏制两发P-2导弹

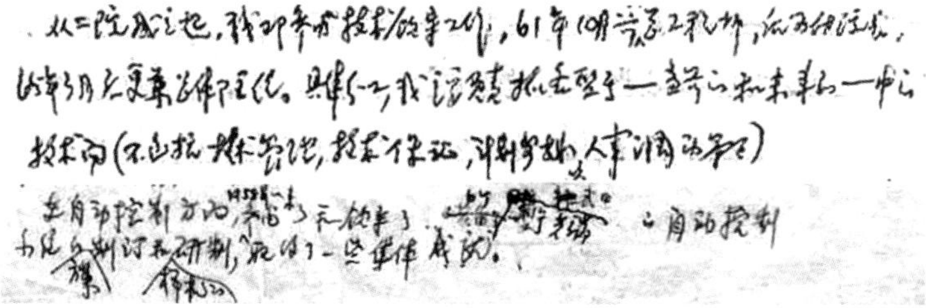

蔡金涛的职责自述手稿

及其一套地面设备于 1957 年 12 月 24 日运抵国防部五院一分院，苏军一个缩编的 P-2 导弹营也同时到达。P-2 导弹是苏联在 P-1 液体近程弹道导弹基础上改进研制的，P-1 导弹是苏联按德国 V-2 导弹进行仿制的。1958 年 4 月，国防部五院决定开始仿制 P-2 导弹，4 月 28 日，国防部五院决定将我国仿制的苏制 P-2 导弹代号定为“1059”。1958 年 5 月 29 日，聂荣臻副总理向国防部五院具体部署了“1059”导弹的仿制工作，要求第一批导弹于 1959 年 9 月完成总装出厂，争取 10 月发射。1964 年 3 月 12 日，总参谋部和国防科委颁发经中央军委批准的各类导弹、火箭的代号编排方法和名称。其中将“1059”改称“东风一号”。

此时正值国防部五院建院初期，对导弹及其发动机、控制、弹体结构等分系统的仿制难度及其复杂性认识还比较肤浅，再加上“大跃进”氛围的影响，一部分同志认为“仿制是工厂的事”，急于搞自行设计，赶超世界先进水平。针对这种情况，聂荣臻副总理反复谆谆地告诫大家：“我们从苏联进口了一些武器装备的样品，尽管有些在目前并不是最先进的，但我们应该消化它们，然后在消化的基础上再搞自行设计。”聂荣臻还形象地比喻说：“要学会走路，然后再跑步。像爬楼梯一样，爬完了第一层，才能爬第二层。仿制的目的是为了独创，但必须在仿制中把技术吃透，才能够独创。”这就为我国新生的导弹事业进一步指明了前进的方向。实践证明，先仿制后自行设计，是我国发展导弹技术的正

P-2导弹

确选择。

P-2 导弹由弹体结构、发动机、控制及地面设备等分系统组成。按国防部五院的分工，二分院主要负责控制系统的仿制，控制系统犹如导弹的大脑与中枢神经，控制导弹的姿态及飞行轨道，保证导弹飞得稳、打得准，将弹头送到预定位置。因此，从仿制的难度与工作量上看，控制系统占的比重比较大。

为适应仿制 P-2 导弹的需要，1958 年 4 月 17 日，国防部五院在二分院建立了第一专业设计部，主要承担弹道式地地导弹控制系统和电子设备的研制任务。二分院副院长钱文极任设计部主任，蔡金涛任设计部副主任。第一专业设计部下设三个研究室：一室为地地导弹控制系统研究室，二室为无线电控制系统研究室，三室为陀螺仪和自动驾驶仪研究室。P-2 导弹控制系统是一个惯性/无线电混合制导系统，由制导系统、姿态控制系统、弹上电源配电系统和地面测试与发射控制系统组成。纵向射程控制采用惯性捷联式制导系统；横向采用无线电横偏校正系统。仿制惯性捷联制导系统、仿制无线电横偏校正系统、仿制惯性仪表及无线电设备，都是崭新的工作，其艰巨性和复杂性不言而喻。

第一专业设计部主任钱文极是抗战时期奔赴延安的老革命，是一位懂技术的领导，其工作重点是仿制工作的领导、组织和管理，第一专业设计部副主任蔡金涛工作的重点是技术工作与技术协调。

除科研管理外，蔡金涛主要负责导弹的飞行制导和控制，这些对于他来讲也是生疏的，但经过学习、思考和研究，他很快发现，其实它们的基础和原理都是由无线电中的负反馈原理发展而来的，所以，很快就了解和掌握了这些新技术。

1958 年 4 月至 1959 年 3 月，蔡金涛同仿制团队一起走过了“组织测绘，开展练兵”的第一阶段。二分院承担的 P-2 导弹控制系统仿制任务，大体上有三种类型：自制、协作和二分院装车。1958 年 5 月 17 日，国防部五院下发了“1059”导弹及其地面设备仿制任务分配表。6 月 28 日，二分院接收了 P-2 导弹的有关资料与部件。

在生产图纸未到的情况下，为了争取时间，尽快开展仿制工作，二分院组织技术人员对照 P-2 导弹样品进行实物测绘，编写出了器材清单 4835 项（其中金属材料 1162 项，非金属材料 2144 项，电器元件 1529 项），同时还积极开展外协工作。时值盛夏酷暑，从事仿制“1059”工作的同志们通宵达旦、紧张地开展工作，国防部五院及分院、设计部的各级领导，都深入到车间、科室，关心、指导和参加仿制工作。蔡金涛作为一名技术领导，更是不分昼夜地同科技人员、工人一起加班加点，与大家一起研究、讨论技术难题，有时还将技术难题带回办公室、家中，进行分析、思考和计算。整个二分院乃至五院，到处充满了热火朝天、团结紧张的工作气氛。

为了保证技术指挥线的畅通，为蔡金涛、吴朔平等技术领导的工作提供组织机构和人员保障，二分院在院计划部的计划处设立了技术组，专门协助蔡金涛、吴朔平工作，吴北生（后曾任二院二部主任、二院科技委主任等职）任组长，董佩刚任副组长。当时的技术组将关于液体弹道导弹的所有相关技术报告都直接报送蔡金涛，他都认真地审阅并提出处理意见。

在仿制“1059”和后来制定液体弹道导弹规划中，蔡金涛做了大量工作，并提出了很有见地的意见。例如，苏联的 P-2 导弹控制系统纵向射程控制采用

1958年，钱文极（右二）、蔡金涛（左二）等在成都

惯性捷联式制导系统，横向采用无线电横偏校正系统，第一专业设计部在无线电技术方面只承担横偏校正系统的仿制工作，他提出，第一专业设计部的有关研究室不仅要仿制无线电横偏校正系统，还要研究外弹道测量和通信。他还提出反设计与设计工作要同时开展，要同时瞄准下一个目标和下下个目标，要提早把预先研究课题确定下来，搞好预研是开展独立自主设计的基础，并亲自审定预研项目的立项。他还特别建议要加强一分院与二分院的沟通与协调，一分院的总体、发动机等对二分院的控制系统提出要求，反过来控制系统也要对总体、发动机等提出要求，两个分院要通气、要协调。例如，1961 年 8 月，二分院确定“1059”导弹控制系统初步方案讨论会的参会人员时，就包含了一分院的代表戴诗正。正因为蔡金涛重视各系统间的沟通，在后来分析改型研制的第一发东风二号导弹发射失利的原因时，他认为这与总体和控制系统通气不够有关，当时一支队理论组的王贵斌，已经在研究弹体的弹性振动了。

1958 年 7 月 2 日，二分院办公会议决定：“为了全面锻炼工厂的生产能力，将院内自制项目一次全部下达给试制工厂，并由第一专业设计部抽调 22 人下厂参加生产。第一专业设计部其余的人员集中精力从事新型号的研制工作。”当时正处于“大跃进”年代，试制工厂立即对照实物进行生产准备，并积极投入到仿制生产工作中，很快拿出了四套地面设备产品。作为广大群众，这种藐视困难的精神诚然可贵，但当时对尖端产品的技术复杂性和质量要求等缺乏足够的认识，也没有深入地学习和消化有关技术资料，更没有按照产品的特点做好工艺和工装的准备，违背科研规律，按“大跃进”的思维生产，必然要付出代价，生产出的产品大部分都需翻修或报废。教训十分深刻，蔡金涛对此颇有体会。

国防部五院和二分院两级党委在总结1958年工作和安排1959年任务时，进一步强调：“要以仿制与学习‘1059’为中心，培养科学技术队伍，加速完成建院的各项任务。”提出“要在全院展开一个以仿制‘1059’为中心的技术学习运动。”

开展技术学习面临的突出问题是翻译复制技术资料，在这项集中技术力量翻译和复制已到的“1059”控制系统技术资料和图纸的工作中，蔡金涛和分管资料翻译工作的吴朔平，既做指挥员，又做战斗员，他不仅亲自翻译一些技术资料，还凭借其技术造诣，同科技人员一起讨论确定一些技术名词、术语，并搞清物理概念。经过一个多季度的日夜奋战，到1959年3月，俄文原文资料基本翻译、复制出来，这就给深入学习消化资料，奠定了物质基础和前提。

1959年4月至1960年7月，开展“1059”导弹仿制的第二阶段工作，即

20世纪50年代末，蔡金涛（前排右五）与苏联专家和翻译工作者合影

“深入学习，促进生产”阶段。其实也是弥补前一阶段的缺陷。

1959年4月初，二分院根据聂荣臻副总理关于仿制“1059”的一系列指示精神和国防部五院党委提出的“以仿制为主，带动建院一切工作”的指导原则，在全院掀起了认真学习消化技术资料，在学习消化的基础上严格按照苏联图纸重新生产两套地面设备的工作热潮，并对照检查已生产出的四套地面设备，通过正反两方面的经验教训总结，达到全面系统地学到技术、掌握技术的目的。

当时还处于“大跃进”时期，各行各业都要大干快上，认为“仿制为主”太保守的大有人在。蔡金涛根据他多年从事科研生产工作的经验教训和对导弹控制系统及其设备的学习、思考、理解，从心底里拥护聂荣臻副总理关于仿制“1059”的指示精神和国防部五院及二分院的决定，认为通过仿制把技术学到手，提高科研生产的管理水平，是我们攀登科学技术高峰的阶梯，是捷径。1959年年初，蔡金涛现身说法，就仿制工作的必要性及如何在仿制中提高的问题，做了一次报告，对科技人员统一对仿制工作的认识和在仿制中真正学到技术，起到了重要作用。在报告中，他坚定而明确地表示，坚决拥护聂荣臻副总理和国防部五院、二分院关于仿制“1059”导弹工作的一系列指示与决定，这些指示和决定是符合科学规律的，是正确的。

蔡金涛在报告中重点讲了三个问题：怎样才算学到手；怎样去学；怎样安排学习时间。他提出学习的总目标是：“通过几个型号的学习和分析钻研，培养出又红又专的技术队伍，方能设计和试制出新型号，并经得起实践的考验。同时要训练出一支技术管理队伍，并建立起我们的试验室、试验站、风洞、工厂，等等。”他非常注重工艺和生产技术，强调年轻科技人员要在实践中增长才干，语重心长地说：“我们的工作和科学院不同，纸上谈兵还不够。为了要做出经得起考验的产品，绝不能忽视工艺和生产技术，必须首先掌握，至少有部分同志能很好地掌握工艺和生产技术。照现成的样子还仿制不出来，将来自行设计的新型号怎么能做得出来呢？”他希望：“我们的大部分同志能下厂搞工艺，参加生产，从实践中锻炼成长。工厂中学习和学校中学习不同，工厂和学校的任务不一样，条件不一样，不能希望每时每刻在工厂都能学到新的东西，从工厂中学到的东西虽然比较慢、比较少，却非常实惠，学到一点即能受用终身；而从学校学到的，看起来多些，但容易忘掉，而且常常是一知半解，真正付诸实践时会出问题。”这是他多年工作实践的体会，也是他对年轻人的谆谆嘱托。他坚定地表示：“我认为下厂学习是必要的，院党委的决定和部署是正确的。”

对于怎样去学，他强调对具体人、具体专业、具体工作进行具体分析，学法也各有不同，他分别对新参加工作的、从事器材代料工作的、生产电源的、生产线路的、进行调试测试的、研究资料的、负责整个系统的不同人员，提出了有针对性的具体建议。他指出：“负责系统的同志既要学理论，搜集资料，又要了解工艺。对负责系统的同志无疑要求要高些。”他还根据自己学习和对控制系统的理解，中肯地指出：“大回路的分析计算确实是一件复杂的事。在弄清小回路之后，大回路是可以摸索出来的。有苏联专家指导会快些；如果没有，我们也应当有信心自己是可以研究出来的。苏联当年不也研究出来了吗，何况我们今天的条件比苏联当时的条件优越得多。”

20世纪60年代的科技人员在国防部五院二分院新建的图书馆学习、查阅资料

他的这些肺腑之言，不仅对年轻科技人员的学习有指导意义，同时对当时的仿制和自行设计工作都产生了重大的影响。

最后，他还就安排学习时间的问题，向年轻人提出了希望，他说到："要学习，就要有时间。时间就是要善于利用，善于抓。我自己就是在晚上加班，来弥补日间学习时间的不足，这当然也是没有办法的办法。"

仿制工作在紧张有序地进行，技术难关一个个凸现。例如，在无线电横偏校正系统的偏航校正仪的仿制过程中，就遇到了技术难关，再加上国产电真空管元件工作性能不稳定，经过几十次的电路修改，也达不到技术要求。蔡金涛不仅深入到研究室听汇报，查看试验情况，而且同设计人员、试验人员、工人一起做试验，一起分析研究改进措施。他们不屈不挠，百折不回，经过200多次试验，终于攻克了偏航校正仪的技术难关，仿制出了合格的偏航校正仪。

再如，仿制中的超差代料问题一直困扰着仿制人员。随着学习、消化的深入，大家更注意产品质量，强调按苏联图纸生产，但同时出现了需要增加元件、材料和测试设备进口的问题，由于进口的困难而出现停工待料现象，而且日趋严重。鉴于此情，聂荣臻副总理于1959年7月22日，在国防部五院党委上报的《关于“1059”试制生产中采用代料问题的请示》上批示：“外料未到，应用国料试制，不要专赖外援，在试制过程中可能遇到失败，决不可怕，只有在不断试制过程中才能取得经验，材料也可能在试制过程中找到出路。”蔡金涛非常赞同聂帅的批示，在分院党委领导下，积极组织并亲自参加“1059”控制系统的反设计工作，开展相关的课题研究，以解决超差代料问题。他还同设计人员一起下厂，与仿制厂的工艺人员、生产工人一道，想办法、出主意，从中国的国情出发，千方百计地研究、提出超差代料方案，处理生产中的技术难题和超差代料问题。据当时的统计，仅第一专业设计部就组织解决超差问题543个，代料问题1345个，生产中的技术问题106个。由于设计部门与仿制厂实行设计人员、工艺人员、生产工人三结合，大家团结奋斗，终于使过去认为已报废的产品重新复活起来，使仿制生产得以正常进行。到1959年年底，“1059”导弹控制系统的仿制生产已闯过了技术资料、器材和技术三道难关，为完成“1059”的仿制任务奠定了良好的基础。

1959年下半年和1960年上半年，二分院和各仿制厂的广大干部、科技人员和生产工人全力以赴、废寝忘食、日夜奋战，仿制工作取得了很大进展。在这关键时刻，赫鲁晓夫突然背信弃义，撕毁协议，撤走专家，中断一切图纸、资料、器材和设备供应，妄图将我国刚刚起步的导弹事业扼杀在摇篮之中。仅就苏联专家帮助中国仿制“1059”导弹而言，他们确实做了大量有益的工作，大大地缩短了中国探索和仿制的历程，大多数苏联专家还是尽心尽力、尽职尽责的，大多数苏联专家对在此关键时刻突然撤走也是不情愿的。

1960 年 8 月 12 日，国防部五院的最后一批苏联专家撤走。这虽给仿制工作造成了暂时的困难，但也激起了国防部五院广大干部、科技人员和工人的极大愤慨，更加坚定了他们早日仿制成功的决心。8 月 14 日，国防部五院常务副院长王秉璋（后任国防部五院院长、七机部部长）、副院长王诤等去北戴河向聂荣臻副总理汇报苏联专家撤走后国防部五院的工作情况及今后工作的意见。聂荣臻指示:"'1059'导弹不要忙着在'十一'试射，应该在一切准备妥当之后再试射，仿制练兵过程是不可缺的;……"聂荣臻特别强调:"中国人民是很聪明的，并不比别的民族笨，要依靠我们自己的专家和工人搞出自己的导弹。……要保证技术干部研究设计的工作时间。"蔡金涛得知聂荣臻的指示后，内心无比激动，他暗暗地下定决心，决不辜负党和人民的期盼，不辜负聂帅的嘱托，要竭尽全力，争取早日仿制成功"1059"导弹。

二分院党委坚决贯彻聂荣臻副总理的指示，狠抓"1059"导弹仿制收尾工作，提出了"自力更生，发奋图强，破除迷信，解放思想，分秒必争，千方百计，争取导弹早日上天"的响亮口号。蔡金涛用实际行动响应党委的号召，同广大干部、科技人员、工人一起，怀着为祖国争光、为中华民族争气的雄心壮志，依靠集体的智慧和力量，终于克服了重重困难，突破了一项项技术关键。在 1960 年 9 月底二分院完成了全部"1059"导弹控制系统地面设备 37 项 137 台的生产任务，组装了地面控制车辆 7 种 13 辆，弹上控制设备 15 项、遥测设备 7 项，按时保证了 5 发导弹总装的需要。

1960 年 11 月 5 日，是中国航天史上具有伟大意义的一天，也是苏联最后一批专家撤走后的第 85 天，中国仿制的"1059"导弹威武雄壮地矗立在发射基地的发射台上，聂荣臻副总理亲自赴基地为"1059"导弹的首次发射剪彩。9 时 2 分 18 秒，随着指挥员一声"点火"的命令，导弹伴随着发动机的轰鸣声拔地而起，7 分多钟后，弹头命中目标，飞行试验获得圆满成功。当晚，发射基地

“1059”导弹准备发射

举行了庆祝宴会，聂荣臻、张爱萍、孙继先、钱学森、王诤等出席了宴会，聂荣臻副总理在宴会上祝酒时说：“在祖国的地平线上，飞起了我国自己制造的第一枚导弹，这是毛泽东思想的伟大胜利，是工人、技术人员、干部以及解放军指战员辛勤劳动的结果，也是我国军事装备史上一个重要的转折点。”聂荣臻副总理浑朴而深情的话语，激励着在场的全体人员，大家欣喜地举杯庆贺我国导弹事业取得的第一个胜利。

接着，1960年12月6日11时1分55秒，“1059”导弹又进行了第二发遥测弹飞行试验；12月16日10时34分47秒，“1059”导弹又进行了第三发遥测弹飞行试验，均获圆满成功。从此，我们伟大的祖国有了自己生产的液体近程弹道导弹。国防部五院二分院为“1059”导弹的仿制成功做出了重要贡献，蔡金涛等科技人员也为之做出了不可或缺的贡献。二分院和蔡金涛在我国液体弹道导弹事业创建中，特别是在控制系统的仿制中功不可没。

至此，蔡金涛参加和领导的“1059”导弹控制系统的仿制工作获得成功。这位沉默寡言的学者抑制不住内心的欣喜，少有地自言自语：“只要功夫深，铁杵磨成针。”他还自豪地说：“聂帅说得对，中国人不比外国人笨，中国人靠自己的力量是可以搞出导弹的。”

“1059”导弹的仿制，虽然是按照苏联图纸和技术标准进行的，但我国的科技人员，包括蔡金涛等二分院第一专业设计部的人员，在仿制中注重“反设计”，努力学习自行设计的本领。除下厂配合仿制生产，解决工艺、材料问题和处理超差代料问题外，蔡金涛还对苏联提供的样机进行性能测试和理论分析，并在此基础上进行反设计，以与苏联提供的设计图纸、技术资料进行对比分析，这就为后来转入改型设计和独立设计打下了一定的基础。

由于政策规定，导弹飞行试验基地属绝密单位，蔡金涛由于政治历史问题还不能亲自赴导弹飞行试验基地。对此，他虽感郁闷，但也很理解“事出有因”。这丝毫没有影响他为仿制导弹出力，更没有影响他对飞行试验成功的喜悦。他坚信：“路遥知马力，日久见人心。”他要用实际行动接受组织的考验，取得组织的信任。

2. 呕心沥血　改型研制

就在我国导弹事业取得可喜进展，并开始从仿制转入改型研制的时候，对于在国民经济困难时期国防尖端技术项目是“上马”还是“下马”的问题，发生了尖锐的争论。有人认为应坚定不移地发展国防尖端技术；有人认为困难太多、太大，国防尖端技术的发展应放慢速度；还有人甚至认为，发展国防尖端技术影响了国民经济其他部门的发展，主张“下马”。在这种情况下，毛泽东主席明确指示：要下决心搞尖端技术，不能放松或“下马”。1960 年 9 月 13 日，中央军委在北京召开扩大会议，提出了“发愤图强，突破尖端，两弹为主，导弹第一，积极发展喷气技术及无线电电子学，建立现代化的独立、完整的国防工业体系”的方针。陈毅副总理（兼任外交部部长）坚定地表示：脱了裤子当当，也要把我国的尖端武器搞上去。陈毅还很风趣地说：“我这个外交部长的腰杆子现在还不太硬，你们把导弹、原子弹搞出来了，我的腰杆子就硬了。”聂荣臻副总理坚持认为，为了摆脱我国一个多世纪以来经常受帝国主义欺凌压迫的局面，我们必须搞出以导弹、原子弹为标志的尖端武器，这样在我国遭受敌人核武器袭击时，有起码的还击手段，同时还可以带动我国现代科学技术向前发展。1960 年 3 月 7 日，在近程导弹即将仿制成功之时，国防部五院根据聂荣臻副总理的指示，要突破从仿制到独立设计这一关，迅速发展提高，建立我们自己的高技术水平的火箭技术体系，用我们自己的双手，设计和制造出我国自己的火箭（当时为保密，将导弹称为火箭）。决定在“1059”导弹的基础上，改进设计一个液体中近程弹道导弹，命名为东风二号导弹。1960 年 8 月 14 日，聂荣臻在北戴河听取王秉璋、王诤等汇报时，正式批准在“1059”导弹的基础上改进的东风二号中近程导弹定为一个型号。并指出：改进的总比自行设计来得快，要一关一关地过，先过东风二号的关，再过自行设计的中程导弹东风一号（1964 年后改称东风三号）的关。

傲然挺立的东风二号导弹

1960年10月9日，苏联专家撤走后，聂荣臻副总理在中南海怀仁堂召集国防部五院的高级知识分子，座谈国防部五院的形势与任务，并亲切接见了与会人员，指示大家：要自力更生，奋发图强，突破仿制到独立设计这一关，建立我们自己的导弹技术体系。并勉励大家：加强学习，加速进步；勇于负责，技术民主；提高自己，培养后辈；又红又专，终身努力。蔡金涛参加了这次接见。聂荣臻亲切的话语，字字句句都印在他的心底，使他受到极大的鼓舞与鞭策。

东风二号导弹控制系统的研制工作，在国防部五院二分院紧张地进行着。作为负责技术工作的设计部副主任，蔡金涛参加领导了这一导弹控制系统的研制工作。他主持了增大射程的东风二号（东风二号甲）导弹控制系统方案的讨论工作，经过反复研究讨论，为了缩短研制时间，控制系统仍采用“1059”导弹控制系统方案，即惯性/无线电混合制导方案。控制系统由制导系统、姿态控制系统、弹上电源配电系统和地面测试、发射控制系统组成。纵向射程控制采用惯性捷联式制导系统，横向采用无线电横偏校正系统。为了减少发动机推力偏差、起飞重量偏差对射程造成的影响，采取单补偿方案，即在关机方程中加进了一个与时间成正比的常量，以提高命中精度。尽管沿用了“1059”导弹的控制系统方案，但在部分整机和线路上都做了许多改进，如横偏校正系统加大了发射机功率、水平陀螺仪上程序机构的凸轮重新进行了设计、变换放大器选择了磁放大器方案、舵机也进行了改进设计等。据统计，东风二号导弹控制系统与“1059”导弹控制系统相比，不同的设备共有65项，其中完全自行设计的有19项，改进设计的有46项。由此可见，两者尽管体制相同，但东风二号导弹控制系统已做了相当大的改进。

在这65项设备中，无论是需要自行设计的，还是需要改进设计的，对于我国年轻的导弹队伍来讲，都是新技术，都需要苦苦的探索和反复的分析、计算与试验。蔡金涛、黄纬禄等年长一些的科技专家，带领年轻的科技人员，不畏艰险，在攀登的道路上披荆斩棘，不断地攻克技术上的明碉暗堡，使改进研制工作顺利地向前推进。蔡金涛在改进研制中，充分地彰显了他深入科研生产第一线、亲力亲为的工作作风。凡是经他审核、审定的技术文件，对于公式，他都要亲手推导；对于文字表述的内容，他都要逐词逐句地推敲；对于试验数据，他都要亲自查阅，并进行分析；对于研制中遇到的技术难题，他都要亲赴现场，参加分析、研究和讨论，并提出中肯而有益的意见。同时，他在参加和领导控制系统的研制中，充分发扬技术民主，集思广益，深得广大科技人员的敬佩。无论在方案讨论方面，还是在技术难题解决方面，他都充分听取有关科技人员、工人的意见，然后进行认真的思考，做出分析、判断和决策，发挥了集智攻关的作用。

经过广大干部、科技人员和生产工人的齐心协力、艰苦奋斗，控制系统及其设备比原计划提前了一个季度交付总装厂，进行总装和出厂测试。1962年3月4日，第一发东风二号导弹出厂，运往导弹发射基地进行测试和组织发射。1962年3月21日9时，我国改进研制的第一发东风二号导弹进行首次飞行试验，起飞几秒后，导弹即出现较大的摆动和滚动，并较明显地偏离射面。18秒时，发动机起火，随后发动机关机。69秒时，导弹在发射台不远处坠毁，第一次飞行试验失败。全体参试人员大为震惊，感到万分痛惜。身在北京的蔡金涛获悉飞行试验失败后，心情十分沉痛，尤其是当他得知导弹起飞后不久即失稳，知道这与自己参加领导的控制系统有关系，更是忧心忡忡。

3月22日，首发东风二号导弹飞行试验失败后的第二天，国防科委副主任钟赤兵、国防部五院常务副院长王秉璋、国防部五院副院长钱学森等，乘专机赶赴导弹发射基地，立即召开全体参试人员大会，传达了聂荣臻副总理的亲切慰问和勉励："既然是试验就有失败的可能。吃一堑长一智，要总结经验教训，以利再战。"聂荣臻还严肃地指示各级领导，不要追究责任。4月9日，聂荣臻在国防科委办公会上又指出："东风二号导弹试射未达到目的，不要泄气。这不是什么意外的事。作为试验工作，这是正常现象。"一直在发射现场的王诤副院长鼓励大家："'东二'尚未成功，同志仍须努力。"蔡金涛听了聂荣臻副总理等领导指示精神的传达后，既感宽慰和鼓舞，又感愧疚和自责："自己作为一名技术副院长，未能和同志们争取到成功，而是遭到了首发失败的考验，且故障很可能就出在控制系统。"他下决心决不辜负领导的关怀、信任和鼓舞，把失败的原因搞清楚，早日研制成功东风二号液体中近程弹道导弹。

3. 受命主持　分析故障

1962年4月14日，国防部五院召开党委常委会议，研究部署第一发东风二号导弹飞行试验的总结工作。会议决定：由各专业组（分系统）分别分析总结经验教训，统一认识；对试验工作和定型步骤提出初步意见；各专业分别制定下步工作计划，尔后制定总的下步工作计划。在技术副院长蔡金涛的建议与参与下，国防部五院二分院责成第一专业设计部组织了控制系统分析小组，陈德仁担任组长。大家夜以继日地进行故障分析、研究与试验工作。

国防部五院副院长钱学森指示，委托二分院副院长蔡金涛主持控制系统故障分析工作。他同多年的同事、挚友和部下陈德仁密切配合，一起查看、分析、研究有限的遥测、外测数据，并亲自进行分析、计算和试验，同有关的研制人员一起研究讨论，并反复地进行试验、验证和计算，终于查清了飞行试验失利的原因：东风二号导弹弹体比“1059”弹体加长了，而在系统设计上没有将弹体作为弹性体来考虑，导弹在飞行中产生弹性振动，弹体的弹性振动与姿态控制系统相互耦合，导致导弹飞行失稳，致使试射失败。与此同时，他们也从导弹总体、发动机、弹体结构、科研生产管理等方面，查找出了一些薄弱环节，如总体与控制等分系统的通气、协调问题；弹体和发动机的结构强度问题等。

飞行试验失败的原因找到以后，二分院立即组织了攻关小组，研究制订改进措施。国防部五院副院长、著名导弹技术专家钱学森也经常深入到二分院第一专业设计部，与蔡金涛等科技人员一道商讨改进的对策。蔡金涛年长钱学森3岁，也比钱学森早从上海交通大学毕业3年，但他对这位直接领导十分敬重，钱学森也对这位学长十分信任和尊重，对他早年在电信技术、无线电技术领域的建树已有所闻，他们很快就取得了共识，并通过在新建的控制系统模拟试验室里反复进行模拟试验，决定改进系统设计，即在系统中对弹性振动信号进行滤波，抑制高频信号。同时，为了获得准确的弹性振动数据，一分院抢建了振动试验塔，对“东风二号”做了全弹振动试验，取得了全弹振动试验数据。根据试验结果，将仪器舱的位置前移，使位置陀螺仪处于一次振型的波腹上，这样它对弹体的弹性振动就不敏感了。

在此期间，一分院液体弹道导弹总体设计部和其他专业设计部共召开 4 次故障分析会和 5 次专题技术报告会。在此基础上，东风二号导弹故障分析领导小组于 1962 年 6 月 24 日提出了东风二号导弹修改设计要解决的几个问题。即：控制系统要保证稳定飞行；弹体要保证有足够的强度；动力装置要保证可靠工作；增加安全自毁装置并保证可靠工作；采取切实措施防止火烧尾部等。与此同时，东风二号导弹故障分析领导小组、设计师系统及广大的研制人员，越来越清楚地认识到，严格按研制程序办事、充分做好地面试验的重要性，为此制定了东风二号导弹研制程序，健全和加强了设计师系统以及指挥调度系统。蔡金涛和有关研制人员坚决贯彻国防部五院及一分院、二分院等各级领导的决定，按东风二号导弹故障分析领导小组的安排，紧张而有序地进行改进设计和试验。

1962 年 11 月 29 日，负责总体设计的一分院提出东风二号导弹首发飞行试验受挫后需进行 5 类 19 项地面试验。其中，飞行试验前需进行 4 类 17 项试验，第一类含结构静力试验、稳定系统模拟试验等系统鉴定或验收性试验 7 项；第二类包括弹上测量系统的验收试验、综合测试等系统与系统之间协调性的综合试验 5 项；第三类为全弹试车等 2 项；第四类含弹体横向振动特性的测定等振动试验 3 项。二分院不仅承担控制系统的修改设计和生产任务，还要组织进行一系列地面试验，主要是稳定系统模拟试验和第二类地面试验，同时还要参加和配合其他的地面试验。任务着实繁重而艰巨。

时值我国国民经济三年困难时期，广大科技人员、工人、干部完全不顾物资匮乏，生活艰苦，以忘我的热情投入到紧张的“东风二号”研制工作中。聂荣臻了解到科技人员的体质普遍下降，工作却十分繁忙，亲自向海军及北京、广州、济南、沈阳等各大军区求援，请各大单位支援国防部五院一批鱼、肉、黄豆等副食品，并规定只分配给科技人员，还专门派陈赓大将检查落实情况。蔡金涛领到这些副食品后，十分激动，从心底里佩服聂荣臻等共产党人的伟大胸怀，决心不辜负党和人民的关怀，竭尽全力做好本职工作，争取早日完成东风二号导弹研制任务。

功夫不负有心人。在国防部五院二分院的精心组织与指挥下，广大研制人员齐心协力，于 1964 年 1 月 17 日，生产出一套经过修改设计、供合练弹总装的控制系统，交付 211 厂进行总装。1964 年 3 月上旬，二分院又向 211 厂交付了一批东风二号遥测弹的控制系统，保障了总装工作按时进行。1964 年 5 月 14 日至 30 日，东风二号导弹在全弹振动塔上进行全弹闭合回路试验，检查了稳定系统的稳定性和稳定裕度，测得了导弹结构振动特性参数。5 月至 6 月，在发射基地进行了东风二号导弹和地面设备合练。5 月 25 日，修改设计后的东风二号导弹出厂，运往导弹发射基地。

1964 年 6 月 29 日，改进研制的东风二号 01 批（首发失利的导弹为 0 批）第一发遥测弹进行了飞行试验，获得圆满成功，证明修改设计后的东风二号导弹方案是正确的，生产质量是优良的，同时也说明整个研制队伍从受挫中吸取了教训，得到了锻炼和提高。此后，在液体弹道导弹及运载火箭的研制中，再没有出现过总体方案上的失误。

尔后，1964 年 7 月 9 日和 11 日，又进行了东风二号 01 批第二发和第三发遥测弹的飞行试验，均获得圆满成功。7 月 16 日至 17 日，聂荣臻副总理在北戴河听取国防部五院汇报工作时指出:“这次‘东风二号’试射三发均成功，很好。这是几年来，特别是 1962 年以来进行了一系列深入细致工作的结果。现在更看得清楚了，1962 年 3 月未试射成功，的确不是坏事。这个插曲很有意义，研究设计工作正反两方面的经验都很重要。”

4. 改为全惯　功不可没

1961年5月15日，国防部五院召开液体弹道导弹控制系统座谈会，会上提出控制系统应采用全惯性制导问题。随后，二分院成立了以蔡金涛为主任委员，吴朔平、黄纬禄为副主任委员的控制系统初步方案定案委员会。为了慎重地选定控制系统的方案，避免工作中发生方向性错误，6月至10月，组织了二分院有关专业的技术力量，采取专家与青年技术人员相结合的方法，先后研究并提出了12个制导方案（纵向6个，横向6个）。蔡金涛等组织进行了深入的讨论，他还亲自进行分析、研究、计算。第一专业设计部经过反复交换、比较，最后向定案委员会提交了两套方案，即纵向控制采用双补偿方案与物理量方案，横向控制采用坐标转换方案与“1060”式（苏联援助的P-11ф M潜地导弹，国内代号为“1060”）垂直陀螺加横向加速度表方案。定案委员会对提交的两个方案在理论根据和实现可能性等方面进行了分析研究。经过充分的讨论，最后确定：纵向控制采用双补偿方案，横向控制采用坐标转换方案。1961年11月15日，二分院将经过定案委员会审定的控制系统方案上报国防部五院。

1964年6月29日，东风二号导弹飞行试验成功后，周恩来总理指示国防部五院：要提高东风二号导弹的射程，使之成为一个有实战价值的武器。根据周总理的指示，国防部五院组织开展对东风二号导弹的改进工作，其中二分院承担的控制系统的改进是主要的改进之一。东风二号导弹的纵向制导沿用的是P-2导弹经过改进的单补偿方案，但不能补偿风等法向干扰造成的纵向射程散布；横向制导采用的是P-2导弹经过改进的无线电横偏校正系统，这一系统需要在导弹后边数十千米处配置无线电地面制导站，用两台发射机同时向导弹飞行方向发出无线电信号，在空中形成等信号面，导弹飞行在这个等信号面上时，弹载无线电接收机接收到的是强度相等的信号，信号在控制系统内进行抵消，不对导弹产生制导作用；当导弹飞行偏离等信号面时，导弹就按照信号的极性判断其飞行方向是偏离了射面的左边还是右边，然后进行控制和校准，使其返回等信号面，从而保证弹头的横向落点精度。这一整套设施好似给导弹增加了一条长长的尾巴，使用中容易暴露目标并受到无线电干扰，而且对阵地地形的要求非常苛刻，如果将导弹部署在山地、山丘或森林中，就会受到干扰，使等信号面产生畸变，从而影响横向落点精度。当需要改变导弹射向时，“尾巴”也需要移动。这些都影响了导弹的作战使用性能。

改进东风二号导弹控制系统体制势在必行，在原来的方案论证、讨论和审定的基础上，二分院很快形成了共识，即纵向采用双补偿方案，横向采用坐标转换方案的全惯性制导系统。这一全惯性制导系统与“东风一号”、“东风二号”采用的惯性/无线电混合制导系统相比，是一个质的飞跃。一方面，去掉了无线电横偏校正系统，可以避免导弹发射对地形、地物的苛刻要求，大大提高了导弹武器的作战使用性能；另一方面，原来纵向控制采用单补偿方案，只能对发动机推力、起飞质量等变化造成的射程偏差进行补偿、修正，而对风、推力偏斜等干扰却无能为力。补偿风干扰的办法是在发射前用气球测定风速、风向，在射击诸元装订时予以修正，这样做既麻烦又不准确。改用双补偿方案后，在关机方程中，不仅有对发动机推力、起飞质量等变化的补偿，还有对风、推力偏斜等干扰的补偿。这样既保留了单补偿方案简单可靠的特点，又可省去在发射前测定风速、风向予以修正的程序，提高了导弹武器的作战使用性能，大大减少了制导系统的方法误差。全惯性制导是控制技术领域的一次重大技术突破。

1964 年 11 月 10 日，国防部五院决定：改进东风二号，增大射程；取消无线电控制，改为全惯性制导，改进的东风二号导弹命名为东风二号甲导弹。在控制系统改为全惯性制导系统的方案确定以前，1961 年，蔡金涛作为负责技术工作的副院长在征得二分院主要领导同意的基础上，就已开始了全惯性制导的预研工作，他组织第一、四、六设计部和计算处、试制厂等单位开展研究、设计、攻关、试制和试验等工作。在此期间，他深入科研生产第一线，参加和指导设计、攻关、试制和试验工作。第一专业设计部于 1962 年进行了全惯性制导的方案设计，林金、宗绍禄等科技人员以摄动理论为基础，提出了“变参数线性自动控制系统的外干扰完全补偿”的方法，为全惯性制导方案的确定提供了依据。翌年，试制出了模样，并在试验室里进行了反复分析、试验和验证，取得了初步结果。1964 年上半年研制出了试样，为实现全惯性制导奠定了基础。

研制全惯性制导系统的关键是研制惯性器件。蔡金涛同第四设计部主任郝复俭、设计部副主任朱敬仁等科技人员一起研究提高惯性器件精度的技术途径和办法。在朱敬仁的具体主持下，1962 年即开始了“三个六分”陀螺仪的研制，即陀螺仪的漂移精度为 6 角分 / 分钟；零位精度和程序精度都是 6 角分 / 分钟。研制中的关键问题之一是解决振动漂移问题。通过反复的试验和认真的分析思考，终于找到了产生振动漂移的原因，主要是由陀螺马达结构的不对称所造成的。为此，重新设计了一种对称式双定子陀螺马达，从而改善了在振动状况下陀螺的漂移。此外，采用了软导线输电装置，改进了角度传感器和悬挂装置，从而达到了既定的要求。1963 年第四设计部模样试制成功，1964 年 4 月下图正式生产，1965 年 10 月在试制工厂完成了 13 套产品的生产和装调。与此同时，第四设计部还研制了横向和法向加速度表；第六设计部改进了电解积分仪等。所有这些高精度敏感器件的研制成功，都为实现液体弹道导弹的全惯性制导做出了贡献。在这些惯性器件的研制中，蔡金涛都亲临试制、试验现场，同有关科技人员、工人一起，研究讨论所遇到的难题。他凭借扎实的技术理论基础和丰富的实践经验，提出了一些中肯而有益的意见，深得有关科技人员、工人的敬重，也切实体会到了根深才能叶茂的道理。

接着，蔡金涛会同黄纬禄、郝复俭、梁思礼、朱敬仁等，与有关的科技人员共同确定了全惯性制导系统的试验方案。当时提出了三种试验方案：第一种方案是“坐公共汽车”，即将双补偿和横向坐标转换两套装置作为“乘客”装在东风二号导弹上，在东风二号导弹进行飞行试验时，测得这两套装置的有关信息参数，以判断其技术性能与工作质量。这一方案比较稳妥，但试验周期较长；第二种方案是“半搬方案”，即每次飞行试验时只更换一套装置，或将单补偿更换为双补偿，或将无线电横偏校正装置更换为横向坐标转换装置，然后在飞行试验中分别测量性能参数。这一方案有一定风险，但比较稳妥。第三种方案是“全搬方案”，即将东风二号导弹原来的制导系统全部换下，装上双补偿装置和横向坐标转换装置，然后进行飞行试验考验。这一方案风险最大，但一旦试验成功，即可将新系统正式用到东风二号甲导弹上，可大大缩短试验周期。第一专业设计部电路综合设计室的刘纪原（后任七机部一院 12 所所长、航天部一院副院长、航天部副部长、航空航天部副部长、航天工业总公司总经理等职）等充分相信新系统在理论上的正确性和可行性，主张上“全搬方案”。后经第一专业设计部、二分院和国防部五院反复研究、讨论，决定采用“全搬方案”。1965 年 11 月 13 日，采用“全搬方案”的东风二号甲导弹第一次飞行试验获得圆满成功。1966 年 10 月 27 日，我国成功地进行了东风二号甲导弹和核弹头的“两弹结合”飞行试验，全惯性制导系统工作正常，核弹头在预定的距离精确命中目标，实现了核爆炸。我国自行设计、自己制造的第一个全惯性制导系统经受住了考验，这说明我国科技人员不仅掌握了战略导弹控制系统的设计方法，而且在控制理论上也有了新的突破，开创了惯性制导的新途径。从此，我国液体地地战略导弹和运载火箭控制系统走上了全惯性制导道路。蔡金涛功不可没。

5. 研制“东三” 制定方案

1956 年 10 月 8 日，我国第一个导弹研究机构——国防部第五研究院成立。10 月 15 日，聂荣臻副总理在向中央的报告中提出：我国的导弹研制应采取“自力更生为主，力争外援和利用资本主义国家已有的科学成果”的方针。10 月 17 日，毛泽东主席批准了这个报告。上述方针即成为国防部五院建院方针。按照这一方针，国防部五院于 1957 年 4 月 1 日拟定了地地中程弹道导弹研制任务书，当时称“东风一号”，1964 年 3 月 12 日后，总参谋部和国防科委颁发经中央军委批准的各种导弹的代号编排方法和名称，“东风一号”改称“东风三号”。

1958 年 1 月 10 日，国防部五院制定了《喷气与火箭技术十年（1958—1967 年）发展规划纲要》，提出试制战略地地中程弹道导弹。此后，东风一号导弹及其各分系统的研究、设计任务陆续开展。1960 年 3 月，二分院成立了“东风一号”领导小组，由 7 人组成，周维（二分院院长）任组长，蔡金涛任副组长。他开始负责“东风一号”的研制工作。1960 年 6 月 8 日，国防部五院批准一分院关于东风一号推进剂采用硝酸和混胺的建议，并要求一分院立即开展“东风一号”发动机技术的预先研究，要求二分院立即开展惯性制导技术的预先研究。1960 年 9 月，成立“东风一号”型号设计委员会，林爽（曾任国防部五局副局长兼副总工程师，国防部五院一分院第一副院长，国防部五院第一总设计师室主任，国防部五院四分院院长，七机部四院院长，七机部副部长等

起飞中的“东风三号”

职）任主任委员；1961 年 1 月 27 日，国防部五院决定：将东风一号、东风二号导弹型号设计委员会合并，成立“东风”型号设计委员会，林爽任主任委员。1961 年 5 月，二分院召开“东风一号”控制系统制导方案论证会，二分院总工程师蔡金涛主持会议，对改进的东风二号导弹控制系统和新型号东风三号导弹（当时称“东风一号”）控制系统的技术方案，会议上提出了 5 种可供选择的方案，即：捷联补偿、模拟平台、坐标转换、无线电制导和惯性平台等。经过反复的分析、研究、计算、比较，最后推荐纵向为双补偿和物理量方案，横向为坐标转换和“背表”两套制导方案。会后，编辑出版了《液体弹道导弹控制系统方案汇编》，蔡金涛为此撰写了序言，这次方案论证会为东风二号甲、东风三号、东风四号、东风五号导弹控制系统方案的选择与确定奠定了基础。随后成立了以蔡金涛为主任委员，吴朔平、黄纬禄为副主任委员的控制系统初步方案定案委员会，对东风二号甲和东风三号导弹控制系统的技术方案进行审定。

1961 年 12 月 12 日，二分院副院长蔡金涛主持会议，对东风一号导弹控制系统方案进行研究、论证，国防部五院副院长钱学森出席会议并讲话，特别强调了控制系统方案选择与论证的重要性。钱学森还指出，在考虑基本方案时，眼光要放远些，想得宽些，使方案的选择符合正确的技术发展方向，走我们自己的发展道路。蔡金涛及定案委员会与钱学森所见略同，他们从心底里认为控制系统方案的选择与确定异常重要，决心尽职尽责地做好控制系统方案的论证、选择与确定工作。

1962年3月21日，我国改型研制的东风二号导弹首发飞行试验受挫，国防部五院对地地型号的研制工作进行了调整。1962年5月17日，五院第103次党委常委会议研究决定：集中研制东风二号导弹，对东风一号导弹只组织少数人预研。根据国防部五院的部署，蔡金涛坚定不移地执行集中力量、改型研制“东风二号”的决定。同时，继续围绕东风一号导弹（即后来的东风三号导弹）控制系统方案的论证与选择工作，做分析研究与计算工作；会同第四设计部的郝复俭、朱敬仁等组织有关科技人员开展积分陀螺仪等惯性器件的攻关和预先研究，其预研成果也为控制系统方案的选择提供了基础。

控制系统方案的选择确定决非易事，而且持有不同意见者之间的争议也是十分激烈。蔡金涛一方面认真听取主张不同方案者的意见，另一方面亲自查阅有关技术资料，有时还亲自进行公式推导和计算，凭借自己的知识和经验做出判断。

1964年，二分院对东风三号导弹的制导方案，再次进行深入细致的研究审查。在继承东风二号甲导弹惯性制导方案的基础上，对平台/计算机和捷联制导方案进行了详细的分析比较；对实现的可能性进行了分析预测。最后，确定东风三号导弹控制系统纵向采用全补偿方案，即以陀螺积分仪为轴向测速元件的全补偿（和双补偿相比，增加了轴向视速度补偿）捷联式制导方案；横向采用在垂直陀螺仪的外环上安装一个横向加速度表的“背表”制导方案；姿态控制系统采用速率陀螺方案；地面测试和发射控制系统采用了半自动化测试方案。

东风三号是我国第一个完全独立研制的全新的地地液体中程弹道导弹，是在总结改进型的东风二号液体中近程弹道导弹（东风二号甲）的基础上进行研制的，比较集中地采用了我国20世纪60年代中期以前所取得的最新科技成果，其中控制系统采用了测试简便、精度高的捷联全补偿惯性制导系统。由于研制中严格执行了型号研制程序，战术技术指标论证深入，预研基础扎实，有技术储备，设计协调及时，地面试验充分，设计、生产、试验、生产结合紧密，指挥调度得力，所以，东风三号导弹研制取得了战术技术性能指标、研制经费、研制周期、研制质量综合优异的佳绩，而且在型号研制管理上也积累了较为丰富的经验。

1966 年 5 月，“东风三号”进行了控制、遥测、安全三大系统的联合调试和综合匹配试验；9 月至 10 月，东风三号遥测合练弹在北京完成了合练，11 月又在发射基地完成了合练。1966 年 12 月 26 日，东风三号 01 批第一发遥测弹进行首次飞行试验，获得基本成功，控制系统工作正常，只是液体火箭发动机Ⅱ分机工作至 111.2 秒时，推力有所下降。尔后，又经过东风三号 01 批和修改设计后的 02 批多发导弹飞行试验检验，证明“东风三号”捷联全补偿惯性制导系统设计是正确的，质量是好的。

“东风三号”的研制成功，不仅为我军提供了新的、性能先进精良的导弹武器系统，使我国的国防实力有了新的实质性增强，同时也为我国液体弹道导弹技术的发展，奠定了坚实的技术和物质基础。

按照国防部五院关于由专业技术研究设计院转变为型号研究设计院的决策与部署，到 1964 年年底，二分院承担控制系统及其惯性器件的研究、设计和生产的单位，即后来的七机部 12 所、13 所、200 厂、230 厂四个单位由二分院划归一分院建制，二分院不再承担液体弹道导弹控制系统的研制任务。二分院及蔡金涛等航天工作者在液体弹道导弹控制系统研制中的功迹，将永远载入中国航天的史册。

6. 战略思维　注重规划

蔡金涛调赴国防部五院后，通过科研生产的实践，切身体会到，明确技术发展方向、技术途径，制定切实可行的规划，至关重要。

1962 年 4 月 21 日，根据聂荣臻副总理关于制定国防部五院技术路线的指示，钱学森副院长组建了由林爽、任新民、屠守锷、蔡金涛、吴朔平、钱文极、梁守槃、庄逢甘组成的技术路线制定组，下设三个小组：综合（规划）组由梁守槃任组长，地地型号组由屠守锷任组长，地空型号组由吴朔平任组长。后来又成立了固体火箭发动机组。1963 年 4 月 2 日，国防部五院科学技术委员会召开了首届年会。会议由钱学森主持，讨论了地地、地空和海防导弹的技术途径与发展步骤，提出了急需开展的可靠性研究、飞行试验学、火箭撬等项目的研究工作。钱学森任五院首届科学技术委员会主任委员，蔡金涛等任副主任委员。副总参谋长兼国防科委副主任张爱萍到会并讲话。会议于 5 月 16 日结束。

在这一时期内，蔡金涛除竭力抓紧各类地地型号控制系统、地空型号仿制与研制工作外，还花费了相当精力，主持制定了地地导弹制导系统及地地导弹、地空导弹等技术发展途径的意见。1963 年 1 月 30 日修改完成了《地地导弹制导系统技术发展途径的初步意见》（简称《意见》），2 月 4 日以蔡金涛名义呈报国防部五院副院长钱学森。

《意见》共分四个部分：国外情况简介；近几年的工作设想；将来的打算；结束语。在近几年的工作设想中，全面而系统地阐述了惯性制导方面、无线电

1962年2月2日，国防部第五研究院科学技术委员会成立合影（前排右六为蔡金涛）

制导方面、电子计算机的研制方面、稳定问题及地面综合测试自动化问题、提高制导系统可靠性问题等。特别提出了“导弹武器制导武器的发展方向，是从无线电制导或无线电惯性混合制导过渡到惯性制导。”《意见》中还指出“从制导系统发展方向看，对制导计算机研制的必要性毋庸置疑。”“弹上专用计算机以晶体管和常规元件起步是现实的，这些元件现在虽然还很不理想，但已经能够‘像个样子’，只要有关方面把力量组织好，它们的质量前途是比较有把握的。”……时隔50多年的今天，重新慎视这些意见，可以体味到这些意见的中肯与正确，是经得住时间和实践检验的，亦可清晰地看出，这一《意见》对我国航天型号制导技术发展的重大意义。

《意见》在将来的打算中指出，“在今后相当长的时间内，我们将从事下列工作。在惯性制导方面积极研究弹上计算机方案，这类方案又可分为稳定平台方案和三维坐标转换方案……”“究竟采用三轴稳定平台方案还是采用三维坐标转换方案，目前还没有条件下结论，需要经过一段时间的研究、论证和试验，才能看出哪个方案更符合我们的发展需要。”《意见》还在无线电制导方面提出了发展意见，包括“研制连续波测速、定位组合系统”“研制提高精度的连续波无线电制导系统”“研制单脉冲制导雷达”等。

《意见》中还就固体导弹控制问题、稳定问题、地面综合测试自动化及地下发射问题、主要控制元件发展等，提出了一些应该研究的课题。纵观《意见》中所述及的内容，可以看出，蔡金涛既是一位科技专家，又是一位具有远见卓识和战略睿智的科技战略家。

与此同时，他还主持制定了《对地地导弹技术发展途径的意见》，就发展地地导弹的 14 个问题进行了较为详细的论述，主要是：选用固体火箭发动机还是液体火箭发动机的问题，指出“导弹固体化是一个明显的发展趋势”；液体推进剂的选择问题；液体火箭发动机的推力问题；惯性制导与无线电制导问题；惯性制导用各种平台方案还是用补偿方案；控制系统的执行机构；战斗部的防热问题；多级火箭用并联还是用串联；弹体直径问题；推进剂贮箱的增压问题；弹体结构材料的选择；提高系统可靠性的问题；提高作战使用性能，缩短发射准备时间的问题；发射方式问题等。还对地地导弹的发展，设想了三个阶段：第一阶段以研制单级火箭为中心，第二阶段以发展多级火箭为中心，第三阶段以提高远程弹道导弹战术技术指标为中心。最后对各阶段的任务及具体工作内容做了阐述。

在 21 世纪的今天，重温这些历史资料，这些既不是“事后诸葛亮”，更不是“马后炮”，而是白纸印黑字的史实，其中还留有蔡金涛密密麻麻、工整而认真的修改补充意见。

对照中国航天 50 多年走过的历程，像是我国液体弹道导弹与运载火箭创建与发展的辉煌画卷，足可见蔡金涛等老一辈航天工作者未雨绸缪、高瞻远瞩的睿智和认真负责、忠于事业的赤诚之心。

与此同时，蔡金涛还组织编写了二分院科学技术发展规划纲要设想，除地地导弹外，还包括地空导弹、地地和地空型号控制系统专用计算机及制造技术、计量测试技术等。这些对二分院的科技工作乃至整个中国航天事业，都产生了重大而深远的影响。

蔡金涛

蔡金涛院士传记

Academician Cai Jintao's Biography

第八章

地空导弹　技术带头

作为我国无线电电子技术的顶尖科学家和二分院的技术指挥员，蔡金涛在我国地空导弹事业的创建与发展历程中，以其坚实的理论功底和丰富的实践经验，发挥了技术带头人的作用，做出了奠基性的突出贡献。

1958年年初，身为技术一级的通信兵部军事电子科学研究院总工程师蔡金涛，随军事电子科学研究院并入国防部五院二分院。对二分院来讲，他无疑是不可多得的科技专家。他先后担任控制系统研究室主任、第一设计部副主任、分院总工程师、分院副院长等职，在负责二分院建设（“8109”工程），地地导弹控制系统仿制、改型研制和独立研制的同时，作为无线电技术的顶尖科学家和技术指挥员，义不容辞地领导、指导和参加了地空导弹的仿制、改型研制、独立研制和制定发展规划的工作。他以坚实的理论功底和丰富的实践经验，为我国地空导弹事业的创建发展，做出了奠基性的突出贡献。

1. 领导指导　仿制“红一”

根据中苏两国政府1957年10月15日签订的《国防新技术协定》，1958年11月27日，两套苏制的C-75导弹武器系统及其地面设备运抵北京。1959年1月9日，举行了两套C-75苏制导弹武器系统交接签字仪式，中国炮兵教导大队大队长孙式性和苏联国防部卢任斯基上校，分别作为中方代表和苏方代表，在交接证书上签字。随后，C-75有关的设计图纸等技术资料，以及帮助中国仿

20世纪50年代末，蔡金涛（后排右二）等与苏联专家合影

制的苏联专家也相继到达。

1958年，主管国防科技工业的聂荣臻副总理决定地空导弹技术从仿制C-75导弹（苏联称萨姆-2地空导弹，国内代号为“543”）起步。1964年3月12日，总参谋部和国防科委颁发经中央军委批准的各类导弹代号编排方法和名称，其中“543”改称“红旗一号”。“老红旗一号”是以冲压发动机为动力装置、高空巡航式、雷达制导的远程地空导弹，1962年4月停止研制。1958年6月25日，国防部五院决定，二分院承担仿制“543”导弹的总体反设计任务，9月30日，按照专业研究设计分院的体制，在国防部五院一分院成立了地空导弹总体设计部（代号为“一分院二部”）。1960年9月19日，“红旗一号”（老红旗一号）设计委员会成立，钱文极任主任委员，屠守锷、吴展任副主任委员。12月，三机部、国防部五院商定，在三机部设地空导弹（三机部代号为“3069”，即“543”导弹）总设计师办公室，进行联合办公，任命徐馨伯为总设计师，李俊、陈怀瑾、李波、徐丽生为副总设计师。“543”导弹的仿制工作，轰轰烈烈地展开了。

“543”导弹武器系统主要用于击毁中高空飞机和飞航式导弹，保卫重要的政治、经济中心和军事目标。“543”导弹武器系统由导弹、制导站和地面设备三大部分组成，在当时属技术先进、系统复杂的中高空地空导弹武器系统，仿制工作要求高、规模大、协作面广。国务院、中央军委明确“543”导弹的仿制工作，以工业部门为主，国防部五院协同；改型设计和独立设计以国防部五院为主，工业部门协同。国防部五院为总设计师单位，会同工业部门的科研设计单位共同组成设计师工作组，负责处理仿制生产中的技术问题。

“543”导弹的仿制，从 1958 年 6 月明确二分院承担仿制“543”导弹的总体反设计任务起，到 1964 年 12 月红旗一号导弹武器系统定型，经过了 7 年时间，大体经过了三个阶段。

第一阶段为仿制准备阶段（1958 年至 1959 年）。1958 年 1 月 9 日，国防部五院制定了第二个五年计划（1958 年至 1962 年），其中，研制工作规划中提出：1958 年开始仿制“543”导弹武器系统；1 月 10 日，五院制定了 1958 年工作纲要，其中规定：学习并掌握“543”地空导弹，组织有效的对外协作，做好仿制生产的一切准备工作。二分院按五院的部署，开始了仿制“543”地空导弹的各项准备工作：一是调整组织，1958 年 11 月，成立了第二设计部，负责地空导弹控制系统、弹上设备和制导站的研制任务；二是培训科技骨干，1959 年年初选派有关领导、科技人员到长辛店“543”地空导弹教导大队学习，熟悉并掌握“543”导弹的使用和操作；三是翻译、复制、学习图纸和技术资料，

红旗一号防空导弹

1959年四季度，“543”地空导弹原文设计技术资料陆续到达二分院（原文图纸直接分发到各仿制生产厂），分院立即组织力量接收资料，清理配套，翻译复制，组织消化学习，为下厂参加“543”地空导弹仿制生产进行必要的技术准备。

与此同时，工业部门也为“543”导弹武器系统的仿制积极地做着准备。1958年8月，一机部确立沈阳112厂为导弹总装厂。1959年8月15日帮助中国仿制“543”导弹武器系统的苏联专家到京后，国防部五院领导带领苏联专家进行紧张的选厂、定点工作，先后确定了18个主机生产厂和配套厂。这些主机仿制厂和配套厂接到任务后，立即以极大的热情接收苏联的样机和技术资料，并进行清理配套，翻译复制，组织技术学习，组建生产车间，制造工艺装备，准备生产工具，建设健全生产线，为“543”的仿制生产奠定了物质和技术基础。到1959年年底，仿制的准备工作基本就绪。

第二阶段为下厂仿制阶段（1960年至1962年）。二分院在继续完成“543”俄文技术资料翻译复制工作的基础上，以第二设计部为主，第三、第四、第六设计部参加，先后分期分批派出下厂人员236人，另有临时下厂人员，最多时高达559人。第二设计部是以第一设计部二室（无线电控制系统研究室）为基础组建的，其主要任务是承担地空导弹控制系统、弹上电子设备和地面制导站的研制工作。第三设计部是以第二设计部部分人员为基础组建的，其主要任务是承担地空、地舰、舰舰、空空等导弹型号电子设备的研制工作。第四设计部是以第一设计部三室（陀螺仪和自动驾驶仪研究室）为基础组建的，其主要任务是承担地地、地空、地舰、舰舰、空空等导弹型号陀螺仪、自动驾驶仪的研制工作。第六设计部主要任务是承担非标准或专用电子管、半导体和红外通信制导设备、化学电池、特种和非标准元件等的研制工作。

1961年9月，国防部五院决定，地空导弹由二分院抓总。据此，二分院对第二、第三设计部的组织机构和任务进行了调整。调整后的第二设计部为地空导弹型号总体和弹上设备设计部，是以原第三设计部为基础组建的，主要承担地空导弹型号总体和弹上设备的研制任务。1962 年 5 月 17 日，国防部五院又决定第二设计部为地空导弹型号总体设计部，并将一分院二部有关机构的人员调入二分院第二设计部，以充实地空导弹型号总体设计部。第三设计部为雷达设计部，是以原第二设计部的地面制导站部分为基础组建的，主要承担地面雷达研制任务。二分院科技人员以总设计师单位名义下厂，履行设计师的职责，主要是向苏联专家学习，到生产第一线学习。下厂人员组成了设计师驻厂工作组，在分院党委和厂党委的双重领导下开展工作。

正当“543”导弹仿制生产刚刚铺开的时候，赫鲁晓夫单方面撕毁协议，于 1960 年 8 月 12 日，撤走了在国防部五院的最后 3 名专家，终止了一切援助，给仿制生产带来了很大困难。在此关键时刻，聂荣臻副总理明确指示：发挥中国专家的作用，依靠自己的力量，把“543”仿制出来。1962 年，根据聂荣臻副总理的指示，决定将自行设计的、以冲压发动机为动力装置的原红旗一号地空导弹转为预研项目，集中力量仿制“543”导弹，二分院响亮地提出了“学习‘543’、吃透‘543’、仿出‘543’”的口号。随即调整了技术力量，参加“543”导弹的仿制人员逐步增加到 1100 人，其中长期下厂人员 373 人，参加反设计人员 727 人，使仿制“543”导弹的工作得到了大大加强。在仿制“543”导弹工作全面展开的高潮中，到 1962 年 9 月，参加“543”导弹仿制和反设计的人员增至 1360 人，并采取一系列措施，加速了“543”的仿制生产。

第三阶段为试验定型阶段（1963 年至 1965 年）。由于集中力量开展仿制工作，驻厂工作组与仿制生产厂大力协同、密切配合，先后突破了生产中的一系列技术关键，解决了多项超差代料问题，1963 年进入分系统的装配、调试和各分系统之间的对接试验阶段。1963 年 3 月，沈阳 112 厂完成了两发“543”模型弹的总装，经总设计师代表鉴定，同意出厂，4 月运抵导弹发射基地。经过检查测试后，两发仿制的“543”导弹分别于6月6日和7月1日相继进行了飞行试验，试验使用的制导站和地面设备是苏联进口的，飞行试验取得成功。证明国产发动机工作正常，弹体结构、气动性能和弹上气、电系统等均达到了设计技术要求。

1963年下半年，科研人员完成了“543”导弹武器系统国产制导站的总装、调试，12月运抵导弹发射基地。1964年2月至4月进行了地面对接试验，5月完成了校飞试验。与此同时，1963年年底生产了第一套（6台）发射架，1964年7月，在生产厂进行了对接试验，8月运抵发射基地。国产的红旗一号战斗弹也于1964年4月运抵导弹发射基地。1964年4月29日，用国产的制导站和地面设备进行了红旗一号战斗弹的首次打靶，对象为模拟目标，两发导弹试射均获成功；5月22日，对M-2伞靶试射一发，又击中目标；但6月2日对米格-15M靶机试射两发红旗一号导弹，导弹在距靶机规定距离内通过，而引信没有适时引爆战斗部击毁靶机。定型飞行试验暂停，撤场后通过大量的分析和引信地面低空绕飞试验，证明靶机在不同的角度对引信发射电波的有效散射面积起伏变化很大，在某些条件下小型靶机的散射电波可能不足以启动引信。这一结果大大提高了研制人员对目标特性研究重要性的认识，对引信及靶机采取了改进的技术措施。1964年9月又重新进场进行飞行试验，9月26日，国产的红旗一号战斗弹成功击落了加角反射器的米格-15M靶机；10月6日，又圆满完成了对U-2飞机模拟目标的射击试验。

试验成功后，地空导弹型号定型委员会于1964年11月24日至12月4日召开了“红旗一号”定型会，罗瑞卿总参谋长等出席会议。地空导弹型号定型委员会随即向国务院特种武器定型委员会提出了“红旗一号”定型的报告，12月10日，国务院特种武器定型委员会批复：“……同意红旗一号战斗弹初步定型，希望在批量生产中继续解决遗留问题，提高质量，逐步达到战术技术性能和战斗使用要求。”“红旗一号”初步定型后，即开始小批生产，以解决部队装备的燃眉之急。

在“543”导弹武器系统仿制的全过程中，蔡金涛作为二分院总工程师、二分院副院长、国防部五院科技委副主任委员兼地空导弹专业组组长，义不容辞地领导、指导和参加了“543”导弹武器系统的仿制工作。

其一，在国防部五院和二分院党委的领导下，协助二分院副院长、“543”导弹武器系统总设计师钱文极，领导和参加了有关技术方案，包括解决关键技术难题等的研究、讨论工作，给予了具体而有益的技术指导。钱文极（1916-2006）原名钱景伊，江苏太仓人。同济大学工学院肄业，1938年年初赴延安参加革命，1938年3月加入中国共产党，一直从事我军的通信工作，曾任通信兵部军事电子科学研究院副院长，是蔡金涛的老领导，他们在仿制“543”导弹武器系统中密切配合、大力协同，蔡金涛对钱文极给予了极大的技术支持。例如，为了推动“543”导弹的仿制工作，受国防部五院的委托，钱文极于1962年5月18日至27日主持召开了仿制“543”导弹技术学习交流会，参加会议的有院内外15个单位185名代表，会上交流了技术报告89篇，其中二分院有13篇。蔡金涛全力支持钱文极的工作，积极而认真地进行交流会的准备，对二分院提出的13篇技术报告都仔细地进行审改，严把技术报告的质量关。他自始至终参加了这次技术学习与交流会。会议取得了圆满成功，既是对1958年以来仿制学习“543”导弹的一次检查和总结，又推动了“543”导弹仿制工作的开展。

再如，国防部五院在派科技队伍下厂配合工厂仿制的同时，还全面开展了“543”导弹武器系统的反设计工作，以通过分析计算掌握整个武器系统及各分系统的性能、内在运行机理和规律、参数选择的依据等。当时，苏联只提供了“543”导弹等使用性资料，没有设计资料。在蔡金涛领导下，二分院安排了47项反设计课题，其中，总体8项、弹上控制系统10项、制导站11项、电源系统4项、测试设备10项、系统试验4项。同时，还安排了模拟试验配套设备研制项目30项。蔡金涛会同分院科技部技术处处长高凤仪、副处长李钊，技术组组长吴北生、副组长董佩刚等，深入到各设计部的研究室了解“543”导弹武器系统反设计课题的进展情况。蔡金涛等逐项进行检查、督促，并亲自审核有关的反设计技术报告，并详细地提出修改、补充意见，对质量不合格、不符合要求的报告，退回重写，并及时地推荐一些较好的科技报告。比如，第二设计部张福安关于“543”导弹精度分析的报告，被作为比较好的典型，推荐给各单位参考。张福安长期从事地空导弹控制系统和总体技术工作，后任中高空导弹武器系统总设计师，曾作为第一完成人荣获一项国家科学技术进步奖特等奖。在整个反设计工作中，二分院共撰写了各种科技报告和技术总结507份。这些科技报告和技术总结，为“543”地空导弹武器系统技术学习交流会，为“543”地空导弹武器系统的仿制奠定了基础，更为重要的是，为后续改型研制红旗二号、独立研制红旗三号，乃至地空导弹技术新的更大的进步，提供了重要的借鉴，具有重要而深远的意义。

其二，蔡金涛积极倡导、组织、鼓励科技人员下厂，深入科研生产第一线，并身体力行，到仿制厂去处理和解决各类技术问题。仿制并非易事，仿制中会遇到各类技术问题，包括超差代料等问题，都需要设计师单位去处理和解决。有一次，他在给年轻科技人员作报告时，恳切而语重心长地说："为了做出经得起考验的产品，工艺和生产技术绝不能忽视，必须首先掌握，至少有部分同志很好地掌握。照现成的样子还仿不出，将来自行设计的新产品怎么能做得出呢？"

蔡金涛根据自己实践中的体会，对科技人员说道："一个型号的仿制成功，大部分工作是在工厂，因此，希望我们大部分同志能下厂搞工艺，参加生产，在实践中锻炼成长。在工厂学习和在学校学习不同，工厂和学校任务不一样，条件也不一样。在工厂不能希望每时每刻都能学到新的东西，但在工厂能学到的虽较慢较少，却非常实惠，学到一点即能受用终身。而在学校学到的，看来多些，但易于忘掉，而且常常是一知半解，真正付诸实践时会出问题。"他还举例说明："我们的同志设计一个变压器，绕的线圈常常套不进铁芯。这不清楚地说明，实践的知识太差嘛！关于浸渍、铁芯的热处理等，就更谈不上了。实践不行，就更要下厂学习，连我自己现在也感到工厂生产的知识非常不足，亟需补课。在实际工作中没有碰过钉子的人，往往看不起制造工作。我是碰过不少钉子的，看不起制造工作是不对的。"

他不仅反复地动员科技人员积极下厂，注重在实践中增长才干，还率先垂范，身体力行，千方百计地挤时间下厂去处理和解决各种技术问题。实践证明，驻厂工作组的任务是非常繁重的，其作用也是举足轻重的。例如，"543"制导站驻厂工作组在配合工厂仿制工作期间，整理审批了23600份技术资料；纠正了23040份原设计图纸中的差错；补充了原技术资料的缺项，重新设计了570份图纸资料；审核了原更改命令4014份，发现有错误的282份；审批了生产中超差代料约12800多件，其中材料代用占56%，元件代用占44%；与工厂一起解决仿制工作中的技术关键241项；对产品质量进行了全面鉴定。从这些数字中，不难看出下厂工作的重要性。制导站仿制厂是蔡金涛涉足最多的，在驻厂工作组的贡献中留下了他的一份艰辛，尤其是在解决技术关键中，他为之付出了睿智和经验。

其三，蔡金涛在“543”导弹仿制中，参加了多项重大技术问题的决策和重大技术关键的解决。例如，在仿制“543”过程中，苏联没有提供遥测弹的实物和图纸，而遥测弹对于掌握导弹及弹上各分系统在实际飞行过程中的运动规律，获取必要的飞行试验数据，又是非常必要的。1961 年 9 月，一分院第二设计部陈怀瑾（时任第二设计部副主任，后曾任“红旗二号”总设计师、七机部二院副院长、八机部总工程师、七机部科技委常委、航天部科技委副主任等职）等就安排遥测弹的设计、生产及飞行试验工作提出了报告，蔡金涛与他的老领导、“543”导弹武器系统总设计师钱文极经过研究、磋商，认为很有必要，很快批准了这一报告，并领导和参加了“543”遥测弹的生产和试验工作。当时安排了两种状态的遥测弹，Ⅰ型由一分院二部设计，沈阳 112 厂生产；Ⅱ型由二分院二部设计，上海新江机器厂生产，并分别于 1965 年 9 月和 1966 年 1 月进行了高低空多种作战空域的遥测弹的飞行试验，获得了大量的飞行试验实测数据，从中发现并验证了导弹弹性振动对控制系统工作的影响等，有力地配合了“543”的仿制，而且对后续改型研制红旗二号及独立研制红旗三号导弹等，都发挥了很好的作用。

还如，在“543”地面制导雷达的仿制中，雷达扇形扫描天线的设计极为复杂，并要求它在多个频率工作点上均能达到规定的技术指标，工厂生产的产品合格率极低，直接影响了“543”制导站的定型。1965 年 7 月至 1966 年 6 月，七机部二院 23 所陈敬熊、李桂生等科技人员深入到仿制厂西安 786 厂，进行深入的调查研究，做了百余次大小试验和大量分析计算，在工厂领导、科技人员、工人的大力协同与支持下，终于弄清了天线系统误差超差的原因，主要是二次模的再辐射造成的。于是对苏联原设计做了重大改进，在辐射器背部安装一个小波导，将二次模吸收掉。经过反复的试验验证，天线的系统误差在大部分频率工作点上都满足了技术要求，优于当时的苏联产品。按此改进措施修复了不合格天线，使产品顺利出厂，“543”制导站通过定型，为国家做出了重要贡献。

在此期间，蔡金涛同陈敬熊等科技人员多次亲赴 786 厂，同有关的科技人员、工人一起参加试验和研究讨论，为解决这一重大技术关键出了力。此项科技成果于 1964 年 12 月荣获国家发明一等奖，项目第一完成人陈敬熊于 1995 年当选为中国工程院院士，这一科技成果也为陈敬熊当选院士提供了支撑。天线问题解决后，“543”导弹武器系统的仿制工作宣告全部结束。

二分院在仿制“1059”导弹控制系统和仿制“543”地空导弹武器系统的同时，还承担了 n-15 舰舰导弹（国内代号为“544”）的仿制工作。1960 年 6 月，国防部五院确定二分院为总设计师单位，并承担弹上雷达、驾驶仪、舵机及电源部分的设计师职责。1964 年年底，将“544”仿制任务移交给国防部五院三分院。1960 年 6 月，国防部五院确定由二分院为总设计师单位，开始组织队伍，下厂参加仿制 P-11ф M 潜舰导弹（国内代号为“1060”），1961 年 8 月停止仿制。1960 年 6 月，国防部五院确定二分院为总设计师单位，开始组织队伍，下厂参加仿制 C-2 岸舰导弹（国内代号“542”），1961 年 7 月决定停止仿制。K-5M 空空导弹（国内代号“545”）仿制，原由二分院第二设计部承担仿制任务，9 月份，将“545”导弹仿制任务及承担该仿制任务的人员，全部移交给国防部第六研究院。

蔡金涛在导弹仿制工作初期，作为二分院的技术领导，对上级的决定坚决执行，一丝不苟地完成自己所承担的工作任务。例如，对仿制中的每一个问题都要弄个水落石出，对弄不清楚的地方，他都要亲自推导和计算，对“1060”的弹道方程进行详细推导，亲自撰写了题为《苏联“1060”导弹弹道的推导》

蔡金涛撰写的《苏联“1060”导弹弹道的推导》的部分手稿

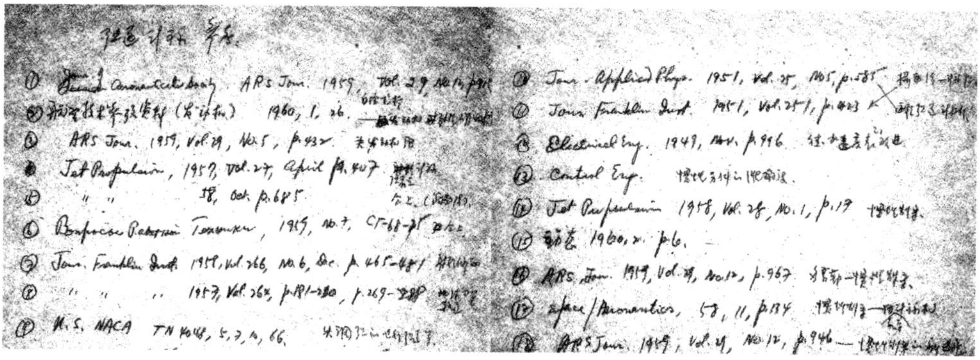

的内部技术报告。尽管二分院对这些导弹没有仿制完毕，但他和二分院在导弹事业的创建与发展史上，都留下了浓重的一笔。

2. 改进改型　“红一”“红二”

20 世纪五六十年代，正值冷战时期，美国中央情报局制订并执行“快刀计划”，为蒋介石集团提供了号称“黑寡妇”的装备，培养和训练了 U-2 高空侦察机“黑猫”中队，频繁地进入我国大陆纵深进行侦察活动。

从 1957 年 11 月底开始，盘踞在台湾的蒋介石集团利用美国援助的 RB-57A、RF-101 高空侦察机和 P-2V 夜间侦察机，不间断地对大陆进行经济、军事侦察与骚扰。1958 年 2 月 18 日，国民党空军的美制 RB-57A 高空侦察机窜犯大陆，被我海军航空兵歼击机击落。鉴于此，美国将改进的 2 架 RB-57D 侦察机交给国民党空军第六大队第四中队，继续入侵大陆进行侦察活动。从 1959 年 1 月至 9 月，RB-57D 侦察机入侵大陆 20 架次，窜犯区域遍及福建、浙江、江苏、山东、河北、四川、贵州、广东、江西、上海等 13 个省市。

RB-57D 高空侦察机的飞行性能比 RB-57A 有很大提高，加大了发动机推力，其飞行高度可达 18000 ~ 20000 米，而当时我空军、海军航空兵的歼 -5

和米格 -19 歼击机升不到这个高度。我高炮部队装备的大口径 100 毫米高射炮，对空有效射程只有 12000 米，根本无法击中 18000 米以上的敌机。党和国家领导人决定加快地空导弹（苏联代号 C-75, 国内代号“543”）的仿制工作。

根据中苏两国政府 1957 年签订的《国防新技术协定》,1958 年 11 月 29 日，从苏制进口的五套 C-75 地空导弹武器运抵北京。主管国防科技工业的聂荣臻副总理决定：在引进苏联 C-75 导弹的基础上，一方面立即装备部队，一方面仿制生产并改进，研制出中国第一代中高空地空导弹武器系统。即以仿制苏式 C-75 地空导弹为起点，用 7 年时间建立起地空导弹武器系统，包括配套的导弹、制导站、发射装置等科研、生产与试验基地，奠定技术、人才、工艺、测试和协作配套的基础，创建研制、生产地空导弹的基本条件。

1958 年 10 月 11 日，国防部五院炮兵教导大队第二教导营（“543” 教导营）开始预科训练，到 1959 年 5 月完成培训任务后，我国即组建了地空导弹部队，组建后，各营进行了多次以对抗 RB-57D 高空侦察机为作战背景的实兵演练。1959 年 9 月 15 日，地空导弹营开始正式担负首都北京防空作战值班任务。10 月 7 日，年轻的中国导弹部队第二营，在营长岳振华的指挥下，在北京通县地区用 C-75 导弹击落了当时世界上最先进的美制 RB-57D 型高空侦察机，创造了我国军事史上首次用地空导弹击落飞机的记录，从而也拉开了长达 10 年的中美高空对抗的序幕。

装备“543”导弹（苏制 C-75 导弹）地空导弹部队的组建，有效地遏制了美蒋的嚣张气焰。在 1959 年 10 月到 1961 年 8 月的两年间，我国地空导弹部队用 C-75 导弹先后击落了敌人三架高空侦察机，从而迫使被称为空中侦察霸王的 RB-57D 高空侦察机提前退役。

任何武器系统都是在攻与防、矛与盾中发展的，RB-57D 高空侦察机退役后，1962 年，美国将新研制的绰号为“黑寡妇”的 U-2 高空侦察机交付台湾使用，台湾组建了黑猫中队。20世纪60年代初，我国的核工业与航天科技工业正处于创建和蓬勃发展时期，U-2的侦察目标主要是我大陆西部的核工业基地、核试验基地和导弹发射基地，以刺探我大陆导弹与核弹（原子弹和氢弹）情报。每隔一段时间，U-2高空侦察机就会从我大陆南部入境，绕经西北部，再返回台湾。U-2高空侦察机接受RB-57D高空侦察机遭我地空导弹部队重创的教训，通过变换飞行路线和飞行高度等手段，不断逃脱我地空导弹部队的打击，使我大陆仅有的三个地空导弹营很难捕捉到战机。仅1962年上半年，U-2高空侦察机就对大陆纵深进行了多达11次的侦察。

中央军委及空军领导对此十分焦急。空军同国防部五院二分院一起研究对策，二分院也派出科技人员到地空导弹部队，同指战员们商讨如何更好地使用“543”系统。1962年9月7日，空军司令员刘亚楼下达实施“诱饵计划”的命令，开始了导弹游击战。

地空导弹部队进行机动作战，用两个军用专列共65节用途不同的车厢，装运全营近百辆载有许多珍贵精密设备的特种用途大型汽车、长达10余米的导弹和雷达发射天线、重达11吨的导弹发射架，以及一应俱全的用于地面自卫的轻武器、装备、油料、生活用品和300余名指战员。为了行动的隐蔽，装卸车都在夜间进行，并对火车车厢进行了遮盖伪装，且全营指战员都身着便服，伪装成地质勘探队。

1962 年 9 月 7 日，随着刘亚楼司令员执行“诱饵计划”命令的下达，空军一轰炸机大队奉命从南京移防南昌。这次大张旗鼓的转场（诱饵），果然使美国中央情报局和台湾情报机构上钩。第二天，U-2 高空侦察机就出动了，地空导弹部队严阵以待。不料，U-2 高空侦察机飞到广西桂林后突然掉头返航。难道是“诱饵计划”被敌人识破了吗？事后经抓获的俘虏证实，这架 U-2 高空侦察机因为机械故障而中途返航。

9 月 9 日，U-2 高空侦察机再次出动，从福建平潭进入大陆，却在接近南昌时突然改变航线，转飞北京方向，但往北飞到鄱阳湖以后，在空中杀了个“回马枪”，直飞南昌。孰不知，这架 U-2 高空侦察机已钻进了我地空导弹部队的伏击圈。此时，6 发“543”导弹全部对准了目标，跟着雷达天线转动，到达发射距离后，二营营长岳振华下达发射命令，3 发导弹腾空而起，直奔目标，U-2 高空侦察机被 3600 多块弹片编织的死亡之网击得粉碎，40 多秒后，整架飞机已在雷达屏幕上没有了踪影。飞机残骸坠毁于南昌东南 15 千米的罗家集附近。国民党空军少校飞行员陈怀生身中弹片，经抢救无效丧生。

这次诱饵计划，还从敌机残骸中缴获了两种电子侦察装置：一种是通信侦察装置，用于接收陆空联络和空空联络的电子信号，能准确测定工作频率，记录通信内容、密码和暗号；另一种是雷达侦察装置，能接收各种地面雷达信号，记录雷达电磁波波段、频率等。二分院对这两种侦察装置进行了修复和测试，后发现一种新的电信号，经空军技术部鉴别，才知道敌方已掌握了 C-75 制导雷达发射的电磁脉冲的重复频率。

1963 年 3 月 28 日，重新改装的 U-2 高空侦察机再次入侵我西北重镇，当守候在此的地空导弹部队打开制导雷达进行跟踪时，U-2 高空侦察机像长了眼睛似地迅速离开。待雷达关机后，U-2 高空侦察机又飞往目标，并降低高度进行侦察，然后大摇大摆地离开。地空导弹部队两次打击落空。

为了打击 U-2 高空侦察机的嚣张气焰，空军调集了三个营的兵力，集中在 U-2 高空侦察机侦察西北导弹发射基地的必经之地西安设防。9 月 25 日，一架 U-2 高空侦察机窜经西安，三个地空导弹营立即进入临战状态，结果雷达一开机，敌机就拐弯，在三个营中间钻空儿溜走了。原来 U-2 高空侦察机装备了先进的雷达探测器，发现雷达后从避开到逃离只需 20 秒时间。此后，空军司令部提出的《抗击 U-2 飞机新对策》中指出，要对付 U-2 高空侦察机转弯摆脱的伎俩，必须在制导雷达发现目标后 20 秒之内将导弹发射升空。

可是，按照 C-75 地空导弹武器系统的基本性能，苏联编写的原射击教令规定，导弹发射过程是一个快速、连贯、统一的操作程序，总共包括 14 个具体动作，主要有：敌机距离发射中心 120 千米时打开制导雷达天线，发现目标；距离 100 千米时导弹接电准备；70 千米时启动发射架，使其与雷达天线同步；60 千米以前要测定射击诸元——方位、距离、俯仰角；在 60 千米至 38 千米内，雷达稳定跟踪，操作手射击操作；在 38 千米至 37 千米内，下达射击命令。苏军经长期反复试验测定，得出做完全套动作的总时间为 8 分钟。

如何将作战准备时间从 8 分种缩短为 20 秒，二分院科技人员与地空导弹部队密切配合，从打开制导雷达到导弹发射之间的 14 个动作，按顺序排列，逐一进行分析、解剖、精减、压缩，并将一些动作提前到雷达开机前，然后进行试验、演练，对每一个动作，包括手势、口令等一些细小动作，进行梳理，将营指挥员下达发射口令的 20 个字压缩到 12 个字。经研究、讨论、试验，在 14 个动作中，将其中的 9 个动作挪到雷达开机前去做。如在距离 60 千米以前测定射击诸元，就可以利用高炮的“松 -9”引导雷达来进行，因为“松 -9”引导雷达测定目标的方位、距离和角度比较精确，可以与“543”制导雷达接力，而 U-2 高空侦察机探测不到"松 -9"引导雷达。这样剩下的 5 个动作完全可以在"543"制导雷达开机后 8 秒内完成，制导雷达开机的距离就可以缩短为约 38 千米。

经过我地空导弹部队各营的演练、试验、改进，终于摸索和总结出了一套"近快战法"。

1963 年 11 月 1 日，U-2 高空侦察机突然从浙江温州上空窜入大陆，从衢州东部地空导弹火力范围以外穿过，向我西北地区飞去。飞至江西上空，在敌机距我地空导弹部队发射阵地 35 千米时，制导雷达开机，U-2 高空侦察机已来不及逃跑，被我地空导弹部队二营发射的三发导弹击落，飞机残骸坠落于江西省广丰县东丹人民公社罗家山大队，国民党空军少校飞行员叶常棣跳伞被擒。经过实战检验证明，"近快战法"是行之有效的。

在我地空导弹部队使用"543"导弹击落美蒋的三架 RB-57D 高空侦察机；采用"诱饵计划"，使用"543"导弹击落 U-2 高空侦察机；采用"近快战法"击落改装的 U-2 高空侦察机的全过程中，蔡金涛作为国防部五院二分院的副院长和无线电技术专家，承担着义不容辞的使命和责任。他自始至终参加了有关技术分析、论证等工作，参加领导了这些作战计划、战术战法的研究与制订工作，并领导了对缴获的 U-2 高空侦察机上通信侦察和雷达侦察装置的修复与测试工作，为"543"导弹武器系统的改进和空军的作战决策提供了支持。

U-2高空侦察机

U-2 高空侦察机上装有 8 台全自动、可昼夜拍摄的光学与红外航空照相机和 4 部电子侦察设备。在进行 24.4 千米、15.25 千米、9.15 千米高空拍摄时，从所拍照片上可分辨出步行者与骑车人、报纸上的大字标题与墙上的广告。机上的电子设备可自动记录地面雷达的工作频率、脉冲宽度与频率和天线转动周期，进而可计算出雷达型号及地面位置。

U-2 高空侦察机要对付我空军拦截机和地空导弹部队的双重威胁，因此从一开始，飞机上就装置了各种电子侦测和反制装备。第一种是装在阻力伞位置的“9 号系统”，这套系统不但可以侦测我方飞机上的雷达信号，还能够对我雷达加以干扰；第二种是“12 号系统”，能够在 160 千米外侦测到 C-75 导弹制导雷达信号，让飞行员及时采取规避措施。从 1964 年年初开始，在 U-2 高空侦察机上加装“13 号系统”，这是美国第一种主动干扰地空导弹雷达的电子系统，由于飞机内已无空间，“13 号系统”只能装在主翼中段的油箱夹舱内。

我地空导弹部队在与美蒋 U-2 高空侦察机攻防对抗中不断传来捷报，1964 年 7 月 7 日，地空导弹部队二营在福建漳州地区设伏，又运用“近快战法”击落了第 3 架 U-2 高空侦察机。国民党空军的“双料英雄”“头号王牌”，多次获国民党“英雄”称号的李南屏随机毙命。

由于 U-2 高空侦察机不断被击落，美蒋研究出欺骗式干扰、发射报警和规避机动飞行等技术战术手段，以对付“543”制导雷达。如：采用距离偷引，飞机发出信号以假乱真，使制导站对飞机距离判断失误，这种失误可高达几十千米；采用规避机动飞行，U-2 高空侦察机采取兔子跳跃式的曲线飞行，使导弹难以跟踪。

1964 年 5 月，蔡金涛副院长兼任地空导弹总体设计部（二部）主任，此时他在地空导弹研制工作中的责任更大了。当务之急是如何在制导雷达上采取措施，对付 U-2 高空侦察机花样不断翻新的电子干扰。他领导并参加了应对 U-2

被击落的 U-2 高空侦察机

高空侦察机电子干扰措施的研究与制定工作，二分院第三设计部很快设计、研制出了新的电路组合，后经地空导弹部队使用和改进，有效地遏制了 U-2 高空侦察机施放的转播式干扰；同时地空导弹部队也采取了“近快战法”，有效地打破了 U-2 高空侦察机机动飞行的逃避战术。

1965 年 1 月 10 日，地空导弹部队一营首次使用国产的红旗一号地空导弹，创造了首次在夜间击落 U-2 高空侦察机的战绩。

U-2 高空侦察机在前后四次被击落后，采取新的欺骗式干扰，“红旗一号”导弹武器系统已不能适应电子战环境下的作战需要，亟待研制出新的抗干扰能力强的地空导弹武器系统。

正是在这样的需求背景下，国防部五院二分院、空军、承担地空导弹生产任务的工厂和发射基地的地空导弹试验部等单位的科技人员、工人、干部和解放军指战员，大力协同、密切配合，开展了一系列旨在提高“红旗一号”抗干扰能力、扩大作战空域、改善使用性能、提高可靠性等方面的大量的研究与试验工作。从 1964 年 10 月到 1965 年 3 月，蔡金涛担任主任的二分院第二设计部，组织进行了有二分院第三设计部、空军地空导弹部队、导弹发射基地地空导弹试验部等单位参加的大型干扰和抗干扰试验。这次试验动用了空军的一个中队，使用了各类杂波干扰、消极干扰和转播干扰等手段，对“红旗一号”制导站进行了系统的抗干扰测试，取得了大量的有用数据。与此同时，二分院和空军等单位组织技术力量，对已缴获的U-2高空侦察机的探测和干扰系统，进行认真而细致的分析研究，了解美蒋的电子战能力和发展趋势。这些都为红旗二号导弹和制导站技术方案的制定，奠定了基础。

1964年1月15日，国防部五院在制定的《1964年至1980年发展规划》中，提出了对“红旗一号”进行改型，即研制“红旗二号”的任务。4月，国防部五院院长王秉璋指示：在技术知识不足、缺乏经验的情况下，研制“红旗二号”必须注意打好基础，实事求是，巩固发展，稳扎稳打，循序渐进。5月11日，二分院党委召开常委扩大会，明确了“红旗二号”研制工作的指导思想：指标先进，留有余地，立足国内，集中全力，严格程序，主动协作。在论证“红旗二号”方案时，有高指标和低指标两种方案。高指标方案与设想的原“红旗四号”相似，低指标方案是“看家”方案，和“红旗三号”技术方案相似。空军和139厂（从112厂分离出来而建立的）合搞的方案，即“红旗二号”方案，同“看家”方案差不多，空军支持这一方案。有人主张二分院搞高指标方案，让空军和139厂搞低指标方案，几方争论得比较激烈。国防部五院领导倾向于集中力量搞低指标方案。国防部五院政委刘有光专门到二分院，说服二分院领导。后在二分院6号厂房召开了院、分院两级党委联席会议，研究、讨论和决策这一问题。时任二分院副院长兼地空导弹总体设计部主任、国防部五院科技委副主任委员兼地空导弹专业组组长的蔡金涛，经过反复斟酌与思考，权衡需求与可能、必要性与可行性，在两级联席会议上做了发言，全面系统地评述了低指标与高指标两种方案的优缺点，既有技术经济可行性的分析论述，又对工作量和研制周期做了预估，按照实事求是、一切从实际出发的原则，明确地表示支持低指标的技术方案。与此同时，国防部五院为了加速“红旗二号”的研制，还采取了一系列的组织措施，如建立健全组织机构、设计师系统等。在国防部五院改为第七机械工业部（简称七机部）后，在112厂导弹生产专线基础上扩建的139厂以及111厂、119厂、719厂、786厂、307厂等，都划归七机部领导。

此后，七机部又组织制定了“红旗二号”的具体技术方案。1965年4月15日至19日，七机部二院（原国防部五院二分院）召开了“红旗二号”方案制定预备会；4月20日至26日，在北京京西宾馆召开了“四一九会议”，研究、讨论、确定“红旗二号”方案。参加会议的有三、四、七机部和空军等有关部门、单位的代表共88人。国防工办副主任赵尔陆等领导出席了会议。

“红旗二号”有两种具体技术方案，一种是“三长两短”方案，最早由沈阳112厂提出，即在“红旗一号”的基础上，利用第二舱剩余空间，加长第三舱推进剂贮箱，以延长发动机工作时间，扩大杀伤区的空域。但推进剂贮箱加长后，需要相应地解决加大涡轮泵异丙酯箱、增加前翼面积、调整自动驾驶仪参数等设计、技术问题。另一种是“戴帽子”方案，由上海承担地空导弹试制的机电二局提出，即是将顶舱延长的方案。

蔡金涛领导科技人员，用了一年多时间，对“三长两短”方案，进行了20

“红旗二号”打靶试验

多次的反复计算，算出了378条质点弹道，核实了改型方案，最后确定了改型方案。

经过这次大讨论，最后确定了“红旗二号”方案，并明确了任务分工，决定由七机部二院负责技术抓总；由七机部、四机部原来承担“红旗一号”批生产任务的八个工厂承担研制生产任务，二院派设计人员参加；139厂负责研制遥测弹；导弹发射基地负责飞行试验；由于“红旗二号”地面设备与“红旗一号”地面设备相同，所以，仍由“红旗一号”地面设备生产厂负责生产。

“红旗二号”是在“红旗一号”的基础上进行研制，主要是提高抗干扰能力，扩大作战空域，改善操作使用性能。为此，采取了21项相应的技术措施，其中，提高抗干扰能力的有10项、扩大作战空域的有6项、改善操作使用性能的有5项。

为稳妥按时、保质、保量地完成“红旗二号”的研制任务，将导弹与制导站的技术状态分为两种：第一种状态是“红旗二号”比“红旗一号”增加了射高和斜距；制导站主要增加了反侦察、反干扰和确保测量精度等技术措施。第二种状态是“红旗二号”在第一种状态的基础上，改善导弹操作使用性能；制导站在第一种状态的基础上，增加了其他抗电子干扰措施。

待技术方案、计划步骤确定后，“红旗二号”研制和飞行试验工作紧张而有序地开展起来。经过广大参研、参试的科技人员、工人、干部和解放军指战员的艰苦奋斗，刻苦攻关，以及有关部门、单位的大力协同与协作，1966年年底，红旗二号导弹武器系统成功地通过了定型飞行试验，1967年2月，国务院特种武器定型委员会批准红旗二号导弹武器系统定型，转入批产和装备部队。

从方案、设计、试制到飞行试验的全过程中，蔡金涛作为七机部二院副院长兼地空导弹总体设计部主任，使命在肩，责任在身，自始至终地领导了研制工作，从技术方案的各种技术关键的解决，到各类技术问题的决策，尽管受当时历史环境和个人政治历史问题的掣肘，显得很谨慎，但他都是以尊重科学和实事求是的严谨态度，适时而不违心地发表个人意见。尤其值得称颂的是，他从不以老专家自居，而是充分地深入实际，发扬技术民主，听取各方面意见，博采众长，集思广益，出色地发挥了技术带头人的作用，为领导决策提供了有力的技术支持。

实践是检验真理的唯一标准。经过历史和时间的考验，证明了红旗二号中高空地空导弹武器系统，不愧为精良而实用的导弹武器系统。

“红旗二号”定型并装备部队后，1967年9月8日，美蒋又出动改进后的

参加1999年国庆50周年检阅的红旗二号防空导弹

U-2 高空侦察机窜扰我华东地区。尽管飞机使用了新型的转播干扰手段，但仍被红旗二号导弹击落，敌机残骸坠落于浙江省海宁县城西南约 5 千米处的伊桥公社星光大队，飞行员被击毙在座舱内，这证明我全套国产的红旗二号导弹武器系统抗干扰措施是有效的。

在以后相当长的时期内，“红旗二号”一直是我战备防空值班的主战武器。20 世纪 80 年代，七机部二院等单位又对“红旗二号”进行了改进，研制成功了“红旗二号甲”和“红旗二号乙”等导弹武器系统。更为可贵的是，“红旗二号”的成功研制，为后续的“红旗十二”“红旗七号”等第二代、第三代地空导弹武器系统研制，奠定了人力资源、设施设备、科技成果等技术与物质基础。“红旗二号”是我国地空导弹的母弹，二院贡献突出，蔡金涛也为其留下了浓重而璀璨的一笔。

3. 领导研制 “红旗三号”

1963 年 8 月，国防部五院二分院副院长蔡金涛光荣参军，被授予技术大校军衔；1964 年 5 月，兼任二分院第二设计部主任，12 月，当选为第三届全国人民代表大会代表。这些新的授予、任命和当选，使他从心底里更加感受到党和人民对他的信任，也深深感受到自己责任重大，使命光荣。尤其是随着地空导弹型号研究设计院——七机部二院的建成与发展，他更加一门心思地要在我国地空导弹事业中有所建树。

正值此时，美国在使用 U-2 高空侦察机作为主要高空侦察手段的同时，于 1963 年开始研制性能更为先进的 SR-71 高空侦察飞机。该机飞行速度高达 3 倍声速，飞行高度可达 27 ~ 30 千米。红旗二号地空导弹武器系统已无法对付这一侦察机，因此，迫切需要研制新的地空导弹武器系统。这是我国独立研制红旗三号新型地空导弹武器系统的需求背景。

1963年8月，蔡金涛参加中国人民解放军

空军根据使用“红旗一号”的作战经验及未来防空作战的需要，对“红旗三号”提出了12条要求，主要包括：对付的典型目标是SR-71高空侦察机；作战高度为3～30千米；最大射程为50千米；最大航路捷径为20千米；3发导弹的杀伤概率大于98%；具有抗干扰能力；装备轻便；使用维护方便；等等。

“红旗三号”方案的论证和争论，说到底还是低指标方案与高指标方案之争，是研制定点之争。空军希望139厂研制“红旗三号”，要求二院研制更高性能的“红旗四号”。而二院坚持研制“红旗三号”。蔡金涛反复分析研究了空军所提的12条要求，并对照我国实际，包括工业技术基础、原材料、工艺及电子元器件等，以及我国导弹科技工业的实际情况，进行了缜密思考，认为还是要实事求是，一步一个脚印地研制出实用的导弹武器，要防止出现技术关键久攻不下、战术技术指标一降再降、研制进度一拖再拖、研制经费一增再增的现象发生。

1965年上半年，二院召开了地空导弹技术发展规划会，蔡金涛参加并领导了这一规划会。会议采取会内会外相结合、充分发动群众讨论的方式，就参照空军提出的12条要求拟定的包括战术技术指标等的总体方案，广泛征求意见。会议明确了当前研制工作的重点，并做出了1965年确定方案、1966年进行大型飞行试验的初步安排。此后，“红旗三号”的研制工作全面展开。

蔡金涛领导并参与了“红旗三号”武器系统方案的论证与设计工作，在武器系统设计中，为满足空军提出的要求，重点要解决“两个三”的问题，即要能对付 30 千米高空以 3 倍声速飞行的目标。为此，必须在导弹、导弹控制系统、制导站等的设计方案上，要比“红旗二号”武器系统有较大的改进。

由于导弹武器系统作战高度的增加，必然给导弹控制系统的设计带来新的技术问题，在自动驾驶仪回路中需增加抗饱和措施，以提高抗雷达测角起伏噪声的能力；修改动态补偿，提高武器的射击精度等。还需进行包括制导站坐标机柜、指令计算装置及弹上自动驾驶仪等在内的半实物仿真试验。在导弹方案设计上除解决增加射程和射高问题外，还要解决提高导弹高空机动性和对付高速目标的引信和战斗部配合效率的问题。

二院 23 所还制定了制导站的方案，制导站由截获雷达和制导雷达组成。截获雷达由“松 -9A”改装而成，增大了天线直径和发射机功率，并采取了自动测距、自动计算航路参数和与制导雷达同步转动等措施。制导雷达以“红旗二号”制导雷达为基础，增加和改进了 30 多个项目，如加大照射天线，加装参量放大器和侦察显示器等。这样，制导站的作用距离和测量精度都有了提高，目标波道和导弹波道的抗干扰能力都得到了增强。

1965 年 3 月，七机部二院为落实中央专委第 13 次会议关于提前完成“红旗三号”研制任务的指示，采取了领导干部、科技人员和生产工人相结合的方式，并加强了行政指挥线和技术指挥线，从而大大加速了“红旗三号”的研制进程。

1965年10月，国防科委在北京召开了“红旗三号”方案讨论会。会议对“红旗三号”的战术技术指标和方案进行了充分讨论，并交流了研制成果。会议最后确定了战术技术指标略低于空军所提要求的研制方案，作战高度为3～30千米；最大作战斜距为38千米以上；目标最大速度为900米/秒。1966年3月2日，七机部根据二院上报的《关于“红旗三号”研制情况的报告》，向国防科委上报了《关于“红旗三号”研制任务书的报告》。3月6日，二院根据国防科委召开的“红旗三号”方案讨论会对方案的审查意见，向院属各单位正式下达了《“红旗三号”武器系统研制方案》，作为研制工作的基本依据。然而，新型号的研制道路并不平坦，而是荆棘丛生，到处布满了明碉暗堡。1966年1月29日，进行了首次模型遥测弹飞行试验，获得成功。当时，为了加快研制进度，决定跳过独立回路遥测弹飞行试验阶段，直接进行闭合回路遥测弹飞行试验。1966年5月14日，在导弹发射基地进行了“红旗三号”闭合回路遥测弹射击模拟目标的飞行试验，使用的是用“红旗二号”制导站改装的“红旗三号”初样制导站。导弹一级分离前飞行正常；5秒后，应答信号消失，导弹未被制导站截获；46秒后导弹坠落，飞行试验失败。

首发闭合回路弹飞行试验失败后，参研参试人员进行了故障分析，认为造成此次飞行试验失败的直接原因是：在设计上对加大导弹舵面面积带来的影响认识不足，飞行中舵面制锁机构在外力作用下提前开锁并偏到极大值，致使导弹在超过载下飞行而解体。在研制指导思想上，主要是过多地强调“红旗三号”在技术上继承性大的一面，急于求成，跳过独立回路遥测弹飞行试验阶段，而直接进行闭合回路遥测弹飞行试验，违背了研制程序。

同时，在地空导弹武器系统研制队伍中开展了思想作风整顿工作，主要是正确理解和处理好在战略上藐视困难和在战术上重视困难、质量与进度、好与快、全局与局部、集体与个人等关系，达到统一思想、提高认识的目的。在此基础上，对“红旗三号”首发闭合回路遥测弹的飞行试验进行了分析总结，重新审查了总体和各分系统的方案。同时还查找和研究了“红旗三号”制导站初样和试样存在的问题，决定由二院23所与786厂共同研究确定改进方案。

1966年7月25日至8月30日，在上海召开了“红旗三号”技术方案审定会，对“红旗三号”总体方案及各分系统方案进行了全面审查，并对一些重大技术问题作出了决定。例如，调整控制回路参数；改进动态补偿方法，进一步提高系统的落入概率；采用双推力液体火箭发动机，提高导弹末段飞行速度；采用大功率及双频应答等措施，增强武器系统的抗干扰能力等。会议还对研制任务分工作了进一步调整，并决定“红旗三号”研制重新从独立回路遥测弹飞行试验开始。

客观事物的发展是不以人们的主观意志为转移的。1967年4月至5月进行了两发独立回路遥测弹飞行试验，第一发独立回路遥测弹飞行试验又遇挫折，一级助推器分离后，导弹即在空中解体。

参试人员并没有因为挫折而灰心丧气，参试的二院京、沪两地科技人员（当时上海机电二局归属二院建制）同导弹发射基地地空导弹试验部（三部）的科技人员一起，共同分析故障原因。从遥测数据的判读和分析中发现，飞行中出现了反操纵现象，即舵面压力中心移到了舵轴前面，所产生的力矩使舵偏角继续加大，导致使用气动舵机的舵系统失稳，随之全弹破坏。导弹发射基地大力协同、密切配合，在基地的仿真机上复现了破坏的过程。通过仿真还证明，只要将舵轴在舵面上前移 6 毫米，就可以避免出现反操纵。

经过反复研究，为了争取时间，决定由上海 20 所派技术人员和工人携带工具和零件去发射现场改装，最后仅用了几天时间，就完成了舵系统的所有改装工作。改装后的第二发独立回路遥测弹成功地进行了飞行试验，证明故障原因分析及所采取的改进措施都是正确的。

从 1967 年年底到 1969 年年底，又进行了多次飞行试验，共发射独立回路遥测弹和闭合回路遥测弹 19 发，最后定型并装备了空军的两个营。

"红旗三号"在"红旗一号""红旗二号"的基础上，新增加了 79 项技术项目：导弹新增 33 项，其中弹体 9 项，目的是扩大空域，改善高空机动性能；动力系统 8 项，目的是增大射程，改善维护使用性能；自动驾驶仪 4 项，目的是提高舵机效率，改善高空性能；无线电控制仪 6 项，目的是增强抗干扰能力，提高可靠性；引信 4 项，采用旁瓣抑制，以提高抗干扰性能，调整引信启动延时，实施战斗部三档起爆，以改善引战配合，提高杀伤概率。制导站新增 39 项，如采用低噪声参量放大器，增加反"百舌鸟"（美制反辐射导弹）保护电路等，目的是提高抗干扰性能，增大作用距离，提高测量精度和便于操作使用。地面设备新增项目 7 项。正是由于采取了这些改进措施，使红旗三号导弹武器系统在对付高空高速目标方面具有较好的性能。更为重要的是，通过"红旗三号"的研制实践，使我国具备了独立研制地空导弹武器系统的能力，并为后续各类地空导弹武器系统的研制，奠定了坚实的技术和物质基础。

蔡金涛领导并参加了“红旗三号”前期的研制工作，从方案的论证、讨论、确定，到各类关键技术的解决，直至导弹飞行试验，他都亲赴现场，认真听取广大参研、参试人员的意见，同大家一起研究、讨论问题。他从不夸夸其谈，更不讲空洞无物的套话，而是坦诚而实事求是地发表中肯而有见地的意见与建议，深得广大科技人员的敬重。

值得一提的是，自 1966 年 12 月起，他被批准赴导弹发射基地参加导弹飞行试验，内心十分激动，这是组织对自己的进一步信任与激励。他暗下决定绝不能辜负组织的期待，一定要用更多的时间投身到飞行试验第一线，为我国导弹事业的发展尽微薄之力。

随着二院体制任务的变化，1969 年 8 月 31 日，“红旗三号”研制任务全部移交上海机电二局，二院各有关单位也向上海机电二局支援了部分科技人员。同时由于“文革”动乱的加剧，蔡金涛被迫中止了对地空导弹研制工作的领导。

4. 倾注心血 制订规划

蔡金涛非常看重参加我国《1956 年至 1967 年科学技术发展远景规划纲要（草案）》（简称《纲要》）的制订工作，他本被邀请参加，但因个人政治历史问题接受组织审查，而未能如愿。对此，他虽很理解，认为事出有因，但仍感到终生遗憾，失掉了为国家出力的良机。通过从事科技工作实践，他切身体会到制订一个目标宏伟且可行的规划，明确发展目标、任务、方向、路线、途径，以及采取的措施建议等，对科技工作至关重要。

1958 年 1 月 1 日，蔡金涛被调入国防部五院二分院，他既为自己能投身新中国的国防尖端事业而自豪，更为我们伟大祖国毅然发展“两弹一星”事业而骄傲。他熟读了《纲要》，对《纲要》确定的“重点发展，迎头赶上”和“以任务带学科”的方针，备感亲切，尤其是认真研究了《纲要》中第 37 项“喷气与火箭技术”项目建议书，并对照国外有关文献资料，思考我国导弹技术的发展规划问题。

1962年4月21日，国防部五院副院长钱学森根据聂荣臻副总理关于制定五院技术路线的指示，组建了有蔡金涛等人参加的三个规划小组。特别是1962年2月2日国防部五院科学技术委员会成立，蔡金涛担任副主任委员兼地空导弹武器专业组组长后，对制订地空导弹武器系统等规划担负的责任更大了。他充分依靠和调动院科技部有关处组的积极性，到各设计部听取科技人员意见，还组织二分院科技委委员及有关专家进行讨论，发扬技术民主，集思广益，以保证所提出的规划建议的先进性、可行性、科学性和合理性。在他的主持下，先后完成了《地地导弹制导系统技术发展途径的初步意见》及修改、补充意见；《地空导弹技术发展途径的初步意见》及修改、补充意见。这些意见于1963年上半年先后呈报国防部五院科技委钱学森主任委员，并抄送一、二分院有关领导，为示负责，蔡金涛都是亲自修改审定，并签字盖章呈报。

蔡金涛主持制订的《地地导弹制导系统技术发展途径的初步意见》，比较全面系统地勾画了我国地地导弹制导系统的发展蓝图，不仅有力地指导了我国地地导弹制导系统的发展，还为我国制订《地地导弹发展规划》（即“八年四弹”规划）提供了支持和依据。

在意见书中，蔡金涛提出了我国地空导弹武器系统发展的三个阶段：第一阶段为“543”的仿制与改进；第二阶段主要进行高空型号研制；第三阶段进行高空高速型号研制。尤其是在第二阶段提出了要开展对付3千米以下、速度小于等于1个马赫数超低空目标的型号研制工作，对主要的技术关键进行攻关，并对一些简单模型做些系统试验，为正式研制这类型号做准备。他还提出在第三阶段中应考虑地空导弹高空防御的任务。这些规划意见，都对我国地空导弹武器系统技术的发展发挥了重要的指导作用。

更为难能可贵的是，蔡金涛从20世纪50年代后期和60年代初期，就一直积极倡导和建议大力加强预先研究，搞好技术贮备。在他的建议与支持下，二分院提出并执行了“以型号为主导，课题为基础”的方针。这一方针实际与后来的预先研究要贯彻“型号需求牵引，专业技术推动”的原则是一致的，而且这一方针可以将型号研制与课题研究有机地结合起来，促进了科研生产工作的全面、协调、可持续发展。

例如，经蔡金涛的提议和审批，二分院先后开展了全惯性制导方案、六分陀螺仪、坐标转换的欧拉方程、陀螺马达、磁性材料等预研课题研究，并取得了相应的研究成果，这些成果为导弹型号的研制提供了基础和支撑。

1967年，蔡金涛在国防工办学习班上的发言手稿摘录

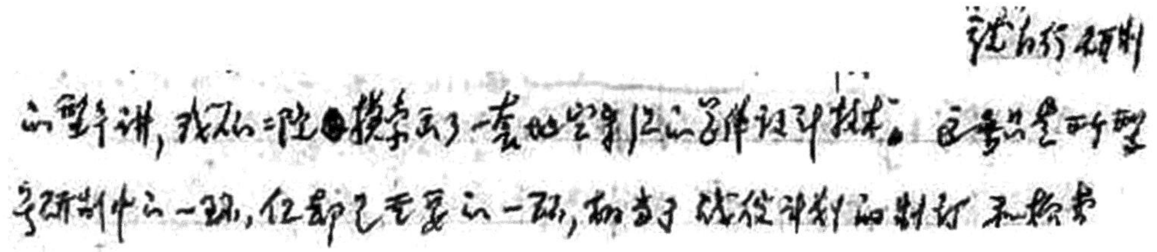

蔡金涛

蔡金涛院士传记

Academician Cai Jintao's Biography

第九章

钻研理论　建树学术

蔡金涛一生嗜书如命，刻苦钻研，注重打牢理论基础，理论与实践相结合。他不仅在工程和产品研制中硕果累累，还取得了大家公认的学术理论成就，铸就了其科技元老和无线电电子技术的泰斗地位。

蔡金涛之所以能成为我国电信技术、通信技术、无线电电子技术领域的知名专家，电磁计量科学技术的开拓者，真空管制造技术的奠基人，以及地地导弹控制技术和地空导弹技术主要开创者之一，一方面源于他在科技工程实践中所做出的贡献和取得的业绩，另一方面由于他在相关科技理论方面的高深造诣。理论与实践相结合，相辅相成，相得益彰，铸就了科技元老的璀璨辉煌——20世纪30年代“展开网络行列式的简捷法”、40年代“交流电磁饱和式自动稳压器的原理和设计”、50年代“统一调谐”中三点对正频率的最佳选择、60年代“各种已调脉冲列的频谱”，等等。

1. 网络展开　简捷算法

电网络行列式展开问题，是18世纪中叶研究电网络基本规律时被发现的，研究电网络的麦克斯韦和克基荷夫等科学家都曾研究过这个问题，在古老的科技文献中，也不乏此方面的记载。原中央研究院工程研究所王季同首先在中国提出并得出结论，但欠全面，不能使用。之后，原中央研究院物理所所长

20世纪80年代，蔡金涛在家中工作

丁西林对此提出了修正，虽比较全面，但使用起来仍很繁杂，需要花费很多时间。1937年上半年，蔡金涛在美留学期间，第二次进华盛顿美国商务部标准局，在为物理所完成采购电磁标准仪器的业余时间里，钻研了展开电网络行列式的简捷法。他利用美国商务部标准局图书馆（属美国国会图书馆科技分部）科技文献资料比较齐全的有利条件，认真查找，苦心钻研，进一步解决了这个问题。用电路元件符号表达的线性网络行列式，无论次数多高，都可以一次写出其最简单的展开结果，而且这个结果应该含多少项都可以简单地算出。他还证明了法国人提出的一条关于总项数计算的经验公式。美国商务部标准局著名网络专家F.Weinner对蔡金涛的《展开网络行列式的简捷法》论文，给予了好评，也很感兴趣，提出在美国商务部标准局刊物上发表这篇论文。因需美国商务部标准局专家领头，蔡金涛的名字只能附在后面，他没有同意，因而最终未能在美国商务部标准局刊物上发表。蔡金涛将论文带回国内，1939年10月发表于《中国物理学报》3卷2期上（Short-Cut Methods for Expanding the Determinants Involved in Network Problems" Chin-Tao Tsai, Chinese Journal of Physics, Vol.3 No.2, Oct.1939，P148-181）。这篇论文在国内外同行中引起了很大反响，并被许多国家的学者所应用。尔后，该论文在中国工程师学会1942年贵阳年会上荣获一等奖。此后，他长期从事这一课题的研究，从网络行列式的展开进而探索一般高次行列式的展开法，从人们很熟悉的三次行

1937年，蔡金涛在回国途中

列式的展开中可以看出其阵容并能立即列出；对于高于三次的行列式，他经过探索、研究、推演，认为也可以做类似处理，只是需要先变换为几个同次的，而排列稍异的阵列，然后再依一定的正负号变化的法则直接写出。他将这一新的研究成果撰写为《展开一般行列式的简捷法》，在中国工程师学会1948年台北年会上宣读，再次荣获一等奖。

中华人民共和国成立后，他继续研究和整理这一研究成果，并进行了修改、补充和完善，撰写了《关于网络问题的简捷解法》，并在《电子学报》上发表，既总结了自己多年来苦心钻研的成果，又旨在与同行专家、学者进行讨论与切磋。他的这篇高水平论文，引起了广大同行的关注，并提供了重要的参考。

2. 默默耕耘　钻研不辍

抗战胜利后，蔡金涛携夫人、子女在中央无线电器材厂重庆分厂暂住期间，除帮助重庆分厂处理生产中的一些技术问题外，还对以往的研究成果进行梳理、总结和再研究，撰写了《超外差式接收机的统一调谐问题》，这篇论文后来作为《统一调谐》论文的一部分。他用数据处理中的最小二乘方方法，解决了三个统调频率选取问题，即"三点总调"问题。那时尚没有可用的电子计算机，沈家楠（航天控制专家，曾任七机部一院12所副所长）使用六位对数表，花费了大量时间，帮他进行计算。由于全文计算繁多而冗长，沈家楠又忙于出国，所以《超外差式接收机的统一调谐问题》论文，没有正式发表，只在《统一调谐》论文中做了简要介绍。《统一调谐》一文连续发表于《电信建设》1 卷第 11、12 期和 2 卷第 1 期。

在重庆无线电分厂滞留期间，蔡金涛还同何午山一起研究了电磁饱和式交流稳压器的近似设计，并试制出了样机。他们将设计方法进行总结，撰写了《交流电磁饱和式自动稳压器的原理和设计》一文，连续发表于 1950 年《电信建设》1 卷第 5、6 期上。

蔡金涛在多年的工作经历中，从 1941 年 7 月担任资源委员会桂林中央无线电器材厂研究室主任，到抗战胜利后任资源委员会中央无线电器材公司总工程师兼研究所所长；上海解放后，任中央重工业部电工研究室主任和上海电器工业研究所所长；调赴北京后，先后担任军委通信部电信技术研究所工程组长和通信兵部军事电子科学技术研究院通信研究室主任、总工程师；通信兵部军事电子科学研究院与国防部五院二分院合并后，不仅担任一系列的技术领导职务，还兼任多项社会团体和学术团体职务。尽管科技管理性和行政管理性工作缠身，

蔡金涛保存的20世纪30年代至50年代初的笔记和英文手稿

十分繁忙，但他一直坚信“根深才能叶茂”“磨刀不误砍柴工”的道理，在工程技术实践和学术活动中，始终不渝地坚持学习与研究有关的科技理论，并利用业余时间适时撰写出相应的科技论文及报告，为我国无线电技术的发展做出了贡献。

蔡金涛完成并发表的科技论文、报告有20多篇，在相应的专业技术领域产生了广泛影响，为同行的科技人员提供了有益参考，对中国电信技术的发展起到了很好的推动作用。

1933年，他在赴美前的国内实习期间，在陈茂康的领导下，通过刻苦研究与试验，用真空管产生了1米波长的振荡，并通过校准进行证实，对研究、试验工作进行整理和总结，撰写了《1米波长表的理论、设计和校准》，发表在《中国物理学报》第1卷第1期（1933年10月）。

在随后的10多年时间里，无论是赴美实习、留学，还是辗转于抗战大后方，蔡金涛都充分利用业余时间，潜心钻研科技理论，总结归纳相关科技成果，对一些论文、报告还进行了交流。受第二次世界大战的影响等多种原因，他的一些论文和报告，直到新中国成立后才得以发表。

1950年2月，蔡金涛和陈德仁（导弹控制技术专家，曾任17所所长、二院副院长等职，继黄纬禄之后，曾担任“巨浪一号”总设计师，1995年当选为中国工程院院士）合作，完成了《负反馈式阻抗升高器》论文，发表在《电信建设》第1卷第2期上，7月，他与陈德仁合作，在《电信建设》第1卷第7期上发表了《声频功率输出计的设计》，8月，他在《电信建设》第1卷第8期上发表了《矫正电源频率变动对于交流稳压器的影响》，10月，蔡金涛用笔名于美在《电信建设》第1卷第10期上发表了《整流器的接法》；1951年5月，他用笔名于美在《电信建设》第2卷第5期上发表了《关于反相器》；1957年12月，他在《电子学研究》第2期上发表了《各种形状脉冲列被调后的频谱》；1961年11月，他在国防部五院《研究与学习》第12期上发表了《关于精密测量的一些问题》等论文。

除上述所列的部分科技报告与论文外，他在从事一些设备研制和课题研究过程中还撰写了部分论文。如在领导研制晶体管脉冲相位调制多路终端机中，同瓦利亚、张志英、孙淑惠等合作完成了题为《脉冲通讯中的一些问题》的报告，以沃张孙的笔名发表。除此之外，他还完成了多篇其他科技论文，如《论勃令斯的稳频法》《两种反相器的分析》《一种频率稳定而又易于调整的电子管振荡器》《一种Q值升高器》《易于QSY的晶振控制振荡器》《一个混合波电路的设计》《苏联“1060”导弹弹道计算的推导》《关于电子元器件的可靠性》，等等。

这些科技报告和论文，从一个侧面反映了蔡金涛在我国无线电、电信、通信技术领域的足迹，对当时这些领域的进步与发展，产生了一定的积极影响，同时也筑牢了他的技术理论功底。

3. 滤波技术　颇有研究

蔡金涛一生都是在从事应用类科技工程的研制中度过的，很难抽出完整的时间撰写学术著作。尽管如此，他仍一方面结合研制工作实际，总结、提炼、撰写科技报告和论文，一方面利用业余时间，研究并撰写科技专著，长期钻研滤波器技术，并颇有建树。

多路电话通信系统中需用高性能滤波器。常用的电阻参数设计法满足不了严格的要求。贝尔实验室的达令顿（S.Darlington）提出了使用契包舍夫式工作参数进行设计的方法。第二次世界大战后，国际学术交流犹未恢复，在此方面的技术资料亦十分匮乏，虽能找到达令顿的论文摘要，但却过于精简，不容易看懂。蔡金涛反复钻研了达令顿的方法，并用六位对数表做了实例计算，以验证自己的分析与设计，提供给同行设计者们参考。其中，一个地方有两种看来截然不同的设计公式和方法，即达令顿法和闵乃大法，他从理论上对这两种公式与方法进行了探讨，并从理论上把它们沟通了。

20 世纪 40 年代后期到 60 年代初，蔡金涛用了 10 多年的业余时间，对经典滤波器技术进行潜心研究和系统整理、总结，1962 年 11 月，他的专著《契包舍夫式工作参数滤波器的原理和计算》由科学出版社出版，1964 年 9 月，又

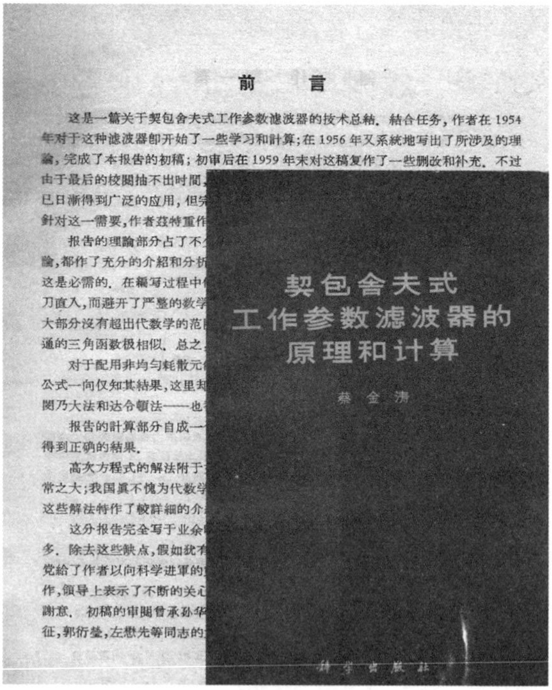

在王诤的支持下，蔡金涛撰写的《契包舍夫式工作参数滤波器的原理和计算》专著，于 1962 年 11 月出版

出了第二版。该书结合达令顿、闵乃大等教授的有关研究成果，并融进了蔡金涛 10 多年的研究成果，为从事滤波器研究与设计的科技人员，提供了急需、有重要价值的参考文献，特别是经他综合和提出的计算方法，在国内得到了推广。

同行们一致认为该书对他们的帮助很大。虽然随着电子计算机的普及，现在完成一个契包舍夫滤波器的设计，可能只要查查表，用几个小时，甚至几分钟就可以完成，但这丝毫没有降低该书的历史价值。另外，该书的理论部分，实际上是论述线路综合的全过程，对于当今仍有参考价值。

4. 身在“牛棚”　心系科技

“文革”动乱年代，像蔡金涛这样从旧社会过来的高级知识分子，经历比较复杂，受到冲击在所难免。1968 年 5 月 20 日被抄家，6 月 13 日被隔离审查；1969 年 11 月 20 日结束隔离，转入“学习班”，白天集中学习、劳动，晚上可以回家。虽身处逆境，失去自由，但他为人老实，平时积怨甚少，所以在“牛棚”中基本没受皮肉之苦，同时有了更多的时间。尽管身处动乱环境，他在心底还是相信共产党，相信组织，相信群众，相信人类和社会的进步总是需要知识和技术，为祖国服务也必然需要知识与技术。所以，他充分利用一切可以利用的时间，如饥似渴地读书、学习，缜密思考和钻研问题。

蔡金涛研读了《资本论》《政治经济学》和《毛主席语录》等，撰写了读书笔记。特别是在认真研读《毛主席语录》的基础上，提出了《毛主席语录》的一种分类设想，他认为:《语录》分类越细越好查，但有时一条语录要引入几类，有的条又一类也对不上，因此比较难分，同时，分类多了也很难记，但分类越粗，又越不好查，所以，分类粗细要适当。

他建议将《毛主席语录》分为 10 大类，这 10 大类之间有一定的逻辑联系，比较好记。每个大类又分为 3 小类,3 小类之间也有一定的逻辑关系，容易联想，这样总共为 30 个小类。他还列举了 10 大类和 30 个小类的名称设想。他特别指出，一条语录被列入几大类的可能性依然存在，要认真研究每条语录的定位问题，尽量避免一条语录同时进入不同大、小类的现象发生。

当然，研究《毛主席语录》的分类问题，不是他的本行，但透过此事，足可见他的思维永不停歇和勤于思考的精神。

更为可贵的是，在“文革”“读书无用论”“知识分子是臭老九”“知识越多越反动”的氛围中，他仍矢志不渝，不改初衷，孜孜以求地涉猎知识，研究当代科技发展的动态与趋势。

时至今日，“文革”时期担任蔡金涛专案组成员的王清顺，对蔡金涛身处逆境仍刻苦研读科技知识的往事，记忆犹新。王清顺回忆到:“有一次让他写交待材料，我想看看他写的怎么样了，发现他在写交待材料的纸下压着一本二院科技部发的技术书，我当时很奇怪，写交待材料还压着一本技术书。我便问他为什么下面压着技术书，还有时间学这些东西吗？他说了一句话让我特别受感动，对我触动也很大。他说:‘你们现在审查我，等我以后没事了，我还得为咱们二院服务，我现在不学习，以后就跟不上了。’这件事对我的印象太深了。”“迫于当时的形势，我始终没对任何人讲过这件事。”

20世纪70年代初，在蔡金涛出了“牛棚”，还未被解放和正式恢复工作期间，凭借着重视基础理论和前沿技术的远见卓识，他博览了世界高新科技文献，特别是对包括计算机及其应用技术、数理统计技术在内的信息技术，更是情有独钟。在苦心钻研的基础上，他撰写了大量的学习笔记和研究提纲。在数理统计方面，结合航天科技工业实际，他列出了信息统计应用的领域和提纲。

于下摘录蔡金涛撰写的部分提纲，足见其知识渊博和理论前瞻。

统计问题：

1. 雷达测量方面：测量的精度问题；相控阵天线单元的节省问题（负加权）；各种噪声的统计特性，大气层反射，地物反射，海面反射，信号的滤波和预测问题；信号积累问题，显示器的积累作用；敌人目标的真伪识别问题——估值和判断；用类似噪声的调制（编码的或不编码的）和相应的检波问题；信号的检测问题，即真伪信号的取舍问题等。

2. 通信方面即信息论问题：各种噪声问题；匹配滤波问题；强噪声中弱信号的提取问题；频率稳定度（长期的和短期的）的测量问题；发射通信卫星问题等。

3. 控制方面：各种误差源的分析（如陀螺仪，加速度计，计算机，雷达等）；误差分析和估算；杂散信号（干扰和噪声）的测量和统计特性分析问题；滤波和预测问题（控制信号的形成需要有关的预测值）；轨道和命中点的预测问题；命中概率（脱靶问题）的统计方法；用蒙特卡罗法（Montce Calo 法）解决控制方面的问题，如参数选择等；穿越大气层和再入的稳定问题；利用喷焰作控制力矩的稳定问题等。

4. 大型试验方面：环境试验方案的设计和结果的分析；试验数据的统计分析问题；抽检问题；统计假设的检验；电离层的湍流问题；雷达反射面积的测量问题；鉴定（定型）检验问题，包括统计假设的检验、置信度和置信区间等；数据平滑问题，包括各种试验结果的事后处理等。

5. 光学方面，尤其是红外和激光方面、全息照相存储方面等。

6. 物理方面，包括热力学、粒子物理、布朗运动、分子的速度分布等。

7. 电子学方面，包括半导体、热发射等。

8. 生产方面，包括质量控制、质量反馈控制、材料抽验等。

9. 医学方面，包括诊断等。

10. 生物学方面，包括分类研究、遗传研究等。

他还在学习笔记中，记录了一些具体技术问题：

1.Monte Calo 方法在科研领域和生产领域的应用与推广。

2. 各类统计滤波、预测方法在精密测量系统调整方面的应用，包括雷达测量系统方面的应用；在自动控制（包括各种飞行器控制）方面的应用；在识别方面的应用；测试数据（包括飞行数据）的平滑问题等。

3. 各种噪声干扰统计特性的测量和搜集。

4. 大型数字模拟和数据处理设备的建立，包括软件等。

5. 统计滤波在线路和系统设计中的应用，如相控阵天线单元数的确定，精度分析、精度分配等。

6. 抽样检验在器材管理方面的应用。

7. 质量控制，包括自动质量控制在生产管理方面的应用。

8. 随机编码调制和检波在通信、雷达和抗干扰方面的应用。

9. 统计分析在环境试验和可靠性方面的应用，包括元器件、整机和系统的可靠性。

10. 统计预测在气象预报方面的应用。

11. 统计分析在射击方面及武器定型方面的应用。

12. 统计在大型试验、飞行试验方案设计方面的应用，针对要解决的统计参数确定进行哪些必要的试验。

13. 统计在通信（包括指令传递、遥测、通信联络等）方面的应用，这涉及到信息论、调制和检波方法、编码和自校、散射通信等。

14. 统计在航天员训练和身体检查方面的应用。

这些学习笔记，足见他在数理统计方面的造诣。在其他专业技术领域，他还先后写了几十本学习笔记，实际是学术报告的初稿。他还适时地将这些学习笔记交给有关科技人员研究、学习。科技人员一致反映，学了蔡老的笔记，受益匪浅，特别是增进了对世界前沿性科学技术的了解。

1979 年，蔡金涛在博览世界最新科学技术发展文献的基础上，提出了开展 CAD/CAM/CAT（计

蔡金涛（二排右九）等参加航天部可靠性会议

算机辅助设计、计算机辅助制造、计算机辅助测试）技术研究，并应用于航天型号研制的建议。1980 年，他还提出了研制微型计算机、开展可靠性研究等方面的建议。

历史和实践证明，蔡金涛所提的这些建议和意见，具有极强的方向性和前瞻性。

5. 以史为鉴　激励后辈

蔡金涛在学术、技术上的论著，大体分为五类：科技论文、报告；科技专著；在电信、导弹与航天技术工作实践中，整理和总结出的内部科技报告；按照重视预先研究、重视基础技术的原则，在研究和学习世界科技发展动态与趋势的基础上，撰写的学习笔记；回忆中国电信事业和无线电科技工业创建发展历程，严肃而认真地撰写的相关史料，如《旧中国无线电工业概况（从清朝到解放）》《旧中国资源委员会中央无线电器材厂（公司）的兴衰》《上海电器工业研究所的情况》等。这些极其宝贵的史料性文献，都发表于《电子工业史料》，有的还被收入全国政协文史资料。特别是他所撰写的《旧中国无线电工业概况(从清朝到解放)》，难度非常大，需要回顾、搜集、研究、核对有关史实与人物。他深知责任重大，唯恐以讹传讹，误人子弟，在他的老领导、老同事钱文极的鼓励下，最终完稿。史料问世后，得到了电子技术教育界元老陈章、电工界元老恽震和电子工业部老领导王士光等人的一致赞誉，认为该史料非常有价值，值得广大科技人员和管理人员认真研读，牢记历史，勇往直前，为实现我国电子科技工业的振兴而奋斗。

80岁高龄的蔡金涛

蔡金涛

蔡金涛院士传记

Academician Cai Jintao's Biography

第十章

亦理亦工　注重实践

蔡金涛在60多年的科技生涯中，特别是在近40年的航天工程实践中，始终坚持亦理亦工、理论联系实际、实践出真知的信念。正因为如此，才取得了丰硕的科研成果，成就了其辉煌的一生。

蔡金涛一生对自己最为满意的是“亦理亦工”。“亦理”就是他一生嗜书如命，钻研基础理论和科技理论，使自己在电信技术、无线电电子技术、通信技术、导弹总体技术及导弹控制技术等领域具有高深的造诣。“亦工”就是他终生笃信“实践—理论—再实践”的认识事物的规律，他在学习笔记中颇有体会地写道：“很多问题是在工作中催生的，不参加实际工作，难以发现问题，难以提出意见。”他还坦率地写道：“泛泛的意见不能解决具体问题，一定要参加具体的科研工作，才能体会到问题的所在。”所以，他一生在从事科技工作中，始终坚持“深入实际，注重实践”的原则。

亦理亦工，理论联系实际，是蔡金涛的科研风格，也是他在从事科技事业中取得丰硕成果的一个重要原因。

1. 需求牵引　为国服务

蔡金涛生于清朝末年，其童年、少年、青年、壮年都是在军阀混战、民不聊生，处于半殖民地、半封建社会的旧中国度过的。童年和少年时代的他，耳闻目睹水深火热中的贫苦农民虽终年辛苦劳作，却只能过着衣不遮体、食不果腹的生活。

在国家贫穷、民族积弱的现实面前，作为一介书生，蔡金涛感到中国需要变革，需要富强。他抱定科技救国、实业富国、为祖国服务的信念，这个信念成为其人生观的主旋律。

蔡金涛就读于交通部南洋大学电机工程学院电信门专业，电信技术在当时既是高新技术，又是非常实用的应用技术。毕业后，他即到上海中国电气公司电话机装配厂（美商）实习，后调赴中国电气公司代管的广州市自动电话局任维修工程师。这些工作都是在科研生产第一线，和电信设备打交道，这在他的科技生涯中，是一个深入实际、注重实践的良好开端。

其后，无论是从事技术领导工作，还是从事通信、电信设备设计工作，直至从事导弹研制工作，蔡金涛始终坚定地认为：设计的好坏，必须要通过工艺、生产制造出产品来考核，制造出的产品必须通过试验和实践来检验。所以，在长达60多年的科技生涯中，他始终不渝地坚持到科研生产第一线，深入实际，在参加实践中获得发言权和技术指挥权，从不做泛泛、无的放矢的空谈。

2.亲力亲为　动手实干

几十年来，蔡金涛一直将亲力亲为、动手实干视为科技人员的本份，取得技术发言权的源泉，增长才干的必经之路。早在抗战时期，他负责中央研究院物理研究所桂林站的工作，在领导和主持无线电收发设备的研制和报务员、机务员的培训等工作中，他和下属打成一片，参加设计、制造和培训工作，博得桂林科学试验馆领导李四光和员工、学员们的称赞。新中国成立后，在军委通信部电信技术研究所承担研制脉冲多路通信机设备的工作，当时国内对于脉冲通信只闻其名，而未掌握任何资料。他这位曾任上海电工研究所所长的工程组长，和课题组的成员们一起，从零开始，亲自参加方案的讨论与制定，进行线路和结构的设计与试制，按时保质地完成了微波多路、脉冲调制、接力通信样机的研究与试制工作，为我国微波多路脉冲接力通信系统的建立，奠定了技术和物质基础。

他还在多路通信机研制实践的基础上，进行理论总结和提高，先后撰写并发表了两篇论文，一篇是 1957 年 12 月发表在《电子学研究》第 2 期上的《各种形状脉冲列被调后的频谱》，另一篇是以“沃张孙”的笔名发表的《脉冲通讯中的一些问题》，意指瓦利亚、张志英、孙淑慧参加了这个课题研究。

在领导、主持和参加地地导弹控制系统和地空导弹仿制、研制中，他更是不遗余力地深入科研生产第一线，抓型号方案的制定，抓型号研制中的大事和关键技术的解决。例如，在对“543”地空导弹进行反设计中，他亲自对照实物查阅和学习俄文的科技资料，带领二分院科技部有关人员深入到研究室，听取有关的反设计技术报告，还亲自进行审核、修改和补充，对于质量不合格的技术报告，他不仅指出报告的缺陷和需要修改、补充的内容，还将报告退回重写。在进行仿制和研制中的大型地面试验时，他更是亲临现场，查看和分析研究试验数据，特别是 1966 年 12 月，他被获准赴导弹飞行试验基地参加导弹飞行试验，可以亲临飞行试验现场，他欣喜万分，这正合其注重深入实践之意。

1980年10月，蔡金涛在新疆某基地参加试验

自此，他千方百计地安排时间赴戈壁大漠参加“红旗二号”“红旗三号”的飞行试验。

蔡金涛注重实践，还表现在他在仿制和研制工作中，非常注重科技人员下厂，注重工艺、材料和生产工作等。这是他从事技术工作几十年由衷的体会，理论与设计固然重要，但如果没有相应的工艺与材料、没有生产技术做保障，是很难获得经得起试验和实践检验的好产品的。正因如此，他反复、推心置腹地鼓励设计人员“沉”下去，下到工厂、车间和班组，在实践中增知识、长才干，成为真正有出息的科技人才。

他的亲力亲为，还表现在解决关键技术问题的过程中，亲自推导公式并复核计算，动脑、动手找症结，求真谛，因此，他所提出的意见与建议才具有指导价值。制导站的研制更是这位无线电专业出身的科学家的长项。20 世纪 50 年代末，作为蔡金涛所带徒弟之一的陆林根，长期从事制导站研制工作，至今，他还清晰地记得：“蔡金涛参加地空导弹武器系统及制导站的会议可不是一次、二次，也不是一般的听一听，而是每次必到，尤其是涉及技术方案和重大技术关键的会议，他都要亲自参加，认真听取与会人员的意见，同大家一起研究、讨论，他总是发表中肯而有见地的意见，给人以启迪。”在科技工作中，蔡金涛既当指挥员，又当战斗员，这正是其可贵可敬之处。

3. 技术民主 集思广益

蔡金涛从实践中汲取技术营养，一是靠眼、靠手，查看实物、报告、数据，动手推导公式，并进行计算；二是靠耳，倾听第一线科技人员、工人的意见和建议，从基层科技人员和工人那里汲取知识的营养，并将此作为深入实际、注重实践的一个重要方面。特别是在研究、讨论、制定导弹型号及其分系统的技术方案、研究确定解决各类技术难题的方案与措施时，他总是反复强调两点：

一是要从中国的国情和实际出发，从中国导弹科技工业的实际出发，实事求是；二是要用事实和数据作依据，有理有据。他从不主观臆断，更不会情况不明匆促决策，而是充分发扬技术民主，认真听取各方面的意见，包括技术工人的意见，然后靠自己的知识和经验分析、比较、综合与判断，对一时做不出结论的，他便会同有关专家、科技人员讨论和交换意见，或查阅相关技术文献，进行推导计算，直到把问题搞清楚，才会做出肯定或否定的结论。

而今进入耄耋之年、曾在国防部五院二分院第一设计部理论室工作的宗绍禄，深有感慨地说："蔡老既能适时地发表个人的技术见解与观点，又能发扬技术民主，倾听广大科技人员的意见与建议。我非常敬佩蔡老。"蔡金涛谨言慎行的个性，里面透着的是他务实求是，严格、严肃、严密的工作作风，以及严肃认真的治学态度。

4. 治学严谨　精益求精

大型科技工程及其分系统、仪器设备、部组件和元器件、原材料的研制，多是现代科学技术的研究、创新和应用，是现代科技成果的综合运用与结晶，是向现代科学技术高峰的登攀，所以在研制中来不得半点虚假和马虎，这是蔡金涛几十年来科技实践的一个体会。因此，他对聂荣臻副总理提出的"在研制工作中，树立敢想、敢说、敢干，和严格的要求、严肃的态度、严密的方法"的"三敢""三严"作风，以及周恩来总理提出的"严肃认真，周到细致，稳妥可靠，万无一失"的 16 字要求等，备感亲切，并认真贯彻执行，时时事事做到质量第一。

他始终不渝地认为，做学问、搞科研必须下真功夫，不能讨巧。在浙江大学担任教授时，他对自己的要求非常严格，每讲一课，都反复准备，从公式的推导、演算，到板书的内容，必事先进行演练，力求做到深入浅出，条理清楚。

20世纪80年代，蔡金涛（右）为浙江大学计算机系留言（左为该系系主任、蔡金涛的学生何志钧）

他觉得自己“南通口音”比较重，怕影响学生们的听课效果，便尽量增加板书，并多用些英语，既利于学生们理解，还有助于提高他们的英语水平。

他平时对学生循循善诱，充分体现了其诲人不倦的精神。然而，对于学生们的各类作业、实验报告直至考试，他却是严格要求，一丝不苟，尤其对考试舞弊、抄袭的行为，更是深恶痛绝，从不放过。

在蔡金涛担任二院科技委主任时，有一位所里的科技人员反映另一位科技人员的论文数据造假，他毫不犹豫地决定：“再做一遍试验进行核实。”实事求是，追逐科学，从不考虑复杂的人际关系，这是他判断是非的标准。

蔡金涛在严谨务实、一丝不苟的治学态度方面的实例，不胜枚举。他在浙江大学工学院担任电机工程教授时，利用业余时间，对电磁波传播领域权威们的研究成果进行潜心致力的研究，以及创新和发展，撰写了《论麦克斯韦方程式之解答》，本文具有工程应用价值，对电磁波传播理论的发展做出了一大贡献。结束了在浙江大学的聘任后，他赶赴重庆无线电分厂，发现上述论文有一个小漏洞，不够严谨，但已无时间修改，便决定不在刊物上发表。

蔡金涛不仅对自己撰写的论文、报告严格要求，对提交他审核的各种科技报告、论文、书稿、译稿等，也都词斟句酌，从不马虎，尤其是对一些科技概念、名词术语，他都认真查阅相关科技文献，有的还要同有关科技专家一起研究、讨论，从不放过任何疑点和问题。一些大部头书稿，如王会宗的《磁性材料及其应用》、李忠诚的《现代晶体滤波器的设计》、刘绍球的《伺服机构的原理和设计》，电子工业部的《激光与红外技术手册》和《电子设备可靠性设计手册》等，每本书稿都要花费他一二个月的时间。夫人于德辉看他整天伏案，奋笔疾书，担心其身体吃不消，劝他适而可止。他却深有感触地说："这些文稿不是简单的审阅，而是校核。有的译著比自己亲自翻译还费劲，有的译者自己英语水平有限，如不认真校对，会误人子弟。"作（译）者看过他审核的书稿后，无不为之赞叹，称颂他敬业、认真的精神可亲可敬。

5. 电磁计量　倾注心血

蔡金涛在电磁计量乃至整个航天计量工作方面颇有见地，并在其创建与发展中做出了开创性的突

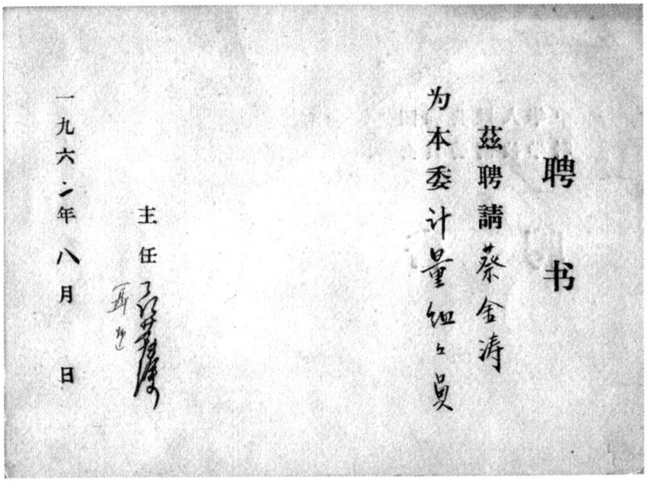

1962年，蔡金涛任计量组组员聘书

出贡献。这一是源自他赴美留学，科班出身，所学内容之一就是精密测量技术；二是他在长期从事无线电设备（工程）的研制实践中，切身体会到计量工作，特别是电磁计量工作的重要性和基础作用。

对计量工作的认识需要一个过程。早在国防部五院二分院创建初期，苏联来华专家中没有搞计量的，在蔡金涛的积极建议下，二分院在最初的 12 个研究室中设立了负责计量测试工作的第 12 研究室，后又在该研究室的基础上组建了测试处（后为二分院计量站）。蔡金涛担任二分院副院长期间，对于专业技术工作的研究与发展，耳闻目睹，切身感受到对计量工作的认识尚需提高，计量工作特别是电磁计量工作如何起步、发展需要统一认识。凭借着自己对计量工作的认识和工作经验，怀着对计量这一基础技术高度重视之情，他亲自在二分院测试处举办了计量测试工作讲座。

在讲座中，他就计量测试的概论、直流测试、交流测试和射频测试四大部分进行了介绍。在概论中，他就计量测试的含义、工作内容；计量测试工作的重要性；测试用的单位标准，包括标准的比对、量值传递等；基本的精密测试方法；计量与测试的关系，精密测试的数据处理与误差分析；计量测试与型号研制工作的关系；基本的精密测试方法，包括替代法、比较法、推测法、转换法等，进行了阐述。

在直流测试部分，他详细介绍了直流单位标准，包括绝对单位、国际单位、标准电阻、标准电池等，介绍了如何用单位进行精密测量，包括测电桥、测电阻比、测电位、测电流、测功率等。

在交流测试部分，他讲述了怎样由直流单位得到基本的交流单位，包括电流、电压、电阻、电功率等；怎样得到其他的交流单位，包括电容、电感、频率、相位等；怎样测量交流量，包括电桥、电流、电压、比对表等。

在射频测试部分，他讲述了射频单位的标准，包括电阻、电容、电感、频率、功率、衰减（电阻比、电容比）等，并根据自己实践中的体会与积累的经验，讲述了射频测试中应注意的问题。

蔡金涛所讲述和介绍的计量测试技术，在20世纪50年代末、60年代初具有相当的先进性，尤其在我国更具有很强的前瞻性，对我国计量测试工作，特别是电磁计量工作的创建与发展，起到了重要的

1985年，蔡金涛（左）在国防科工委计量测试机构成立大会上

指导作用。

此后，航天计量测试工作，从无到有、从小到大、由弱变强，从测试处发展到计量站，直到1986年组建的203所（无线电计量测试研究所），成为航天系统无线电、时间、频率一级计量站，成为国防科工委微波、无线电、时间、频率计量测试研究中心，蔡金涛为其发展方向、技术途径的确定等，倾注了学识和智慧，适时地作出了决策。尤其是他非常重视计量测试的仪器设备等技术基础建设、重视计量测试科技队伍建设、重视计量测试有关预研课题的开展。1963年6月11日成立二分院计量站时，正逢制订地空导弹10年发展规划阶段，蔡金涛在这一规划中批示：“加强无线电计量站的建设。目前虽已建立，但重要的仪器设备尚缺很多，急需充实，才可以应对将来工作的需要。”从这一批示中，足见他对计量测试工作的先见之明和高度重视。

20世纪80年代，蔡金涛（前排右二）与203所所长乔石琼（前排右一）等合影

蔡金涛

蔡金涛院士传记

Academician Cai Jintao's Biography

第十一章

良师伯乐　同窗挚友

蔡金涛为人诚实忠厚，谦虚谨慎，钻研进取，知识渊博，团结共事，乐于助人，深得师长和领导的赏识、信任，同学和同事的支持与佩服。这些都为他的学习、工作、成长和进步，提供了和谐的环境条件。

蔡金涛虽然性格内向，沉默寡言，不善与人交往，但为人诚实忠厚，钻研进取，知识渊博，谦虚谨慎，乐于助人。所以，在其一生中，他的领导、师长，对他都很赏识，同学、同事对他也很支持、信任和佩服。也正因如此，成就了他在科技事业的辉煌，使他在坎坷不平的人生道路上顺利前行。

1. 良师伯乐　指点关爱

蔡金涛能顺利地步入高小、初中、高中，并如愿地考取当时被称为东方的MIT（美国麻省理工学院）——交通部南洋大学，以南洋大学电机工程学院第一名的成绩毕业，获工学学士学位。这之中，聪颖、勤奋，无疑起着决定性的作用，亦与诸位恩师、长者的关爱、指点、传道、授业、解惑密切相关。他的启蒙塾师张辅庭，慧眼识珠，伯乐识马，对其聪颖、好学、踏实、上进看在眼里，喜在心上，相信他是可塑之才。因此，在他考高小、初中、高中、大学的几个关键节点上，张老先生都亲自出面，苦口婆心地说服、开导、鼓励他的父母兄长，即使节衣缩食、千方百计地为其筹措学膳费，也要支持他继续读下去，而不要辍学。

中学时期，特别是蔡金涛的高中数学老师陆颂石，和后来成为其岳父的于忱老先生，时任省立七中校长，对他的教诲与指点亦自不待言。特别是在获得美国哈佛大学硕士学位后，他面临重要的人生选择，是按导师的希望继续深造，读博士，还是再学一两门实用技术，即返回祖国，报效祖国，为祖国服务，在人生的十字路口，蔡金涛请岳父于忱明示，于忱直言不讳地告诉他：先学一两门实用技术，速回国报效为宜。就这样，他在美学习真空管制造技术，并完成物理研究所委托其采购标准仪器的任务后，便毅然返回祖国，辗转于祖国的西南大后方，投身于抗日战争，致力于中国的科技事业，实现科技救国的夙愿。

中央研究院物理研究所所长丁西林，当属蔡金涛步入科技工作后的第一位知己领导。丁西林所长积极支持并鼓励他参加清华大学庚子赔款公费留美统考，在他被录取后，丁所长得知他因举债求学尚未还清债务，对赴美留学尚存疑虑后决定，物理研究所在其留美期间照常支付月薪，这给他解决了后顾之忧，使他能安心赴美留学。1941 年 7 月，在物理研究所桂林工作站搬到广西良丰的雁山后，因没有市电，科研工作无法进行。此时，蔡金涛受国民政府资源委员会副主任钱昌照的邀请，到资源委员会桂林中央无线电器材厂组建研究室，为抗击日本侵略者研制所需装备。他向丁西林所长呈报此事，丁所长识大体、顾大局，一切为了抗日战争，忍痛割爱，同意他调赴资源委员会桂林无线电器材厂。丁西林的这一抉择，在一定程度上为他在无线电科技工业中的建树，提供了基础和前提。

2. 知己领导　信任呵护

中华人民共和国成立后，蔡金涛切身感受到聂荣臻副总理、王诤将军和钱文极副院长等对他的关爱和信任。由于工作关系，他与这些领导直接或间接接触得比较多，将他们视为知己。他第一次见到王诤将军，是在上海解放后李白烈士的追悼会上。李白是电影《永不消逝的电波》中主人公李侠的原型，王诤表情沉痛，足见其对无线报务战线上先烈的深厚感情。1950年，蔡金涛领导的上海电工研究所将向何处去的问题，摆在了他的面前。他像热锅上的蚂蚁，心神不宁，既不忍心将自己一手筹办的研究所拆散，更不忍心让所里的一批科技人才荒废或到专业不对口的单位。在此情急之下，军委通信部部长兼电信工业局局长王诤，将上海电工研究所视为“宝贝”，决定将其收归军委通信部，组建并扩大为电信技术研究所。此举实乃意义重大，影响深远。1957年年底，通信兵部军事电子科学研究院整建制划归国防部五院，同国防部五院第11研究室至第15研究室共同组建了国防部五院二分院，包括蔡金涛、吴朔平、黄纬禄、郝复俭、李蕴滋、沈家楠、陈德仁、张志英、蒋通、何午山、张梓昌、冯世璋、乔石琼、张履谦、钟任华等一批从军事电子科学研究院调入国防部五院二分院的科技专家，都已成为我国航天科技的领导人和学术技术带头人，为我国航天事业的创建发展做出了重大贡献。

1955年，全国开展了轰轰烈烈的肃反运动，蔡金涛因个人历史问题被审查。王诤对此挂在心上，对他的审查材料反复进行研究，按照党的肃反政策和实事求是的原则，适时地对他的政治历史问题作出了结论：未发现较严重的政治历史问题，即“不作反动党团骨干分子论处”“关于是否在国民党国防部二厅技术室任顾问问题，查无实据，作为被特务机关利用的技术人员论。”王诤担任部长兼政委的通信兵部这一实事求是而果断的决定，使他如释重负，从被逮捕入狱的边缘解救出来，他的感激之情可想而知，他对王诤的知遇之恩铭记终生。此后，他进一步得到了通信兵部的信任与重用，先后被任命为军事电子科学研究院通信研究室主任、院总工程师。

在他调赴国防部五院二分院时，又是时任国防部五院副院长兼二分院院长的王诤助其一臂之力，并获聂荣臻副总理的批准，成为我国导弹科技事业的主要开创者之一，从此开始了航天生涯。

信任比什么都重要，尤其对一位老知识分子更是如此。有幸的是，蔡金涛又成了知己者王诤的麾下。调入二分院后，王诤对他委以重任，先后任命其担任重要的领导工作。在近 40 年的航天生涯中，他牢记责任，不辱使命，用鞠躬尽瘁、死而后已的实际行动，实践着为祖国服务的信念。

王诤不仅在技术领导工作和导弹型号研制工作上，对蔡金涛委以重任，给他创造发挥聪明才智的条件，还极力鼓励支持他在学术技术上有新的建树。他撰写的学术专著《契包舍夫式工作参数滤波器的原理和计算》，就是在王诤的支持下，于 1962 年 11 月出版的。

蔡金涛与聂荣臻副总理的缘分。1956 年 3 月 14 日，蔡金涛应邀到中南海怀仁堂，他第一次见到周恩来总理和跟随其后的聂荣臻副总理。周总理习惯性地挥动着左臂，一再请大家坐下，可他自己却不落座。直到周总理落座，大家才坐了下来。

周总理说：“你们是我今天请来的贵客，为什么这么客气呀？”周总理看到大家面前的茶杯盖一个也没有揭开，便带头揭开杯盖，随着缕缕的茶香接着说：“请诸位品茶，这是刚从杭州运来的龙井茶，请品尝品尝！”与会者陆续揭开杯盖，会场气氛才逐渐变得活跃起来。蔡金涛思量着，周总理切入主题：“今天请诸位来，是有大事要商量。中央决定，我们要成立一个导弹研究机构，定名为国防部第五研究院。在座的各位，有些将来就有可能成为这个研究院的骨干。火箭与导弹事业是一个宏伟的、具有远大前途的事业，是与国家、民族安危密切相关的事业，投身到这个事业是很光荣的。关于如何开展研究，今天就请诸位来发表高见。”他聚精会神地聆听着周总理的讲话，字字句句都印在了他的心底。他抑制不住内心的激动，暗暗自语：“共产党了不起，新中国刚成立六年多就要搞导弹啦！”他也为能亲眼目睹周恩来、聂荣臻等党和国家领导人的风采而兴奋不已。

1960 年 10 月中旬的一天，陈毅元帅、聂荣臻元帅、陈赓大将等受周总理的委托，在人民大会堂举行大型宴会，参加宴会的都是技术六级以上的科技人员，蔡金涛应邀出席了宴会。聂荣臻元帅在宴会上动情地说：“逼上梁山，自己干吧！靠别人是靠不住的。以后就要靠在座的各位了，党中央寄希望于我们中国自己的专家。”

其实，大家早已心知肚明。1960 年 8 月 12 日，赫鲁晓夫撤走了在国防部五院工作的最后 3 名专家，带走了技术资料和图纸，停止了一切援助。当时，大多数苏联专家也不情愿，但极个别人说了很刺激人的话：“我看你们这些人就是只能医治那些无病之人的医生。离开我们，你们将一事无成！”赫鲁晓夫则更加恶毒：“有些人不愿意参加我们的保护伞，要自己搞。我看他们不仅搞不出原子弹，到头来恐怕连裤子都穿不上。”聂荣臻元帅传达了毛泽东主席 1960 年 8 月在北戴河中央工作会议上的讲话：“要下决心搞尖端技术。赫鲁晓夫不给我们尖端技术，极好！如果给了，这个账是很难还的。”蔡金涛听到赫鲁晓夫等的恶语后，十分气愤：“我们中国人行，我们经过努力是能够搞出导弹的！死了张屠户，就吃带毛猪吗？”发奋图强、励精图治的干劲和赴汤蹈火、在所不辞的豪气，在他的心底油然而生。

宴会后，根据周总理的指示，特意安排出席宴会的科技专家观看北京人艺演出的话剧《卧薪尝胆》。

这次宴请和观看演出，实际上是我国创建、发展航天事业的一次大动员和誓师会。这也是蔡金涛第二次与聂荣臻副总理的近距离接触。

20 世纪五六十年代，在如何对待家庭出身、个人历史、社会关系、海外关系等问题上，有相应的政策，但在如何贯彻执行上，掌握的尺度还有差距。在聂荣臻主管的国防科技工业领域，特别是在国防部五院，在对老知识分子的使用和保护上做了大量工作。蔡金涛就是其中的一例。聂荣臻女儿聂力在所著《山高水长——回忆父亲聂荣臻》一书中，披露了鲜为人知的内情：当将蔡金涛的个人历史问题（主要指他曾在国民党中央训练团党政班 21 期受训五周，并加入了国民党，还曾任区党部执行委员；另与国民党国防部二厅技术室有往来等）汇报给聂荣臻时，聂荣臻果断地回答："只要有真本事，只要愿意为国家做贡献，就要用。"这一定意义上决定了蔡金涛后半生的命运，也为他为中国航天事业奋斗终生奠定了基础。所以，他一生对聂荣臻元帅非常敬佩，视聂帅为知己，感激他对自己的知遇之恩；通过耳闻目睹，坚定地认为聂帅对我国国防科技事业、航天事业贡献卓著，功不可没。

对蔡金涛称得上是知己和良师益友的领导还有很多，钱文极便是其中的一位。钱文极，原名钱景伊，江苏太仓人。同济大学肄业。1938年年初到延安。历任中央军委通信局材料厂技术员、晋冀鲁豫军区司令部通信局装配科科长。新中国成立后，历任解放军总参谋部通信部器材处处长、电信技术研究所副所长、通信兵部军事电子科学研究院副院长、国防部五院二分院副院长、四机部通信工程研究院院长、国务院电子计算机工业总局副局长等。从钱文极1956年任电信技术研究所副所长，到1978年调任四机部通信工程研究院院长，前后20多年，蔡金涛都在钱文极的直接领导下。钱文极侧重管理，蔡金涛侧重技术，两人情同手足，配合默契，共同为我军通信事业和我国导弹事业的创建发展，倾注了艰辛的劳动和心血。

“文革”动乱时期，蔡金涛被作为“专政对象”关进“牛棚”，有时被派去干些力不从心的活儿，如爬上高处给标语牌刷油漆，偶尔也会有人因为他的《毛主席语录》没拿好等，找茬打他一巴掌，连帽子都被打掉在地。钱文极当时已“靠边站”，但当他知悉这些消息后，虽无回天之力，却还是为这位老专家挺身而出，他找到军管会和“专政队”“专案组”的负责人，义正词严地指出：“对蔡金涛，你们进行审查是应该的，但他毕竟年纪大了，我们还是要按党的政策办事，

蔡金涛（中）与钱文极（右）、柴志（左）亲切交谈

不能武斗，也不能让他登高上远。”钱文极在力所能及的情况下，仍千方百计地保护蔡金涛，足见两人情谊之深厚。

钱文极和蔡金涛在国防部五院二分院“8109”工程建设、地地导弹控制系统仿制与研制、地空导弹仿制和改型研制以及独立研制、地地导弹控制系统和地空导弹技术途径与发展规划的制定等工作中，坦诚地交换意见，认真讨论，取长补短，为保证二分院科研生产工作的顺利开展，发挥了举足轻重的作用。

直至晚年，由蔡金涛主笔，王端骧、钱应瑞、孙栋臣、陈毅四位老同事一起编写《旧中国无线电工业概况（从清朝到解放）》，困难很大，得到了钱文极的鼓励、支持和帮助，最终书稿付梓刊出，受到了同行们的高度赞扬，认为此文意义重大。

1993 年，已是 85 岁高龄的蔡金涛，在笔记本中写道：

“钱文极原二分院副院长，1993 年已 77 岁，1996 年将过 80 岁生日。自我 1953 年调来北京后，在肃反、小孩子上学、评级、调二分院、任二分院总工程师和副院长、住牛棚劳动改造等问题上，都给予了支持和帮助，千万不要忘记恭祝他 80 岁生日！！！”这段文字足见两人的深厚情谊。他对钱文极充满了感激，在文字最后，还特别画了三个惊叹号。蔡金涛在钱文极 80 岁生日前不幸辞世，但他生前已为钱文极买好了生日礼物——一本很厚的书法书。钱文极对蔡金涛的逝世十分悲痛，看到蔡金涛遗体告别式上印发的《蔡金涛同志生平》后，动情地说道：“写得实事求是。”

3. 良师益友　互尊互敬

作为科技界元老，蔡金涛熟识科技领域一些泰斗级的科学家，并与他们建立了深厚的友谊。

抗战时期，归中央研究院领导的地质、物理和心理三个研究所，搬迁到广

中国著名地质学家李四光

西桂林的部分，联合组成中央研究院桂林科学试验馆，由地质所所长李四光负责。在丁西林所长未到桂林前，蔡金涛在李四光的直接领导下开展工作，并共同度过了艰难而紧张的岁月。他回忆说：李所长当时对组建一支通信队的任务很感兴趣，几乎整天和我们站仅有的几名员工打成一片。对培训通信队的报务与机务人员很重视，经常参加听课，有时觉得讲课内容过深，担心学员听不懂，还亲自上台进行解释，并设法利用实物进行演示，来提高教学效率。李四光还请蔡金涛辅导其正在读中学的女儿李林的数理化，两家关系很好。解放后，中国科学院学部开会，蔡金涛遇到李林，李林还谈起历历在目的往事。

1949 年，李四光被任命为中国科学院副院长，由英国归来履新，路过上海，蔡金涛前去拜谒，顺便表达了上海电工研究所归属中国科学院的愿望，李四光表示理解，欣然允诺："到北京后同郭沫若院长商议后再定。"两个月后，中国科学院办公厅来电，要求上海电工研究所先将详情书面报告科学院。此时，国民党飞机来沪的骚扰少了，迁所问题遂暂停。之后，王诤决定军委通信部接纳上海电工研究所，其归属科学院的事也不了了之。

王淦昌，我国著名核技术科学家，曾任二机部副部长，1999 年荣获党中央、国务院、中央军委授予的"两弹一星"功勋奖章。蔡金涛与王淦昌在浙江大学相识，

中国著名核物理学家王淦昌

是终生的好朋友。晚年的蔡金涛常常回忆起与王淦昌的友情，提及在一次展览会上，王淦昌发现了他，就边喊边跑过来，两人回忆起往事并互致问候与祝福。

在浙江大学，有一段时间，蔡金涛的家属不在遵义，王淦昌便经常邀请他来家吃饭，一起谈家事、谈技术、谈工作、谈国事，彼此视为知己。在蔡金涛遗体告别仪式时，王淦昌不顾年迈，亲自前去送别。事后，蔡金涛的女儿蔡愉祖给王老写了封感谢信，王老回信说："平时大家都很忙，见面不多。我对你父亲的学识是很钦佩的……"还特别附上家里的电话号码，以便联系。

王仁东，著名应用力学科学家，浙江大学教授，在浙江大学有很高的学术威望，被公认为中国化工机械学科的开拓者。曾任中国力学学会理事、中国压力容器学会理事长、国家科委学科组成员、浙江省科协副主席、民盟中央文教科技委员、浙江省力学学会和浙江省压力容器学会理事长、第五届中国人民代表大会代表。

蔡金涛在浙江大学（遵义）任教授时，曾与王仁东同在工学院工作。虽然两人从事的具体专业不同，但王仁东给蔡金涛的帮助很大。蔡金涛研究麦克斯韦方程式时，得到了王仁东的大力协助。蔡、王两家建立了深厚的友谊。蔡金涛每次去杭州出差，都要去看望王仁东。

和蔡金涛称得上良师益友的还有多位故旧，君子之交淡如水，虽没有进饭店、送厚礼，但彼此友谊凝重而深厚，在技术、工作上也都是有求必应。这也是他们在有关科技领域开展大协作的基础。

4. 同窗同事　相伴相助

蔡金涛同学、同事颇多，他虽不善言辞和交际，但在与他们的交往中，都是以诚相待，平和谦虚，团结共事，知恩图报，因此深得同学、同事的关爱与信任。蔡金涛小学同班同学曹文照，在他急需交学膳费时，伸出援手相助，使他终生铭记。

在南通中学的同学中，蔡金涛同于绍杰比较亲近。于绍杰为人实在、学习勤奋，解放后在广东省农业科学院任教授，是一位很有贡献的植棉专家。

在南洋大学电机工程学院电信门的同班同学中，毕业后与蔡金涛交往较多

20世纪80年代初，蔡金涛（左）和中学同学于绍杰（右）

的当数蒋葆增、马师亮。

大学毕业后，蒋葆增在清华大学担任萨本栋教授（电机和电子管理论的知名学者）的助教，也正因如此，后来他的儿子蒋宗礼经人引见拜谒著名科学家钱学森时，钱学森称蒋葆增是其老师。1933 年，蔡金涛和蒋葆增同时考取清华大学庚款留美生，蔡金涛拟专学精密测量技术外，兼顾真空管制造技术；蒋葆增拟专攻真空管制造技术。在国内实习一年后，1934 年秋，他们同船赴美。蔡金涛径去美国商务部标准局实习精密测量；蒋葆增进美国麻省理工学院读硕士研究生，其论文题目是光电控制三极管（就是把光电部分和三极部分装在同一玻璃壳内的复合管）的研制。蒋葆增很快掌握了真空试验技术，并练就了吹制玻璃器件的硬功夫。假期中通过指导教师的介绍，蒋葆增又参观了通用电气公司的实验室，摸清了光电涂层的关键技术。1936 年秋，蒋葆增通过了论文答辩，取得了科学硕士学位。离开麻省理工学院后，蒋葆增前往纽约阿克脱勒斯真空管（主要是收信管）制造厂实习，又摸清了批量生产所需的特殊材料、工装设备、排气抽气、老化检验等技术。蔡金涛在哈佛大学获无线电学科学硕士后，放弃读博士学位的机会，在纽约近邻纽瓦克城的一家发信真空管制造厂实习。蒋葆增搬来和蔡金涛同住一寓所，两人开始展开合作，相约一定要在中国造出自己的真空管。白天，蔡金涛在工厂实习，如饥似渴地学习和搜集发信真空管生产的技术信息，蒋葆增在工厂努力学习收信真空管生产的制造工艺技术；晚上，在一起整理、汇编、打印白天所搜集到的信息。经过几个月夜以继日的艰苦奋斗，两人整理了大批资料。为便于携带，他们将资料等拍成了 135 胶卷 30 多卷，为防丢失，同时复制了 3 份，两人各保存一份，还托在麻省理工学院学习兵工的朱颂伟带回一份。

真空管是制造无线电收发报机及其他电子设备的核心器件，要发展我国的无线电工业，必须自己制造真空管。正是基于这种考虑，资源委员会于 1936 年委派专门委员朱其清赴欧美考察真空管制造技术，并设法采购制造真空管所需的设备。朱其清在欧洲考察了一圈儿，因欧洲有关国家条件过于苛刻，未取得进展。1936 年冬，朱其清到达纽约。经清华大学吴有训教授介绍，他了解到清华大学选派赴美学习的蒋葆增和蔡金涛，已分别在纽瓦克的阿克脱勒斯真空管制造厂和国际电话电报公司的发信真空管制造厂实习多日，对收发信真空管的制造技术很熟悉。朱其清便邀请他俩草拟了建立真空管厂的方案，开列设备的购置清单，并与有关的美国厂商签订了供货合同。于是，建立真空管厂筹备工作的国外部分已经就绪。为了帮助国内的建厂工作，朱其清据蒋葆增和蔡金涛拟制的方案，还和阿克脱勒斯真空管制造厂签订了合作协议，由阿克脱勒斯真空管制造厂推荐一位美籍华人工程师陈廷鋆来华协助制造真空管，后由于淞沪会战爆发，陈廷鋆未能回国。

朱其清回国后，于 1937 年在湖南湘潭下摄司正式开始了真空管厂的基建工作。蒋葆增爱国心很强，1936 年结识了玻璃车床专家列通（Litton）。列通干劲很足，雄心勃勃，见到由麻省理工学院毕业的英才蒋葆增，便竭力劝说蒋葆增与他合作，开设一家精密仪器制造公司。这对蒋葆增是个良机。但考虑到自己负有为祖国筹建真空管厂和制造真空管的使命，他毅然谢绝了列通的邀请。蒋葆增还谢绝了麻省理工学院导师劝其读博的好意，于卢沟桥事变的当天回到国内，被任命为真空管厂主任工程师。不久，蔡金涛也来到湘潭下摄司，和蒋葆增一起，与员工们通力合作，在资源委员会中央电工器材二厂（新建的真空管厂系二厂的一部分），于1938年年初试制出了我国第一批真空管，在我国无线电工业史上写下了辉煌的篇章。

尔后，蒋葆增从事无线电设备研制和教书育人的工作。曾任资源委员会中央无线电器材厂重庆分厂工程师兼工务科长，并代理厂长。抗战胜利后，重庆分厂迁往天津，蒋葆增任天津分厂厂长，他在护厂并使其完整地回到人民怀抱的过程中出过力、建过功。1949年8月后，他先后担任北京电信总局技术处工程师、电信工业局（即二机部十局，四机部的前身）基建处处长。后奉命参加筹建南京无线电工业学校和成都电讯工程学院，历任南京无线电工业学校副校长兼教务处主任，成都电讯工程学院电照系主任、教授，成都电讯工程学院院长助理、教务部部长等职。1979年4月，蒋葆增73岁高龄，受命于四机部筹建杭州电子工业学院，任第一任院长、名誉院长，1987年3月11日病故。

经南洋大学四年同窗，赴美三年同住、同学，携手试制中国第一批真空管，两人的友谊一直延续到1987年3月蒋葆增辞世，11月，蔡金涛撰写了《怀念

1983年5月，蔡金涛夫妇（左一、左二）与老友蒋葆增（右）相聚

老友蒋葆增同志》的文章，以示悼念。

马师亮也是蔡金涛南洋大学电机工程学院电信门的同班同学，陕西省米脂县杨家沟人，电力及自动化工程学者，1904 年生。1936 年在美国密歇根大学获科学博士学位。1936 年回国后，先后在武汉大学物理系、浙江大学电机系任教授。1943 年至 1948 年，他先后担任资源委员会中央无线电器材厂重庆分厂和天津分厂厂长；1948 年任中央无线电器材公司总经理。中央无线电器材公司在上海、南京、天津、重庆、昆明等地下设研究所和工厂，是解放前我国最早最大的无线电骨干企业，马师亮是我国无线电工业主要奠基人之一。此时，蔡金涛任中央无线电器材公司总工程师兼研究所所长，上海解放前夕，马师亮、蔡金涛等联手，默契配合，在资源委员会委员长孙越崎的组织指挥和中共上海地下党的帮助下，并得到了广大员工的支持，冒着生命危险，没有执行国民党当局要将研究所、工厂迁往台湾的指令，留在了原地，保护了研究所和各工厂的机械、器材等设施设备，特别是保护了大批专业技术人才。解放后，将研究所、工厂完整地交给了人民政府，为党、为祖国、为人民做了有益的工作。

上海解放后，马师亮先后在上海大同大学、天津南开大学任教授，1952 年以后，一直在天津大学电力及自动化系电工原理教研室任教授，从事教学和科研工作。1980 年 11 月 6 日，马师亮因病逝世，终年 76 岁。蔡金涛与马师亮之间的友谊延续到了下一代，两人子女之间至今还保持联系。

此外，蔡金涛在其人生的各个时期，还有一些挚友，如在南洋大学读书时的同班同学王端骧。王端骧一直在上海交通大学任教授，两人之间始终有书信来往。1986 年，由蔡金涛执笔，同王端骧等四名老同事一起撰写了《旧中国无线电工业概况（从清朝到解放）》文章，刊登在电子工业部《电子工业史料》第 2 辑上。

蔡金涛在美国的同学刘贻谨，退休的美国麻省理工学院教授；刘轩吾，退

蔡金涛（左）与王端骧（右）一起回母校，在原来的“新宿舍”前合影

休的美国一电力公司高级工程师，其儿子刘必治是美国普林斯顿大学教授，无线电信号处理的世界权威，女儿刘静是中美科技学术交流计划的美方监督人。刘静回国时，曾奉父命前去探望蔡金涛，畅叙昔日其父与蔡金涛的友谊。

1934 年至 1937 年间，蔡金涛还结交了一些美国朋友，但由于历史原因，都中断了联系。1979 年 11 月 24 日至 12 月 15 日，蔡金涛率代表团（共 4 人）前往美国华盛顿参加国际精密时间和时间间隔（PTTI）会议，参观访问美国商务部标准局时，当年的故旧皆已退休或去世。回国后经多方探询，找到了曾留学英国剑桥大学的 I.L.Cooter。I.L.Cooter 在蔡金涛初进美国商务部标准局时，被局长指定在生活上照顾他，因而是蔡金涛最亲近的美国朋友。1985 年，I.L.Cooter 不幸患癌症去世。在 I.L.Cooter 和蔡金涛去世后，I.L.Cooter 夫人将保留的几十封蔡金涛写给 I.L.Cooter 夫妇的信件，交给蔡金涛夫人于德辉留存。

前曾述及，美籍华人王安和郑钧原都是蔡金涛主持桂林中央无线电器材厂研究室工作时的工程师，又都是交通大学的校友。改革开放后，王安、郑钧回国洽谈业务或讲学时，百忙之中还与蔡金涛叙谈联欢。

郑钧在锡拉丘兹带出的两位博士生马祖涵和伍长裕，同蔡金涛的往来比较多。马祖涵在美国商务部标准局科罗拉多分局任分部主任，有时还代理分局局长，是无线电和电磁兼容领域的技术权威；伍长裕在国际商业机器（电子计算

1979年11月，蔡金涛（右二）和王宏汤（右一）等访问美国

1981年，I.L.Cooter 夫妇合影

机）公司任高级技术顾问，是大型电子计算机抗干扰专家。他们对年长学者蔡金涛颇为敬重，经蔡金涛邀请，两人回祖国多次，在技术交流方面，对我们的帮助很大。

蔡金涛在中央无线电器材公司研究所、上海电工研究所、通信兵部军事电子科学研究院、国防部五院二分院等时期的同事和下属就更多了。他们在长期的科技工作和生活中，与蔡金涛结下了深厚的友谊。最具代表性的是中国科学院院士、“两弹一星”功勋奖章获得者黄纬禄，中国工程院院士陈德仁等，他们都已功成名就，年届耄耋之时，还在一些场合尊称蔡金涛为老师、于德辉为师

伍长裕、蔡金涛夫妇、蔡光祖合影（从右至左）

母，足见他们之间相互敬重的情谊，这也是蔡金涛尊重、关爱下属而赢得的敬重。

5. 实事求是　帮助呵护

蔡金涛与领导、良师、伯乐、同学、同事、下属相处交往，称得上君子之交淡如水，不进高级宾馆和饭店，更不搞吃喝玩乐，他一生中除 20 世纪 50 年代末、60 年代初接待苏联专家，出于工作需要偶饮几杯酒外，一生无烟酒嗜好。

蔡金涛待人言语不多，但在关键时期和需要时，却能挺身而出，竭力相助。黄纬禄是资源委员会于 1943 年派赴英国实习的，1945 年 5 月 8 日德国宣布无条件投降，8 月 15 日日本宣布无条件投降，这些均为黄纬禄继续在英国深造提供了条件，黄纬禄向资源委员会提出了赴伦敦大学帝国学院攻读硕士学位的申请。蔡金涛获悉后，积极支持并建议同意黄纬禄攻读学位。学成回国后，黄纬禄即回到资源委员会中央无线电器材公司研究所，直至一起到电信技术研究所、军事电子科学研究院、国防部五院二分院，终生从事导弹科技事业。

蔡金涛一贯惜才如金，罗致人才。抗战时期，他领导组建桂林中央无线电器材厂研究室。当时沦陷区大批有志热血青年随校搬迁到西南大后方，这些高等院校毕业的科技人才，由于战乱，又远离家乡，找工作难，找到专业对口的工作更难。蔡金涛从罗致人才、积蓄精英的高度，竭尽全力招募年轻的科技人才，他主持的研究室很快从2人扩充至25人。这一批年轻有为的科技工作者，有的后来成为美国科技界知名学者、教授；有的后来成为中国科学院、中国工程院院士；有的后来成为我国导弹与航天科技领域有重要贡献的专家。他们都为科技事业的进步与发展立下了功勋。

抗战胜利后，蔡金涛担任中央无线电器材公司总工程师兼研究所所长，更是千方百计地吸纳从大后方返沪的科技人员、新毕业的大学生和从海外归来的学子，研究所很快就聚集了近60名科技人员，还建立了10余人的生产车间。

他绞尽脑汁、冥思苦想，根据市场需求，开展了一些项目（产品）的研制生产，使科技人员和技术工人积累知识，增长才干，通过科研生产实践，得到锻炼和提高。

与此同时，他还十分关爱下属，想方设法地帮助员工解决具体困难。上海解放前夕，陈德仁刚结婚不久，住在解放军和国民党军队交战的中心，蔡金涛就将自家住的石库门的客厅腾出来，让陈德仁夫妇居住，并要求自己的家人不要再从客厅进出，而改从后门走。他还让孙仁琦住过他家，一直彰显着与人为善、乐于助人的品格。20世纪60年代国家经济困难时期，组织上照顾老专家，给了他一份牛奶，当他得知潘德钦得了肝病，需要营养补充时，便主动将牛奶让给潘德钦；何午山生病时，他前去探望，并送去了西洋参……

蔡金涛对亲属的帮助就更多了，他的内弟被打成“右派”后，家中有3个孩子，生活困难。他每月都资助内弟，直至孩子们长大成人、家中没有困难时才停止。他的两个兄长和一个弟弟、一个妹妹，均生活在农村，遇到困难时，他都会适时接济，兄长、妹妹等的子女和孙辈，只要愿意读书并能考取大专院校的，他都给予资助。

最难能可贵的是，他在历次政治运动中，特别是在“文革”被关进“牛棚”

接受审查时，其所接受的外调不计其数，尽管自己处境险恶，但他对被调查之士都坚持实事求是的原则，说真话，讲实情，从不讲违心的话，更没有提供诬陷之词。办过蔡金涛专案的人说："他的骨头硬，人正直。"

正因如此，他的同事与下属没有因他的不实之词而遭到审查和批判，从一个侧面保护了这些同事和下属，使他们能够继续为我国导弹与航天事业做出贡献，成为中国航天的栋梁之才。另一方面，也正是由于他的实事求是，没有因胡编乱造历史而使问题复杂化，他的审查工作才得以迅速结束。

蔡金涛

蔡金涛院士传记

Academician Cai Jintao's Biography

第十二章

举贤荐才　提携后辈

蔡金涛一生惜才如金，并始终如一地精心培育人才。他从实践中悟出：要完成一项大型科技工程研制，实现祖国兴旺发达的目标，需要千百万有志、有才之士的共同奋斗。

蔡金涛在1992年3月21日写下一个条幅:“十年树木，百年树人，育才不易，千万惜才。”这是他一生对人才问题发自内心的感悟，也是他一生惜才如金、精心培育人才的真实写照。

如前所述，蔡金涛在树人育才的伟业中，在抗战时期担任浙江大学工学院电机工程教授，给电信系三、四年级讲授主课，在教师的岗位上兢兢业业，埋头苦干，履行着传道、授业、解惑之职责。1947年8月，应母校交通大学之邀，他被聘为兼职教授，指导了两名研究生，严守职业道德，认真负责地指导学生，使他们真正学到知识，掌握本领。蔡金涛在交通大学一直兼职到1949年5月上海解放。1983年9月，他还应聘到航天部所属的哈尔滨工业大学兼任教授，依然是履职尽责，曾多次不顾年事已高前往哈尔滨，与师生们交流座谈当今世界的科技发展动态与趋势，传授科技工作的研究方法，使师生们受益匪浅。

他在树人育才方面不只是学校教育，更主要的是在几十年的科技领导岗位和科研生产实践中，诲人不倦，甘做人梯，举贤荐才，博得了广大科技人员的拥戴，成为他们的良师益友。

蔡金涛于手书条幅前

20世纪80年代，蔡金涛（前排右五）访问哈尔滨工业大学

1947年2月，蔡金涛在作学术报告

1. 大师风范　诲人不倦

蔡金涛谦虚谨慎、诲人不倦、甘为人梯、提携后辈，是全方位、多层次的，而且贯穿于一生，除执掌教鞭、教书育人外，还有多种途径：其一是在科研工作中带徒弟，言传身教；其二是作学术报告，传授学习、研究方法，理论联系实际、注重实践的治学理念；其三是将自己的学习笔记、对现代科技发展的动态与趋势的认识等，提供给年轻的科技人员参考、研究；其四是指导年轻的科技人员撰写科技报告、著书立说，并进行具体的指导、修改和补充。

在传帮带方面，他利用业余时间，指导两位科技人员学习网络技术、脉冲技术和精密测试技术。在国防部五院二分院创建初期，他还根据组织的安排，指导了伍燕美、左懋先、蔡伟民、陆林根 4 名年轻的科技人员。在此过程中，他不仅向科技人员讲述有关的理论要点、自己的学习体会与心得、有关技术发展动态等，还十分关心他们的思想，注重培养他们的敬业精神和职业道德，养成严肃认真、注重质量的治学态度。经他指导的科技人员不仅业务能力、技术水平都得到了迅速提高，而且深深打牢了追逐科学、钻研技术、忠于事业的根基。这些科技人员后来都成长为科技骨干和有关科技领域的学科带头人，为我国的航天事业做出了突出贡献。

蔡金涛鼓励、指导、修改科技人员撰写科技报告、著书立说方面的事例，不胜枚举。1977 年，王会宗在天安门国庆焰火晚会上与蔡金涛相识，1978 年全国第一次科学大会上，两人再次相见，畅谈甚密。蔡金涛知识渊博，造诣颇深，深知磁性材料与电磁密不可分，搞磁性材料及其应用与搞无线电技术，应相辅相成，相互促进，以达到相得益彰的效果。当他得知王会宗从事磁性材料方面的工作时，敏锐地认识到其工作的意义和前景，于是，谆谆地对王会宗说："有好的研究成果，应适时总结、发表论文，我们发表论文，这就属于我们发明的，不算是他们发明的。"按照蔡金涛的指点，王会宗与苏彦欣共同完成了《微波锂—镁铁氧体》论文，经他逐字逐句地修改、审核，并推荐给《电子学报》，在 1979 年第 1 期上发表，受到了读者的好评。1982 年 5 月，年逾古稀的蔡金涛到 23 所八室试验室，语重心长地告诫科技人员："磁性元器件设计者应该懂得磁性材料，包括磁性材料的原理及应用的有关问题。"他希望能有一本专著，成为磁性材料研制者与磁性元器件设计者之间沟通的桥梁。尔后，王会宗撰写了《磁性材料及其应用》一书的编著提纲，包括各章节的标题与内容要点，他都亲自听取汇报，并进行逐章、逐节、逐条的讨论与修改。待提纲确定后，王会宗等人完成了长达 34 万字的《磁性材料及其应用》书稿。当书稿送到蔡金涛案头后，他又废寝忘食地进行修改、补充，逐字逐句地进行斟酌，还对每一个名词术语和技术概念进行反复推敲，在一个多月里，除阅览报纸外，将其他所有工作时间都用在了审修书稿上。书稿中布满了他密密麻麻、书写工整的修补意见，而且在每一处都郑重地签上了自己的名字，以示负责。他还亲自为该书做序。经他修改、补充、审核和推荐，《磁性材料及其应用》专著于 1989 年 7 月由国防工业出版社出版。

《磁性材料及其应用》从磁性材料和磁性元器件应用的角度，对磁性材料的要求，各种磁性材料的特点、性能、选择材料的原则、有关工艺、应用，以及环境对磁性材料的影响和解决的技术途径等问题进行了论述，叙述了我国已研究和生产的磁性材料，以及世界上的新发展和国内正在研制的非晶态合金磁泡、微波吸收材料和磁性液体（磁流体）等，还结合对磁性材料的要求，扼要介绍了有关磁性元器件的工作原理，以加深对所提要求的理解。该书是一本全面论述磁性材料及其应用的著述，在国内的作用和影响都较大，成为许多大学磁学专业学生的主要参考书和一些大学的主要参考教材。蔡金涛对该书编著、出版所做的贡献，以及付出的劳动、心血、智慧，显而易见，然而当王会宗把劳务费、审稿费送至他家时，他却断然婉拒，只收下了送给他的书。

后来，蔡金涛还推荐王会宗担任电子学会磁学分会委员。王会宗，曾任二院 23 所（雷达技术研究所）八室（磁性材料研究室）主任，研究员，是航空航天部有突出贡献的科技专家，不仅对我国磁性材料及其磁性元器件的发展做出了突出贡献，还从蔡金涛那里学到了治学态度和严谨的工作作风，在做科技报告、论文审稿工作时，像蔡金涛一样严肃认真、一丝不苟，辅佐更年轻一代科技工作者的成长。

蔡金涛诲人不倦、提携后辈的大师风范，不仅表现在关心支持航天系统的科技工作者，以及其他系统的同行，更为难能可贵的是，他还支持、鼓励新生力量的创新和开拓，实事求是地肯定他们的工作。湖南省邮电科研所郑德君，1968 年毕业于北京邮电学院通信专业，曾任湖南省邮电管理局科技处处长、湖南省邮电科研所所长等职，长期从事双混频时差系统的研究。当郑德君将《双时差测量系统及其新的应用》《双时差测量系统及其新的应用与探讨》两篇论文送给蔡金涛审核时，他认真地进行阅读，并研究了论文，给出了实事求是的评价。1984 年 10 月,《双时差测量系统及其新的应用》在《宇航计测技术》第 5 期上发表。1986 年 11 月，《双时差测量系统及其新的应用与探讨》在中国计量学会第二次时间频率交流会上发表。在此期间，郑德君的论文还得到了国内多位时频专家的支持与帮助，1986 年 12 月，湖南省科委组织对郑德君的论文进行了鉴定，众多教授、专家对这一论文成果，给予了高度评价。蔡金涛接受湖南省科委的委托，经反复斟酌，写下了中肯的评价意见和推荐理由：“当衡量短期时间或频率的稳定度时，所用公共源的噪声影响不要忽视，尤其当不稳定度极小时。美国商务部标准局学者阿仑首先研究这些噪声的规律，引进了所设阿仑方差，使这个问题得到初步解决。郑德君同志经过长期的、深入的钻研，发现阿仑的分析还可以进一步改进、补充，使之更趋完善，而且某些新的导出公式还可以给出新的有用成果。把这一研究成果写成论文后，郑德君曾在 1982 年送给我看过，所以郑德君的贡献，可以说在国内的确处于领先地位，在国外同行中亦可称是后来居上的。为了鼓励新生力量，兹特建议给郑德君同志以国家自然科学奖。”从简单明了的意见中，足见蔡金涛知识之渊博、计测技术方面之造诣，更可看出他力撑新生力量、支持年轻人创新的精神。

湖南省科委将这一论文成果作为 1982 年至 1986 年湖南省五个自然科学成果之一，申报了国家自然科学奖。

郑德君一直珍藏着蔡老的评价意见，并以此作为自己科研的动力。2013 年 9 月，年逾古稀的郑德君还牢记已故蔡老的鼓励与支持，表示：“蔡老的厚望是我的奋斗目标。我要向着目标一直奋斗下去！也许这是我对蔡老等老一辈航天科学家的怀念和感激！”

2. 举贤荐能　树人育才

在调入国防部五院二分院后，蔡金涛开始进入全新的科技领域，在科技工作中如鱼得水，在树人育才上更加得心应手。他除了直接指导年轻的科技人员外，还在具体的型号生产工作、有关分系统的研制中，同相关科技骨干一起研究、讨论科技问题，指导作用和影响力非常大。宋健（曾任七机部二院副院长、七机部副部长、国家科委主任、国务委员、全国政协副主席等职，中国科学院和中国工程院院士）、陈怀瑾（曾任七机部二院副院长、八机部总工程师、七机部总工程师、航天部科技委常委、航天工业总公司科技委副主任等职）、钟山（曾任二院副院长、红旗七号地空导弹武器系统总设计师、中国工程院院士）等一批航天科技专家的感受最深，受蔡金涛的影响最大：其一，他虽是知识渊博、功底深厚、经验丰富的科技元老，却丝毫没有科技大家的架子，平易近人，只要向他请教或研究、讨论技术问题，他总是耐心、平等、实事求是地同大家一起研究、讨论，直至问题得到圆满解决；其二，他非常注重发扬技术民主，听取各方面的不同意见，经过研究、讨论和自己深入的分析，再做出判断和决策，使大家心服口服；其三，他积极倡导并一贯坚持深入科研生产第一线，研究、设计要与实践相结合，一个产品、一个技术问题，必须要经受得起理论和试验的检验，理论要与实践相结合；其四，他非常重视基础科技理论研究和基础性技术工作，重视预先研究工作，重视计量测试、标准化、科技情报、质量与可靠性等基础技术；其五，他十分重视质量管理、控制与监督工作，对在型号与设备研制试验中发现的技术疑点和隐患，总是要从理论、试验上获得圆满解释与证实，绝不允许带着疑点和隐患出厂和参加飞行试验。

钟山对蔡金涛这位良师益友颇有感触，耄耋之年，他还清楚地记得：1963年，自己撰写的论文《中频积累》得到了蔡老的悉心指导，后又经蔡老修改、补充、审核和推荐，论文发表在国防部五院《研究与学习》上。钟山动情地说："蔡老当年重视技术民主、深入科研生产第一线的作风，注重预先研究，重视基础技术，狠抓质量等，都对年轻科技人员产生了良好的影响。在我担任总设计师领导和主持红旗七号地空导弹武器系统研制和飞行试验中，正是由于继承和弘扬了蔡老的优良传统和作风，为型号的研制成功提供了一个重要的保证。"

时代在前进，科技在进步。1978年，中国共产党十一届三中全会做出了改革开放的决策。20世纪80年代初，中国航天开始选拔推荐外派访问学者的工作。蔡金涛于1980年2月被聘为七机部二院科技委主任委员，同年11月当选为中国科学院学部委员（后改称院士），加之在科技界，特别是在无线电电子技术、计量测试技术领域，以及在国内外的声望与影响，积极而认真地进行了外派访问学者的荐举工作，使欲出国人员得以成行，出国深造。赴美访问学者李伯虎欲去美国密歇根大学仿真中心进修，对方的答复是名额已满，后经蔡金涛出面荐举与联系，终得解决，使其在仿真技术方面获益匪浅，回国后任隶属于二院的北京仿真中心主任，二院科技委常委、副主任等职，成为我国仿真技术领域拔尖的专家，并当选为中国工程院院士。蔡金涛还尽心尽力地帮助多位访问学者寻找国外的学习单位，使其按时出国，他们大多按时学成回国，有些人后来成为我国航天科技工业战线的科技骨干和学科技术带头人，如宗绍禄、徐根兴、夏国洪等。这是蔡金涛为中国航天科技事业做出的又一新的重大贡献。

在此期间，中国科学院、中国工程院相继开展了遴选学部委员（院士）的工作，蔡金涛积极鼓励并支持一些科技专家申报，尽己之所能实事求是地推荐。

3. 热爱劳动　注重实践

热爱劳动，注重实践，是蔡金涛一生积极倡导并忠实践行的治学理念，也是他一生科技工作发自内心的体会和朴实的总结，更是他一生树人育才对学子们反复提出的要求与希望。

1989 年，耄耋之年的蔡金涛，在母校南通中学 80 周年校庆时，写了一封热情洋溢的“祝母校永葆青春”的贺信。在信中，他语重心长地诉说了自己的树人育才之道和对中学教育的期盼，他写道：“教育要与生产劳动相结合。60 年前没有这种提法，自然得不到学校当局的注意。现在情况不同了。1984 年，我曾参观过宁波一中（也是浙江省立中学），那里正搞得轰轰烈烈。学校在教职员工中挑选或聘请有一技之长的工人当老师，带领学生，在业余时间轮流学做工，每人专学一科。学会后，他们可以帮助学校添盖校舍，制作桌椅，并在校办工厂中有计划地生产市场畅销的简单产品，售出赚钱来扩充校舍，办幼儿园，办职工食堂，发奖金，建立互助基金，等等。这样，各人用于劳动的时间不多，但由于生活方面的问题解决了，教学和学习就更加专心，升学率不但不会下降，反而有所上升。就算个别学生升学不成，由于已学会了一技之长，回家可以从事生产劳动，自食其力。去年 9 月 9 日，全国政协教育组，在举办的庆祝教师节茶话会上，曾请来黑龙江省与宁波一中相似的学校领导和教师，专门介绍他们的做法和取得的成就与经验。当前的教育体制改革可能涉及教育与劳动相结合的问题。假如母校有意向在这方面迈步的话，上述情况或可作为初步参考。”

寥寥数语，表达了这位耄耋老人一生追逐的理念——参加劳动，注重实践。蔡金涛认为培养有学识、有经验，能动脑、能动手的科技人才并非易事，应从小抓起，从中学抓起。

蔡金涛

蔡金涛院士传记

Academician Cai Jintao's Biography

第十三章

社会兼职　尽职尽责

蔡金涛在科技领域、学术技术团体、社会团体等多有兼职，他视这些兼职为自己忠实于科技事业、实现科技强国夙愿的组成部分，尽职尽责，尽心尽力，为中国科技事业的兴旺发达，尽微薄之力。

蔡金涛是我国科技界的元老，尤其在无线电电子技术领域享有很高的声望，20世纪40年代在无线电电子技术领域，有人称蔡金涛为“南王”、清华大学孟昭英为“北王”，这从一个侧面反映了他在无线电电子技术领域的影响力。1955年，中国科学院进行第一次学部委员评选，蔡金涛因政治历史问题被立案审查，错过了机会。1956年，在全国科技人员大评级中，他被评定为技术一级，不仅在通信兵系统中是唯一的一位，在国防部五院系统，除著名科学家钱学森外，也是唯一一位。1963年8月，他被授予技术大校军衔，在国防部五院科技干部中军衔最高，全军授予技术大校的科技人员也屈指可数。“文革”结束后，1980年11月，他当选为中国科学院学部委员（1993年改称院士）。正因为他在科技界的影响与声望，所以在社会团体、学术团体有多项兼职。对这些兼职，他从不等闲视之，而是尽职尽责，旨在为中国科技事业的兴旺发达尽自己的微薄之力。

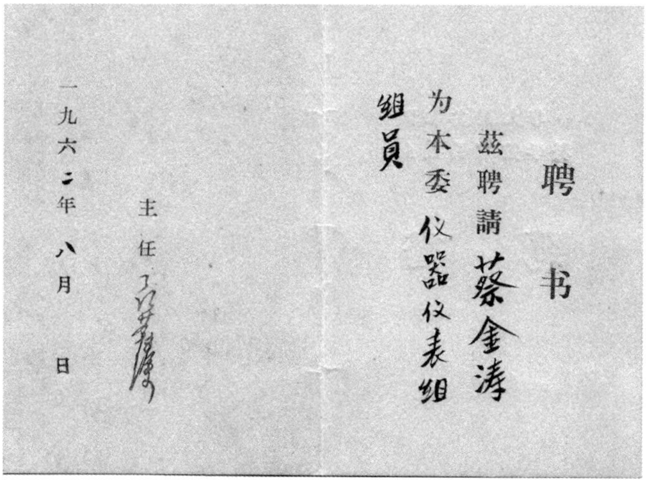
聘书

兹聘请蔡金涛

为本委仪器仪表组

组员

主任

一九六二年八月 日

1962年8月，蔡金涛任仪器仪表组组员聘书

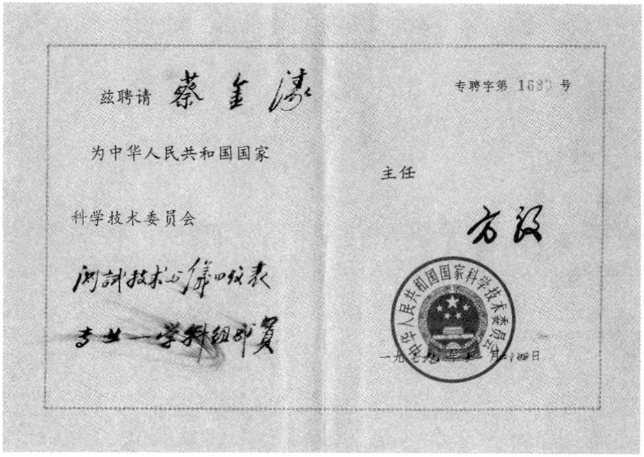
兹聘请 蔡金涛

为中华人民共和国国家

科学技术委员会

测试技术与仪器仪表

专业一学科组成员

主任

方毅

1979年11月，蔡金涛任测试技术与仪器仪表专业——学科组成员聘书

1. 科技兼职　重在规划

蔡金涛在国防部五院二分院先后担任控制系统研究室主任、第一设计部副主任、分院总工程师、分院副院长兼第二设计部主任，在七机部二院担任副院长。此外，他还在国防部五院、七机部系统，乃至后来的航天部、航空航天部、航天工业总公司科技领域兼任一些职务，为航天科技事业尽己之力。1962 年 2 月 2 日，国防部五院科学技术委员会成立，钱学森任主任委员，蔡金涛任副主任委员兼地空导弹组组长。1980 年 1 月，七机部二院科学技术委员会（简称科技委）成立，蔡金涛任主任委员，11 月 6 日，经中央书记处批准，任命屠守锷、黄纬禄、谢光选、卢庆骏、宋健、李绪鄂、李伯勇、孙家栋、王永志、杨嘉墀、王希季、杨南生、陆元九、金建中、梁思礼等 15 人为七机部总工程师，蔡金涛、

吴朔平为七机部技术顾问。1981 年 9 月 24 日至 10 月 8 日，七机部科学技术委员会（学术组织）举行成立大会，对预先研究、质量管理、设计师系统的工作、型号研制程序等进行讨论，并做了经验交流，蔡金涛被任命为常委。1983 年 9 月，航天部科学技术委员会正式成立，蔡金涛担任无线电电子专业组委员。1991 年 6 月，蔡金涛被任命为航空航天部科技委顾问，后任航天工业总公司科技委顾问。

蔡金涛兼任一系列科技职务，其主要职责是在科技方面为领导当好参谋、助手，在科技发展战略、规划计划、发展方向与技术途径等的制订上，提出参谋、咨询意见，发挥决策支持作用。他牢记责任，不负重托，积极而主动地开展工作。20 世纪 60 年代初，他曾多次组织有关科技专家进行研究、讨论，提出了地地导弹控制系统、地地导弹、地空导弹等规划建议，上报国防部五院副院长、院科技委主任委员钱学森，并抄送分院主要领导。这些意见与建议，对我国地地导弹、地空导弹及地地导弹控制系统等规划的制订与研制工作，发挥了重要作用。

1961 年 3 月，蔡金涛作为二分院总工程师，代表院内六级以上的科技干部在二分院第二届党代会上作了发言。经过深思熟虑，并广泛征求广大科技干部的意见，就组织体制问题、生产加工问题、技术基层单位的建设问题、研究发展问题等，坦陈了自己的意见。在技术基层单位建设方面，他特别强调了“三结合”和技术档案工作。“三结合”就是研究、设计、加工三方面的人员要密切结合起来，要采取相应的组织措施；技术档案工作就是要将一切和型号工程（课题）有关的文件、记录、报告、图表、参考资料等，都编号保管。他还强调在研究室、工程组应贯彻落实发扬技术民主、集中“兵力”打“歼灭战”等工作方法。在研究与发展方面，他希望每一项专业技术都应结合未来可能的任务，应明确下一步致力于哪一方面，向哪个方向走，绝不能出现“今天虽干得很起劲，明天就不知道怎么做，后天就不知道向哪儿走”的现象。

50 多年后的今天，当我们重新查阅这些历史文件时，可以清楚地看到蔡金涛的未雨绸缪和远见卓识，也可以看到他在我国航天科技工业发展中的贡献与业绩。

2. 社团兼职　献计献策

上海解放后，蔡金涛作为留用人员拥抱新政权，参加革命工作，开始投身新中国的建设。1950 年 1 月，在上海电工研究所工作期间，他加入了上海五金工会，成为会员。1952 年 6 月，他赴苏州华东革命大学学习，年底结业。1953 年下半年，他参加了军委通信部举办的“政治理论培训班”，学完了全部课程，使其在华东革命大学学习的政治理论知识的基础上又提高了一步。

1959 年 4 月，蔡金涛担任全国政协委员（特邀委员）；1964 年 12 月，当选为第三届全国人民代表大会代表；1977 年 11 月，当选为北京市第七届人民代表大会代表；1978 年 2 月，当选为第五届全国政协委员（科技界委员）；1983 年 6 月，当选为第六届全国政协委员（科技界委员）。

1963年10月，人大、政协考察团在云南期间，蔡金涛（前排左二）和著名科学家汪德昭（后排左一）、马大猷（后排右三）等合影

蔡金涛在履职第三届全国人民代表大会代表时，正值我国导弹事业由隶属于军队序列的国防部五院转为工业部之时，他从国家全局利益和我国导弹事业发展的大局出发，坚决拥护党和国家的决定，并就导弹科技工业的发展献计献策，包括加强预先研究、基础技术、材料与工艺技术、电子元器件工作等。

1977 年，七机部在京单位归七机部和北京市双重领导，蔡金涛被选为北京市人大代表，还被推选为分组副组长。在讨论中，他痛心疾首地批驳了林彪和“四人帮”两个反革命集团倒行逆施，耽误国家和国防科技工业发展的良机与宝贵时光，坚定地表示，要在有生之年加倍努力工作，把被耽误的时间抢回来，像爱护自己的眼睛一样，维护安定团结的大好局面，为我国国防科技工业、导弹科技工业的新发展而努力奋斗。

1978年全国政协会议期间，蔡金涛（后排右）与国立交通大学同学相聚于友谊宾馆（后排左为钱祖恩，前排左为史钟奇，前排右为孙师白）

蔡金涛在担任三届全国政协委员期间，特别是在担任第五、六届全国政协委员的十年间（1978 年至 1988 年），正值我国科技事业处于第二个春天之时，我国导弹与航天事业处于以开展“三抓”任务（向太平洋海域发射远程液体弹道导弹、从核潜艇水下发射固体弹道导弹、发射地球同步轨道试验通信卫星）为代表的新的发展时期，地空导弹武器系统也正在轰轰烈烈地开展第二代武器系统的研制、试验，并开始第三代地空导弹武器系统方案论证与立项工作。度过十年动乱的蔡金涛，又重新焕发了青春活力，在努力完成所承担的科技领导与科研工作的同时，还从科技界全国政协委员的角度，积极参政、议政，调查研究与科教事业有关的政策与举措，撰写提案与建议。如在担任第三届全国政协委员期间，他曾在座谈中较详细地论述了科技人才的培养问题，指出：老同志对新毕业的大学生的要求要高，报告不对要退回，带徒弟要负责；要对外语多下功夫，不仅要加强学校的外语教育，而且要组织边工作、边学习，以使我国科技工作在外国的基础上获得新的发展；要通过工作实践进行学习、培养，不要总是抱着教，指导要及时，要有针对性；要有考核制度，严格管理考核成绩；要重视基础训练，包括文字书写能力、文字表达能力，中文要通顺；搞专业技术的人员要少做管理工作，学用要一致；科技人员调动不要太多；老同志也必须不断学习、提高，否则指导能力就差，要指导也指导不了；科学家积累的资料很宝贵，为了保密，交出保管是必要的，但一定要保管好，否则，会造成不可挽回的损失；要提倡和培养科技人员勤学苦练的习惯。

他在科技人才培养方面的建议，不仅在当时具有重要的现实意义，时至今日，仍是科技人才培养方面的真知灼见。

更为可贵的是，他在北京市七届人大和三届全国政协会上，反复地阐述和强调，从事设计的科技人员一定要懂工艺、懂生产、懂材料，熟悉元器件，在试验和生产的实践中增知识、长才干，做到设计、工艺、生产相结合。在全国政协讨论中小学教育工作时，他非常赞赏“培养有社会主义觉悟、有文化的劳动者”的口号，他建议中小学教育应适度地安排生产劳动课，让中小学生从小养成劳动习惯，培养吃苦耐劳精神，巩固和加深书本知识，这都是大有益处的。

在1964年第三届全国人民代表大会第一次会议讨论中，他发自内心地赞成在技术革命和机械工业革命中狠抓电子技术，并就电子技术的基本功能、电子技术和“四化”、我国电子工业存在的主要问题等，作了较详细的发言。

他在论述电子技术的基本功能中指出：由于电磁信号具有放大、振荡、整流、调制，以及高速、超距传播等功能，电子技术大大扩展了人的活动能力。迄今，除嗅觉、味觉和思维方面外，电子技术已使我们做出惊人的成绩，凡过去看不见的东西，听不到的声音，到不了的处所（如宇宙、边远地方、海底、地下、介质内等），耐不住的环境（如高压、高温、极低温……），快不过的过程（如示波器的描绘、电子计算机的运算……），远不过的情报（如无线电话、电报、电视、电传真、遥测……）等，现如今都能做到了。有了电子技术，可以说，我们人的五官、四肢以及头脑的某些功能（只限于机械程序计算）大大地延伸了。

电子技术自成一个系统，一般包括：观测或检测、放大信号、传递和转换、控制、执行命令等机构。这一系统的两头，严格地讲，不属于电子技术范畴，但为使整个系统发挥其作用，它们是不可少的，我们抓电子技术，这两方面需要同时抓，否则将来不配套，会成问题。电子技术有了这些了不起的功能和作用，就可以在“四化”方面起着革命化的影响。电子技术和机械技术相似，都是基础性的技术，各方面都离不开它，国防建设尤其如此。

接着，他较系统地论述了电子技术与“四化”，列举了电子技术与农业、工业、文化与科技、国防之间关系，以说明电子技术对“四化”的重要作用。

在农业方面：如农药、化肥等的生产控制；气象仪器包括气象雷达、高空测候仪、气象电报和预报、人造气象卫星及星上的气象观测系统等；土壤测试仪器，包括土壤温度、湿度、成分等的测量；防灾救灾的通信，包括林区火警电报、防汛电报等；木材、谷物、食品加工（射频电热）；鱼群的雷达探测；农业研究用的仪器，如多路遥测等。

在工业方面：包括机床的自动控制（程序机床）；生产过程的自动控制以及成分分析，特别是热工、化工、冶金等的生产过程；生产管理的计算机化（计划检查技术，工资的自动计算，检验的自动化和数据处理，生产线的程序调度）；利用电子技术的工艺加工，如射频冶炼、热处理、焊接、打孔、火花加工、激光加工、超声波加工等；自动记录，包括温度、压力、电压等；机械测量和检验，如电子千分表、光洁度指示器；电动力的控制，包括自动开车关车，电压调整、并车同步等；生产过程的遥远观测，包括工业电视、遥测、遥控、遥感等；还有探矿用的电子仪器。

自动化不仅节省人力、物力，而且是某些质量控制与保证必不可少的，因为有些高温、高速过程以及高精度要求，非单纯的人力所能办到。

在文化科研方面：文教宣传的广播电视；民用通信；航空航海，宇宙飞行，测距仪器（大地测量雷达等）；实验室设备，包括各种电子仪器、电声仪器、真空仪器、频谱仪，等离子区仪器，量子学仪器，新型电池等；医疗和制药用的电子仪器，包括心电图、射电、超声波探测；等等。

在国防方面：常规武器的制造和加工；军用通信指挥；飞机、舰船和潜艇的导航；防空性联网和敌情显示系统；电子对抗，包括侦察、干扰和反干扰；雷达，包括搜索、跟踪、炮瞄、火力控制等；水下侦察；暗中侦察；人造地球卫星的空间侦察与通信；军用照相侦察；遥测、遥控、遥感；导弹控制；核武器的制造加工，包括原料的提炼加工；地雷搜索；军用通信广播；大地测量、军用气象报告；军事研究，大型模拟计算等。

他还根据有关资料和自己的分析计算，提出了电子设备在各类武器装备中所占的比重，其中：高速飞机占35%～45%，军舰占40%，地地导弹占40%，地空导弹占52%，空空导弹占72%。

他尖锐地指出了我国电子工业存在的主要问题：生产的品种未按专业化、系列化进行，尤其是电真空和半导体，只有通过专业化、系列化，才能在较短的时间内迎头赶上，否则，跟人乱跑，会有问题；元件生产能力薄弱；元件的质量与可靠性有待改进；电子仪器生产不足，包括工业用的、自动化用的；配套的器件不足，包括计算元件、传感器、记录器、输入输出设备、电机及其他精密机械；材料工业未跟上，特别是专用的材料工业；技术和工业管理人才不足，有了优秀的技术与管理人才，才能组织好科研和生产；工艺研究未跟上，基础研究发展不够，只有加强基础研究和工艺技术，才能更好地利用引进技术跨前一步；无线计量建设滞后；专用电子设备生产力薄弱，如电子计算机、雷达等的整机厂比较匮乏。

最后，他还中肯地提出了一些建议：电子化需逐步示范和推广；要民参军，以军带民；抓专业化，在全国内或地区内成龙配套，使大协作成为可能。

今天，当我们重读蔡金涛1964年撰写的这些密密麻麻但却字迹工整的发言提纲，分析和咀嚼这些观点和论据时，可以清楚地看到他对我国电子技术、对我国科技事业和祖国"四化"的赤诚之心。对照今天电子工业和科技事业的发展，更可见他的前瞻思维和超前见地，他称得上战略科学家。

"文革"结束后，1978年2月，蔡金涛当选为第五届全国政协委员，在会议的讨论中，他以极大的热情谈了管理工作，他谈到："加强管理工作非常有必要，管理工作也是生产的领导组织工作，军队的领导组织更为重要。生产方面也是这样，一个现代的大型企业或研究机构应如何组织管理好，使工作有条不紊，提高工作效率，连续不断地出成果，这是一件十分复杂之事。我们对这方面缺乏知识和经验，还得好好学习、实践。"他还就几个常碰到的具体问题，谈

参加完全国政协会议后，蔡金涛回单位汇报会议情况

了个人的意见和建议，如：依专业分工还是依任务分工的问题，为了好抓，习惯了依任务分工，其实是很不科学的，也是很不经济的，对保证质量也是不利的；单打一的作风，形成大量的窝工，浪费人力、物力，积压器材，设备利用率低；预先研究工作被研制、生产工作挤掉；大型研究单位的加工工厂如何搞好军民结合，计划管理部门应采取有效的措施，既保证军品任务的完成，又能使民品生产不断发展。

这些正是他在全国科技大会后焕发出更高的积极性，并开动脑筋，在管理工作上献计献策的结果。

他的这些对策、措施和建议，对我国航天科技事业乃至整个科教事业的发展与进步，都发挥了积极的促进作用。

3. 学会团体　助力发展

蔡金涛一生追逐科学，忠诚事业，钻研技术，嗜书如命。因此，他对学位职称比较看重，同时非常关注有关学会、学术团体的工作。1955 年，他因为在肃反运动中被列为审查对象，而未能参加中国科学院学部委员评选而感到遗憾。“文革”结束后，1980 年 11 月，中国科学院又进行中国科学院学部委员的评选工作，七机部有蔡金涛、任新民、杨嘉墀、陆元九、庄逢甘、金建中、沈天慧、胡海昌八位专家当选，八机部有梁守槃一位专家当选。对此，蔡金涛十分欣喜，这是他在“文革”后恢复工作，重新被任命为七机部二院副院长，参加全国科学大会后的又一喜事。自此，他忠实地履行学部委员的职责，尽心尽力地参加有关科技规划、政策与措施等的讨论与制定工作，并积极参加新学部委员的推荐与评选工作，为我国科技队伍的兴旺发达尽心尽力。

1985 年 10 月，经中国宇航学会评选和推荐，我国 12 位航天科技专家当选为国际宇航科学院（IAA）院士：任新民、陈芳允、王大珩、吕保维、曹鹤荪、蔡金涛、梁守槃、杨南生、孙家栋、杨嘉墀、陆元九、庄逢甘。他们是我国首批当选的国际宇航科学院院士，是我国宇航界著名的科学家，而且在国际宇航界都有较高的声望。《光明日报》曾做过专题报道。蔡金涛为中国人进入国际宇航科学院而感到自豪，国际宇航科学院隶属于国际宇航联合会（IAF），中国从此成为国际宇航联合会的成员国。

早在解放前，蔡金涛就开始参加学会活动。中国物理学会于 1931 年在北京成立，第二次会议在上海召开，在中央研究院物理研究所所长丁西林的动员下，物理研究所的科技人员都参加了中国物理学会，蔡金涛是其中之一。他在 1933 年至 1939 年期间撰写的论文，都投给了中国物理学会主办的《中国物理学报》，并予以刊出。解放后，中国物理学会一直保留着他的会籍。1964 年 5 月，他被聘为该学会电子专业委员会委员兼《中国物理学报》无线电技术的编辑委员。后因“文革”动乱，他在中国物理学会及《中国物理学报》的工作都中断了。

蔡金涛在南洋大学读书时，中国电机工程学会成立。1927 年至 1928 年，南洋大学改称交通部第一交通大学，1928 年改称国立交通大学。1930 年，他从国立交通大学电机工程学院毕业后即为该会会员；留美回国后，被吸收为中国工程师学会正式会员，在该会1942年贵阳年会上，他撰写的《展开网络行列式的简捷法》论文获一等奖；在该会1949年台北年会上，他撰写的《展开一般行列式的简捷法》论文又获一等奖；1942年，他在桂林中央无线电器材厂研究室任主任时，曾参加中国业余无线电协会，并为其刊物《QST》和《业余无线电通讯》写过稿。

在中国科协和有关部委的扶持下，有关学会、协会如雨后春笋，蓬勃发展，特别是“文革”结束后，一批新的学会、协会陆续建立，蔡金涛应邀参加了有关学会的领导工作，并为其工作的开展付出了心血和汗水。

从1962年4月起，蔡金涛作为我国无线电电子技术的元老，参加了中国电子学会的筹建工作，先

中国电子学会编辑工作委员会第一次全体会议

后担任中国电子学会第一、二届理事会副理事长兼编辑工作委员会主任委员，负责主编《电子学报》，前后达22年之久。在这20多年的时间里，他亲自审定了百余期、千余份的文稿，不仅审阅推荐者和专家的意见，对于重要论文、报告都亲自进行审核，有的还进行推导、演算，严肃认真，一丝不苟。

后虽年事已高，他仍被选为第三届理事，第四届会士、高级会员、名誉理事和《电子学报》编委会顾问，一直为中国电子学会和《电子学报》兢兢业业地工作着。1993年1月，在中国电子学会第五届理事会上，蔡金涛获得中国电子学会颁发的奖牌，奖牌上刻着："您是中国电子学会创建人之一，为中国电子学会的成长与发展做出了卓越的贡献。值中国电子学会成立30周年之际，向您表示崇高的敬意。"

1964年2月，蔡金涛当选为中国航空学会第一届理事会理事，后又担任第三届理事会理事兼电子专业委员会主任委员，任第四届理事会名誉理事。

早在1962年8月，蔡金涛就被聘为国家科委计量组组员和仪器仪表组组员，参加了国家有关计量工作以及仪器仪表技术发展规划的制定工作。随着科学技术的进步与发展，对计量测试工作情有独钟的他，参加了中国计量测试学

1988年，80岁的蔡金涛（前排右四）参加中国电子学会活动

1988年，中国航空学会祝贺蔡金涛80岁大寿（左图为蔡金涛夫妇，右图右一为航空航天工业部总工程师张彦仲，左二为蔡金涛，左一为黄培康）

会的创建工作。1978年11月，在第一届理事会上，他当选为副理事长兼电磁专业委员会副主任委员，后又担任第二届理事会理事、第三届理事会名誉理事。1979年11月，蔡金涛又被聘为国家科委测试技术与仪器仪表专业——学科组成员。

1979年10月，中国宇航学会成立，在第一届理事会上，他当选为理事，并兼任电磁计量专业委员会名誉主任。

1988年6月，80岁高龄的他，被聘为中国无线电爱好者协会顾问。

他还应邀参加了北方交大校友会（即上海交通大学校友总会的北方分会）、浙江大学校友会以及清华大学校友会等，在母校（上海交通大学）九十周年大庆捐赠活动时，慷慨解囊。

另外，他还应邀参加了在北京工作的南通人成立的“振兴南通科技咨询北京委员会”有关活动，表达了对故乡的怀念与热爱之情。

他虽年事已高，但在参加这些学会、学术团体等活动中，均以一位学者所特有的严肃认真、一丝不苟的态度，尽己之力，为中国科技事业的兴旺发达做贡献。他深有感触地体会到：学会及其开展的工作，体现了党的“双百”方针；

能有幸参与其盛，实乃一件有意义之事。他谦恭地说："参加这些活动受教育匪浅。"这也从一个侧面彰显了他谦虚好学的学者风范。

4. 荣誉奖励　激励奉献

蔡金涛在其 60 多年的科技生涯中，受到的奖励和获得的荣誉很多，主要如下。

1950 年 9 月，由于在电磁饱和式交流稳压器设计等方面的成就，被评为上海市劳动模范，第一次聆听陈毅市长的祝辞和讲话。

1957 年 4 月 21 日，在中南海怀仁堂第一次受到毛泽东主席等党和国家领导人的接见，并合影留念。

1978 年 3 月，代表中国电子学会出席全国科学大会。

1984 年，中国电子学会发来"担任电子学会编辑工作（《电子学报》主编）22 年"感谢信，感谢他为《电子学报》编辑、出版工作所付出的艰辛劳动和做出的卓越贡献。

1985 年 10 月，荣获中国科学院颁发的"从事科技工作五十年"奖状。同年 11 月，荣获中国电子学会颁发的"为中国电子事业贡献 50 年"荣誉证书。

1989 年 10 月，国防科工委科学技术委员会给他颁发了"献身国防科技事业三十一年"的荣誉证书和奖章。同年 11 月 1 日，在中国科学院成立四十周年之时，又为他颁发了"中国科学院荣誉证章——感谢您对中国科学事业做出了贡献"。

蔡金涛认为这些奖状、证书和奖章，是礼轻寓意重，是党和人民对自己从事科技事业的认可与赞誉，对自己在科技事业奋斗和为祖国服务的道路上，起到了激励和鼓舞作用。

1991 年 6 月，蔡金涛荣获国务院颁发的"政府特殊津贴"，成为我国获此殊荣的首批科技专家；还被航空航天部授予“有突出贡献的专家”荣誉称号。

还有一些虽称不上奖励和荣誉，但他却看得比较重，其原因是他将党和人民对自己的信任与理解看得比较重，他对自己成为劳动人民中的一员看得比什么都重要。上海解放后，在上海电工研究所工作期间，他随所里员工一起加入了上海五金工会，拿到工会会员证时，他感到十分欣慰和高兴。

当然，他一生中也有憾事，虽甚遗憾，但却十分理解，认为“事出有因，有其时代背景”，丝毫未动摇他跟着共产党走、为祖国服务的信念。“文革”动乱，他被迫脱离科研生产工作长达十年之久，耽误了一生中宝贵的十年，他为此感到惋惜和痛心。1976 年 10 月上旬，党中央毅然粉碎了“四人帮”，结束了“文革”这场动乱。蔡金涛同广大航天职工欢欣鼓舞，开始了航天事业的新征程。

蔡金涛

蔡金涛院士传记

Academician Cai Jintao's Biography

第十四章 老骥伏枥　志在千里

十年动乱结束后，庞眉皓发的蔡金涛已年近古稀，但仍矢志不移。随着我国科技事业第二个春天的到来，他更加勤奋刻苦，以继续实现自己科技救国、为祖国服务的人生追求。

“文革”结束后，蔡金涛已年近古稀，他一方面为在十年动乱中浪费了宝贵时光而感到痛心疾首，同时又在心底里默默地激励自己，“老牛亦解韶光贵，不待扬鞭自奋蹄”，决心在有生之年为中国航天、为中国的科技事业，付出更多的艰辛和努力，把被耽误的时间补回来，为实现为祖国服务的夙愿而奋斗。

“文革”后，蔡金涛喜迎航天事业新征程

1. 上书直言　振兴二院

“文革”中后期，七机部流传着一句顺口溜：“一院是型号、型号、再型号，二院是体制、体制、再体制，三院是学习、学习、再学习。”每位航天人闻悉后，都各有所思，有些只是付之一笑，没有对它进行更多的思考。对此，蔡金涛思绪万千，甚至有些痛心，但他只能在头脑中思索，万不敢言。1980 年 11 月，经中央书记处批准，在任命屠守锷、黄纬禄等 15 人为七机部总工程师的同时，还任命蔡金涛、吴朔平为七机部技术顾问。技术顾问被视为与七机部总工程师同等之位，他深知其分量，自己虽年事已高，但亦应履职尽责。经过深思熟虑，他亲笔向七机部部长郑天翔和部党组写了一封长信，直陈己见，列举了七机部二院历次体制变革的史实。第一次是从 1962 年开始，从专业技术研究设计院向地空导弹型号研究设计院的转变，二分院的控制系统研究设计部、惯导器件研究设计部及相应的生产单位划归一分院，使二分院在控制系统及惯性技术领域的研究设计力量大为削弱；第二次是 1965 年根据中央专委第 12 次会议《关于上海机电二局划归七机部建制》的决定，将 20 所（弹体所）、21 所（小型液体火箭发动机研究设计所）、22 所（自动驾驶仪研究设计所）、24 所（中制导研究设计所）、27 所（引信研究设计所）等五个研究所，陆续从北京搬迁至上海，划归上海机电二局建制，五个研究所共调往上海机电二局 1224 人，仪器仪表及机床等 2870 台（套），使二院地空导弹的研制配套能力有所减弱；第三次是 1969 年决定二院由地空导弹研究设计院改组为某新型武器系统总体研究设计院。1966 年“文革”开始后，由于林彪、江青两个反革命集团的直接插手破坏，七机部二院成了“文革”的重灾户，科研生产处于停顿和半停顿状态。但大多数干部、科技人员和工人仍在极端困难的条件下，坚持科研生产，继续进行“红旗二号”“红旗三号”“红旗四号”和“红旗六十一号”的研制及某新型武器系统总体方案论证工作。正值地空导弹的研制工作即将出成果之时，二院由地空导弹研究设计院改为某新型武器系统总体研究设计院，地空导弹的研制任务悉数交给上海机电二局，二院则开始在捉摸不定的方向上，苦苦地探索某新型武器系统的技术途径和方案，虽取得一些科技成果，但进展有限；第四次是在中央专委 1978 年第二次会议上，中央领导同志指示，七机部二院要把力量从捉摸不定的方向转到进攻性武器研制上来，留少数人继续搞某新型武器的探索研究。1978 年 12 月 17 日，国防科委、七机部召开联席会议，决定二院承担潜地导弹的研制任务。

他在简要列举二院历次重大体制调整的史实后，动情地说："这些重大体制调整，绝非是二院所能决定的，应该是中央专委、国防科委和七机部所决定的，这些体制调整无疑会影响二院出成果、出人才、出型号的进程。"他诚恳地建议："部领导应努力使二院在型号研制任务、技术发展方向及体制等方面，保持相对稳定，使其获得持续、健康的发展。"

七机部部长郑天翔仔细地研读了蔡金涛的来信，并批示送部党组诸成员阅研。蔡金涛的长信，对二院巩固、发展成为空天防御技术研究设计院，承担潜地固体弹道导弹总体设计任务等，起到了积极的决策和支持作用，从中也可见他心系航天、关注二院的赤子之心。

2. 履职筹建　院科技委

1979 年 12 月 21 日，七机部二院党委下发了《关于建立二院科学技术委员会筹备组的通知》。《通知》中指出，为切实把工作重点转移到科研生产上来，加强党对科学技术的领导，充分调动广大科技人员的积极性，活跃科学技术活动，促进二院科技事业的发展，决定成立二院科学技术委员会。《通知》中明确了二院科学技术委员会筹备组由蔡金涛、吴朔平、黄纬禄、陈怀瑾、宋健等五名同志组成，由蔡金涛任组长。

蔡金涛从心底里拥护二院党委的决定，更有一种责任感和使命感，绝不能辜负院党委的信任和委托，一定要把科技委的筹建工作做好，把院科技委组建好，服务于二院的科技工作。他在担任筹备组组长的近两个月时间里，夜以继日地紧张工作，多次召开不同内容的会议。一是主持草拟《二院科学技术委员会工作条例（征求意见稿）》；二是提出《二院科学技术委员会委员的条件及产生的办法》，并确定委员人选；三是做好二院科技委成立大会的各项准备工作，特别是成立大会有关文件的准备工作。在蔡金涛的主持下，紧紧依靠院和设计部、所、厂两级党委，充分发挥院机关有关部门的积极性，使准备工作得以顺利完成。1980 年 2 月 2 日，院科技委筹备组向院党委提交了报告，认为“建立院科技委的条件已成熟，准备工作已就绪，拟于近日召开成立大会。”院党委批准了筹备组的报告。

1980 年 2 月 8 日至 9 日，二院科学技术委员会召开了第一届第一次全体委员会议暨二院科技委成立大会。会议分两步进行，2 月 8 日由副院长、科技委筹备组副组长黄纬禄主持，在二院图书馆小礼堂召开了全体委员会议，宣布了二院科技委 76 名委员名单，除 7 名委员因事、病请假外，其余 69 名委员到会。会议讨论、修改并一致通过了二院科学技术委员会工作条例；选举了科技委主任委员、副主任委员，各专业组组长、副组长；会议还根据主任委员的提名，一致通过了院科技委秘书长、副秘书长的人选。2 月 9 日召开了二院科学技术委员会成立大会，会议由副院长、科技委主任委员蔡金涛主持。参会人员除全体委员外，还有各设计部、所、厂的科、室、车间的领导和科技人员代表。七机部副部长林爽出席会议并讲了话；院党委副书记、第一副院长柴志代表院党委讲了话；副院长、副主任委员黄纬禄宣布了二院科技委组织机构及人员名单；副院长、副主任委员吴朔平代表院科技委筹备组做了筹备工作情况的报告；蔡金涛致闭幕词，对院科技委 1980 年的工作进行了部署和安排。

院科技委成立大会后，1980年2月12日，二院下发了（80）院办字第72号文《关于印发〈二院科学技术委员会第一届第一次全体委员会议纪要〉的通知》，通知有三个附件：附件一，二院科学技术委员会工作条例；附件二，二院科学技术委员会组织机构及人员名单，主任委员：蔡金涛，副主任委员：黄纬禄（以下副主任委员按姓氏笔划为序），王文超、王兆麒、乔石琼、吴展、吴朔平、陈怀瑾、陈德仁、宋健、李蕴滋、范和定、张梓昌，秘书长：梁守义，副秘书长：鲁宝琦、虞征；附件三，二院科学技术委员会委员名单，第一次全体委员会议确定了76名院科技委委员。1980年5月9日，院科技委下发了《关于增选许西林等同志为院科学技术委员会委员的通知》（〔80〕院科委字第02号文），增补了7位委员，所以二院第一届科学技术委员会共有83名委员。

3.尽职尽责　狠抓预研

通过长期科技工作的实践，蔡金涛切身体会到“凡事预则立，不预则废”和“实践—理论—再实践”这两条哲理对科研生产工作的重要性，因此，在领导科技工作中一直践行这两条哲理。

早在20世纪50年代末、60年代初，蔡金涛作为分管专业技术的副院长，领导和组织分院机关的有关人员，研究、制订预先研究计划，亲自进行审查、批准或上报，使预先研究工作得以顺利开展。尤其值得一提的是，他非常重视包括计量测试、标准化和质量与可靠性等基础技术的预先研究工作。1963年5月6日，二分院副院长蔡金涛、吴朔平联名向国防部五院副院长王诤、钱学森呈送了《关于我国开展元件可靠性研究工作》的报告。报告中说，火箭导弹技术对现代无线电电子学提出了一个重要课题，即提高电子设备的可靠性，建议开展这方面的研究工作。1963年要撤销“K631-A12系统可靠性研究”的课题，蔡金涛批示：“分院的意见，此课题关系到今后系统设计的可靠性，应作进一步研究，故保留。”最后保留了这一课题。

正是基于对预先研究工作重要性的认识，蔡金涛经过深思熟虑，向二分院院长张怀忠、政委董启强提出在第一设计部至第五设计部建立理论组的建议，得到了他们的支持，认为“少数人做些前瞻性、战略性的研究工作，超脱一些为好。”在二分院党委的支持下，成立了理论组。理论组人数不多，但在一些预研课题的研究中确实发挥了很好的作用，如一支队理论组的林金、宗绍禄在制导补偿理论研究上，四支队理论组的曹盛林在六分陀螺仪的研制中，都发挥了重要的作用。在蔡金涛的倡导下，二分院还开展了技术讲座，如请第五设计部何国伟讲授数理统计、第二设计部宋健讲授最优控制，这些也都是预先研究的组成部分，对型号研制起到了前瞻性作用。

二院科技委成立后，在蔡金涛主任委员的领导下，预先研究等工作开展得井井有条，有声有色。1980 年 4 月 29 日，二院科技委下发了《二院科学技术委员会 1980 年的工作计划》(〔80〕院科委字第 01 号文)，随即，二院科技委

晚年的蔡金涛

按既定的计划开展了工作，主要工作有：考核选拔了1980年至1981年出国的进修生，从51名报考人员中选取10名正式出国进修生和8名后备生；进行了二院第一次科技人员晋升高级技术职称的评审工作，这是一件涉及到广大科技人员切身利益和落实知识分子政策的细致而复杂的工作，他带领各位副主任委员及其他有关人员，以严肃认真、公平公正的态度，仔细地工作，使评审工作得以顺利进行，经评审后上报的111名拟晋升的人员，均被七机部批准晋升为高级技术职称；评审了自然科学奖，根据国家科委《关于召开自然科学授奖大会的通知》和国务院发布的《中华人民共和国自然科学奖励条例》，对二院各单位申报的自然科学奖项目进行了认真评审，向七机部推荐了5项，后经七机部评审，向国防科委上报了3项；审查了预先研究课题的立项，二院主管预先研究的部门，整理汇总了各设计部、所、厂上报的预研课题共66项，经过院科技委各专业组的审查和院科技委的复查，最后确定院管课题29项、部管课题31项，共60项课题获得立项；他还积极倡导并组织开展学术交流活动，如工艺技术交流会、微处理机及其应用的学术报告会、关于科技人才成长规律和人才学的报告会、并行处理计算机系统结构的报告会等，对有些学术技术报告会，他

20世纪80年代，蔡金涛（前排左二）参加集体活动

还亲自参加。这些学术技术活动的开展，极大地活跃了二院的学术气氛，使广大科技人员拓宽了视野，增加了新的专业知识。

特别是他利用科技委这个渠道，积极地反映科技人员的意见、建议，主要是关于落实党的知识分子政策，改进科技人员的培养、考核、晋升的办法，以及改善科技人员工作和生活条件等方面的意见与建议，这些意见和建议对院领导的工作起到了帮助了解下情、改进工作的作用，同时，也使科技人员对院科技委的工作更加了解和支持。

1980 年 9 月 1 日至 6 日，蔡金涛又主持召开了二院科技委第二次全体委员会议。在这次会议上，他听取了委员们反映广大科技人员、科技管理人员和科技领导干部的意见与建议，特别是关于推动和促进院科研生产工作的建议。会后，整理并上报了《二院科学技术委员会第二次全体委员会议纪要》，向院党委、院长反映了委员们的意见与建议。他不仅逐词逐句地审核和斟酌了《纪要》内容，还主持召开了主任委员、副主任委员联席会，就委员们提出的意见和建议，进行逐条逐项的研究，并将提出的具体改进措施或建议送交院机关有关部门参考。

科技委成立后不久，很快步入正轨，并开展了卓有成效的工作，用实际行动起到了院党委、院长的参谋、助手和顾问作用，得到了院领导和全院广大科

1983年，在中国电子学会目标识别年会期间，蔡金涛（左）与秘书马文良（右）等合影

技人员的认可与赞誉，这与蔡金涛认真负责、积极努力的工作态度密切相关。

在 1980 年工作开展的基础上，二院科技委在蔡金涛的带领下，根据全院工作总的部署，按照实事求是、量力而行、统筹兼顾、确保重点的原则，不仅全面完成了上级和院领导交办的各种评审、考核、推荐工作，还积极主动地开展了多种学术技术活动，为加速出成果、出人才、出型号服务；大力培养和选拔优秀的中青年科技人才，充分发挥中青年科技人才的中坚作用，使其在型号研制、预先研究和民品开发中做出了更大的贡献；科技委在学术刊物《系统工程与电子技术》的创刊和不断提高刊物的学术技术水平方面，也做了大量的工作。1981 年、1982 年又取得了新的成绩。

1982 年，国务院实行部委机构改革调整，七机部改为航天工业部，科技委正式列入编制。第一届院科技委已届满，后即成立了第二届院科技委。蔡金涛虽不再担任二院科技委领导职务，但仍在学术技术领域，特别是在无线电电子技术领域，发挥着学科技术带头人的作用，默默地耕耘、奉献。

4. 古稀之年　笔耕不辍

1978 年，我国科技界的第二个春天来到了，年届古稀的蔡金涛重新焕发了青春，在科技这片沃土上开始了更勤奋的耕耘。

他的第一类工作是无名无利、为人做嫁衣的著述、译稿的审校与推荐工作，他将此作为培养和提携年轻科技人才的一项重要工作。他废寝忘食、乐此不疲地伏案工作，有时连续伏案三四个小时，每天除了阅读报纸，就是专心致志地从事稿件审核工作。凡有重大修改和补充的，他都签字，以示负责；凡送他审核的著述、译稿，他都如期完成，并适时推荐给有关出版社和杂志社，使著述或译稿得以出版和发表。

第二类工作是亲自撰写或由其主笔与其他同事合作，在年近耄耋之年完成

蔡金涛在工作

一些史料性文稿的编写工作。1986 年，78 岁的他主笔撰写了《旧中国无线电工业概况（从清朝到解放）》著作。1987 年，又编写了约 8 万字的《旧中国资源委员会中央无线电器材公司的兴衰》著作。

两部无线电史类的著述完成并发表后，蔡金涛很是欣慰，但丝毫没有停歇脚步、安度晚年之意。1990 年，82 岁的他在一篇文稿中动情地倾述："我现已届 82 岁老龄，可是耳不聋、眼不花、手脚灵活、头脑清醒，再做些力所能及的工作，以报答国家和人民培养我的深恩，还是可能的。愿早日见到这一愿望的实现！"正因如此，耄耋之年，他还欣然接受主编大型工具书《当代武器大全》之托。这部巨著的编写从一定意义上讲，也是一项系统工程，不仅包括中国的各类武器，还要搜集、整理、汇总、提炼世界有关国家的武器，可谓工程浩繁，复杂艰巨。蔡金涛不顾年迈，以其刻苦认真的态度和严谨求实的作风，要求并组织有关人员广泛而深入地搜集资料，并亲自慎审地研究、核实有关资料和数据，一一核校编写组各位同志提供的文稿，该书的编撰工作前后整整用了 4 年时间。在他 84 岁时《当代武器大全》正式出版，聂荣臻元帅为该书题写了书名，邹家华副总理做了序言。这一大型工具书的版权，还出售到了台湾地区。这一项目荣获航天工业部科学技术进步奖二等奖。

蔡金涛

蔡金涛院士传记

Academician Cai Jintao's Biography

第十五章

鞠躬尽瘁　驾鹤仙逝

1996 年 11 月 28 日，蔡金涛走过了他 88 年朴实而绚丽的一生，溘然辞世。他以突出的业绩和贡献，赢得了组织和群众的敬重与信任，成为广大航天科技工作者的楷模。

蔡金涛一生处世的信条是:“己所不欲，勿施于人”“知足常乐，能忍则安”。他无怨无悔、无欲无憾地走过了88年的人生历程，于1996年11月28日凌晨3时18分在北京溘然辞世。一生中，他以为祖国服务的赤子之心热爱祖国、拥护中国共产党，以勤奋刻苦、拼搏攻关、严谨务实的治学态度忠诚于事业、追逐科学；一生虽偶有磕磕绊绊，但却始终不渝地钻研科技理论，深入实际，在实践中增长知识和经验；为人忠厚坦诚，乐于助人，从心底里认为“十年树木，百年树人，育才不易，千万惜才”；一生绞尽脑汁、千方百计地罗致科技人才，为科技人才创造和搭建英雄用武的平台，并无私地举贤荐才，报效祖国；在从事航天事业近40年的时间里，一直兢兢业业、默默耕耘，用实际行动和突出业绩，铸就了航天科技重要开拓者之一的璀璨一生。正因如此，这位科技界元老深受广大科技工作者，特别是航天科技工作者的敬重，成为广大航天科技工作者的楷模。

1. 组织送别　悼念元老

蔡金涛院士的逝世，使我们失去了一位可敬的老领导，使我国的航天事业失去了一位德高望重、造诣颇深的老科学家，是我国航天科技事业乃至整个科技事业的一个重大损失。为了悼念、缅怀和颂扬蔡金涛的业绩、贡献和伟大品格，激励新一代航天人创新、攀登的精神，1996 年 12 月 12 日，航天工业总公司及二院为蔡金涛举行了隆重的遗体告别仪式。国家有关领导人、科技界的领导和航天科技工业的广大干部、科技人员、工人，都怀着崇敬和依恋的心情，前来送别蔡金涛院士。

参加遗体告别的有：全国政协副主席、中国科学院和中国工程院院士宋健，航天工业总公司总经理、党组书记刘纪原，副总经理、党组副书记王礼恒，副总经理、党组成员白拜尔，王淦昌、任新民、屠守锷、黄纬禄、陈芳允、王希季、罗沛霖、郑哲敏、谢家麟、梁守槃、陆元九、梁思礼、陈德仁、陈敬熊、陈定昌、黄培康、童铠、李伯虎、何新贵等院士或专家，还有一些与蔡金涛共过事的老领导和科技专家，如董启强、刘瑄、薛伟民、吴朔平、李蕴滋、柴志、程荣之、王可立、沈家楠、陈怀瑾、李一鸣、陈雁、史长捷、熊继衮、李波、宗绍禄、左懋先等，原资源委员会上海中央无线电器材公司总经理马师亮之子马小亮、原资源委员会中央无线电器材公司天津分厂厂长蒋葆增之子蒋宗礼等也前来送别。送别的人群在哀乐声中缓缓前行，面向安祥地躺在鲜花翠柏中的蔡金涛遗体三鞠躬，以寄托心中的哀思，表达敬仰和怀念之情。

蔡金涛逝世后，《中国航天报》随即发布了蔡金涛逝世的消息：“中国科学院院士、国际宇航科学院院士、航天工业总公司科技委荣誉顾问、国家一级研究员，七机部原技术顾问，七机部二院原副院长、科技委主任，第三届全国人大代表，第三、五、六届全国政协委员蔡金涛同志，因病医治无效，于 1996 年 11 月 28 日在北京逝世，享年 88 岁”“蔡金涛同志热爱祖国，热爱党，热爱社会主义，坚决拥护和执行党的路线、方针、政策，在政治上、思想上自觉地同党中央保持一致；他谦虚谨慎，勤勤恳恳，忠于职守，事必躬亲，平易近人，深受大家的尊敬。他为我国的电信工程、电磁计量和航天事业的发展做出了重要的贡献。”

《人民日报》于1996年12月27日发表了“蔡金涛同志逝世”的文稿，“新华社北京12月21日电，第三届全国人大代表，第三、五、六届全国政协委员，著名无线电电子学和导弹控制科学家，我国电磁计量科学的开拓者，中国科学院院士、国际宇航科学院院士蔡金涛同志，因病于11月28日在北京逝世，享年88岁，蔡金涛遗体于12月12日在京火化。”“蔡金涛是江苏南通人，1930年毕业于交通大学，后获美国哈佛大学科学硕士学位。新中国成立后，他历任中央重工业部上海电工研究所主任，通信兵部军事电子科学研究院总工程师，国防部五院科学技术委员会副主任委员，二分院总工程师、副院长，七机部技术顾问、七机部科学技术委员会常委，二院副院长，航空航天部科学技术委员会顾问，航天工业总公司科学技术委员会荣誉顾问等职。”“蔡金涛是一位学术造诣高深的老科学家，为发展我国的电讯工程、航天事业及国防现代化建设做出了重要贡献。”

2. 同事下属　怀念赞誉

惊闻蔡金涛逝世的噩耗，早年曾在他领导下的老科学家、在他培养和荐举下成长起来的科技专家，以及在他领导下的广大航天科技工作者，无不悲痛万分，深切怀念这位良师挚友。我国著名导弹控制技术专家、“两弹一星”功勋奖章获得者黄纬禄院士撰文《深切地怀念我们的蔡老》，在文中恳切而谦恭地写道：“蔡老是我的老领导。我刚离开学校走上工作岗位的时候，蔡老就是当时中央无线电器材厂桂林总厂研究室主任，而我是重庆分厂的一名实习员；后来我在中央无线电器材公司上海研究所任职时，蔡老是公司的总工程师兼研究所所长；我在二分院工作时期，他曾是二分院的总工程师、副院长，后为七机部二院副院长兼科技委主任。因此，我有较长一段时间是在蔡老领导下工作的。”

黄纬禄还回忆和列举了蔡老在技术上对自己的指导与帮助。“蔡老是我的老师。我在重庆无线电厂工作时，初次设计便携式军用无线电话机，他从桂林出差到重庆指导我设计，包括设计参数如何选择，结构如何安排才能方便使用，整机调试时应注意哪些问题，以及在野外如何进行试验等，蔡老都给予我精心指导，有时他还亲自参与，直到顺利完成任务。现在看来这些技术虽然没有什么复杂的，可是在那时对一个实习员来说，这样的指导和帮助是多么的宝贵啊！后来在上海研究所时，他对下面很多同志也都进行了热情的指导和帮助，当然我也是一个受益者。”

黄纬禄还赞颂了蔡老的道德风范和品格。“蔡老工作认真细致，他自己能做的事就不麻烦别人。他审阅学报论文稿件时，无不逐句逐字仔细推敲；他为别人编写推荐书时都是亲自翻阅资料，逐条详细书写；当他自己写论文时，往往需做一些繁琐的计算工作，在计算机尚未普及之前，他用一张又一张的稿纸写着密密麻麻的算式和数字，却不愿意请别人为他代劳。在编写文件时，同样也是一遍又一遍地修改和抄写，在他年高体弱有病住院时，那时他已是年过八旬的老人，还带着文稿到医院去审阅。”“蔡老是一位学识渊博、不摆架子、不讲资历、生活俭朴、德高望重且平易近人的好同志，平时无论对谁总是谦虚礼让、尊敬如宾，即使你向他请教问题，他也同样相待，唯恐失礼。”“蔡老在工作和为人等方面都是我们学习的楷模。当蔡老离我们而去的时候，我深切地怀念着他。我亲爱的老师、尊敬的领导蔡金涛同志安息吧！”

早年曾从事我国高空电离层探测研究的无线电电子技术科学家李蕴滋，也撰写了《谦谦长者风范永存——沉痛哀悼蔡金涛同志》的文章。李蕴滋在文章中指出:“蔡老是我院成立以来对我院科技发展多有建树的老专家。蔡老的逝世，使我们失去了一位德高望重的好领导和老专家，令人至为痛哉！”“我与蔡老共事是从通信兵部研究所开始的。1957 年，国防部五院二分院成立后，我又在蔡老的领导下做技术工作，在与蔡老共事的岁月中，蔡老那严谨认真的工作作风，对技术精益求精的精神，对同志热心诚恳的态度，都给我留下了极为深刻的印象。回想起来仍历历在目，记忆犹新。现仅举二三例往事，以祭蔡老英灵并深深地悼念他老人家。”

李蕴滋列举了仿制“543”地空导弹武器系统时蔡老所作的贡献。“从 1958 年到 1965 年，二分院在搞‘543’仿制工程时，蔡老是二分院总工程师，后为副院长，当时我在第三设计部（后为 23 所）从事技术工作，期间曾两次分别在总师办和第三设计部向蔡老汇报工程进展情况。每次汇报时，蔡老都是聚精

蔡金涛（右三）和李蕴滋（右二）等合影

会神地听取全部汇报，对汇报的每个细节都非常认真和关注。每次听完汇报后，他都对其中的重点问题和关键的技术细节进行详细询问，并提出自己的看法和处理意见。对工程的进展和技术人员的工作，蔡老都给予充分的肯定和鼓励，体现了老科技专家的优良作风。蔡老对工作的认真态度，对同志的热忱关心，使人感到他是一位和蔼可亲、平易近人的谦谦长者。”

李蕴滋还回顾了在二院科技委与蔡老共事时的往事，“蔡老在任二院科技委主任时，以一个老专家特有的远见，对二院的技术发展方向、科研重点课题和新技术的预先研究工作等，都非常关注，并给予明确的指导，对二院的科技发展做出了突出的贡献。”

李蕴滋还述及了同蔡金涛一起去南通参加一项科技成果鉴定会的一段往事，“1987 年，我曾与蔡老一起参加二院计量标准所（即现在的 203 所）在江苏南通举行的一次技术鉴定会。当时蔡老已年近八旬，南通又是蔡老的故乡，按理说蔡老可借此机会探亲访友、抒发思乡爱乡之情。可蔡老却没有这样做，他自始至终参加了全部鉴定活动。在鉴定过程中非常认真地审查科技成果，实事求是地评价成果的技术水平，对成果做出了客观的技术评价，保证了鉴定会的顺利进行。这次鉴定会使大家再次深刻地感受到蔡老那大公无私、认真负责、全心全意为人民服务的精神。每每忆及此事，总使人感动不已、难以忘怀。”

李蕴滋还痛惜地回忆到：“记得在蔡老 80 寿辰时，我曾参加了中国计量学会为他举行的庆祝晚宴，当时蔡老神采奕奕，举箸有力，谈笑风生。大家都衷心地祝福他健康长寿，那时他也完全不像是耄耋老人。何以想到，仅仅在 8 年之后，蔡老竟溘然长逝，怎能不令人痛彻心腹，挥泪哀悼呢！”

最后，李蕴滋衷心地祈祝：“蔡金涛同志千古！”

蔡金涛辞世后，航天系统和我国无线电电子工业系统的广大干部、科技人员、工人，都以不同形式悼念蔡老，祭文更是不胜枚举，所述黄纬禄、李蕴滋

1957年，蔡金涛和于德辉的银婚照

两位科学家的追忆与赞赏，足以代表这些干部、科技人员和工人的心声。

3.临终之前　牵挂夫人

1990年，时至晚年的蔡金涛写了万余字的自述，他在自述中满怀激情地写道："我的爱人于德辉1908年生于江苏省南通县骑岸镇。她系南通市省立第七中学（即今南通中学）校长于敬之之女，毕业于南通女子高中师范学校。我们于1932年结婚。1938至1946年，她随我奔波于桂林、遵义、重庆近9年。回上海后她继续求学，于1951年6月至1952年3月修业于上海增产会计学校，专修簿记和会计。她一直未能找到适当的工作，只是留在家中抚养子女和料理家务。我在事业上能有些许贡献，她的帮助起了很大的作用。到二分院后，她按院领导之意做了些家属委员会的服务工作，于1964年3月8日被选为五好家属，获有奖状。1963年4月16日和1966年4月4日经过选民投票，她当选为北京市海淀区第五届和第六届人大代表。"

于德辉随同蔡金涛调入二分院后，按当时的情况本可以安排工作，但分院领导考虑到蔡金涛这位老专家生活上需要有人照顾和料理家务，且他技术一级的工资在当时是很高的，所以希望他的夫人于德辉担任家属委员会主任，做些服务工作。从来不向组织和领导提任何要求的蔡金涛，肯定不会为爱人的工作问题去麻烦领导。所以，于德辉这位贤妻良母就一直未到单位参加工作，而成了操持家务的家庭妇女。可到了老年，她不但没有退休金，而且医疗费也要自费。

于德辉年老多病，最让蔡金涛担心的是其医疗费问题。所以，他在遗嘱的初稿中写道："妈妈为你们劳累一生，抚育、逃难，放弃了就业的机会，我天年后，她将来不会领到很多抚恤金，也不会有退休金，你们要好好赡养，使她能安度晚年。"他还写道："存款及家产，包括积存和家用什物，一半本属于妈妈所有，其余的一半我也要留给她，以酬谢她陪伴我一生的辛苦。那就是说，现在遗留下的私产，全部由妈妈全权支配。"

从蔡金涛的遗嘱中足可见这对恩爱夫妻相濡以沫 64 载的深厚情谊，也可见他对夫人的关爱与牵挂，更可见于德辉全力支持他的工作与事业和对我国航天事业做出的奉献。二院领导实事求是，从实

1992年，蔡金涛（右）和于德辉（左）庆祝钻石婚

际出发，对于德辉的医疗费问题给予了妥善处理。

4. 晚辈痛悼　矢志承业

蔡金涛在留给长女愉祖、长子光祖、次女卫祖的遗嘱中，嘱咐子女："你们要勤奋工作，勿辜负毛主席的教导和党的培养。"

他的子孙们都没有辜负他的教诲与期望，祖孙三代均在航天科技工业的不同工作岗位上，勤奋而努力地工作着。

长女蔡愉祖，生于1939年11月4日，1962年毕业于北京大学六年制的数学力学系数学函数论专业。1962年至1982年，在国防部五院二分院第一设计部（即后来的七机部一院12所）从事液体弹道导弹运载火箭控制系统的研究与设计工作，期间参加研制的长征三号运载火箭项目于1985年荣获国

20世纪70年代初，蔡金涛夫妇与家人合影

家科学技术进步奖特等奖，蔡愉祖是其中的子项“大型运载火箭稳定系统设计”的主要完成人之一。1981 年 2 月至 1983 年 7 月，蔡愉祖在美国进修计算机图形学，回国后到二院 204 所（后与 706 所合并）领导和参加了多个专家系统的研制，其中她作为主要完成人完成的运载器姿态控制系统辅助设计专家系统，在 1991 年获航空航天部科技进步奖二等奖，其相应的科技报告被评为一等航天科技报告。

1993 年，蔡愉祖在父亲蔡金涛的启发与说服下，开始了软件工程的研究与推广工作。其实，蔡金涛早在 1978 年就从 AD 报告 (AD/A-78005) 中开始研究和学习软件工程，并总结和提炼了其中的要点。软件工程是一门研究大型软件生产的工程学科，其中的要点可以归纳为：一类对象，大型程序；两大支柱，方法与工具；三个特征，实用性、标准化、变动性；四项原则，简明精炼、稳妥可靠、组织严密、质量检验；五道工序，要求、规范、设计、实现、维护。他还对软件的可靠性给出了定义，即是软件在多次反复执行中无故障的概率。正因如此，蔡愉祖在父亲的影响下，于 1993 年开始参与研究和推广软件工

20世纪80年代初，蔡金涛（右二）与孙辈合影

程，在国内最先翻译了 CMMV1.1(《评价承包商软件过程能力的方法及实践》)，1997 年 1 月由国防科工委质量与可靠性中心出版，内部发行；她还承担了国防科工委“九五”预研课题“军用软件过程评估技术研究”，该课题于 1999 年 11 月通过鉴定，鉴定委员会认为，该项研究在 CMM 的实施方面为国内领先水平。1999 年 12 月，蔡愉祖退休。

蔡愉祖膝下有子女两人，女儿谢懿丹毕业于北京大学计算机系微电子专业，后又获得加拿大 UBC 大学的物理系和多伦多大学计算机系硕士学位；儿子谢瀛毕业于北京大学物理系，后获得美国伊利诺伊（香平）大学物理系和计算机系的硕士学位。两人现都在各自的专业技术领域工作。

长子蔡光祖，生于 1942 年 12 月 25 日，1961 年高中毕业后参军到西安军事电讯工程学院无线电工程系学习。“文革”期间毕业，他被分配到陕西省宝鸡市元件厂（地方和私人合营的工厂），生产电缆接插件；1970 年转到宝鸡无线电厂；1981 年调到北京七机部二院 699 厂，在厂质量检验处复检组，负责对电子元器件、无线电缆、漆包线等进行出库复检工作。蔡金涛要求蔡光祖按照实践、实践再实践，实践出真知的精神和周总理提出的“严肃认真、周到细致、稳妥可靠、万无一失”的要求，努力做好本职工作。蔡光祖牢记父亲的教诲，一直埋头苦干，默默无闻地工作着，在复检工作中做出了一定的成绩。膝下之子蔡明 1979 年 9 月 20 日出生于北京，当蔡明进入中学后，蔡老曾多次鼓励蔡明：“好好学习，天天向上，将来祖孙三代一起为航天事业工作，是一件非常有意义的事情。”蔡明于 2002 年毕业于北京机械工业学院电子自动化系，分配到航天科工集团公司二院 283 厂，从事导弹测试计量工作，实现了蔡老“三代人同为航天事业工作”的梦想。

次女蔡卫祖，生于 1948 年 11 月 13 日，“文革”时下乡，1977 年恢复高考后，考取天津大学无线电技术系，成为恢复高考后第一届大学本科生。1982 年

2 月毕业，分配到七机部一院 200 厂检验科仪器室，后在 200 厂设备处技术组，一直兢兢业业地从事技术工作，2003 年 11 月退休。其女马歌曾留学德国，现在北京某公司工作。

或许是受蔡金涛的影响，他的子女、孙辈基本从事的是无线电类或与其关联紧密的专业，并在各自的岗位上艰苦奋斗、奋发向上。他们将对蔡老的追思化为力量，用做好本职工作的实际行动缅怀先辈。

结束语

蔡金涛的一生是热爱祖国、热爱人民、拥护中国共产党、全心全意为祖国服务的一生，他一生嗜书如命，刻苦钻研，全身心地追逐事业和科学，为我国的电信工程、电磁计量、无线电技术和航天事业的发展，做出了突出的重要贡献。

在航天工业总公司及其二院为他举行的遗体告别仪式上，印发了经二院党委和航天工业总公司党组审定的蔡金涛同志生平，现以此生平作为《蔡金涛院士传记》一书的结束语。

蔡金涛同志生平

中国当代著名的无线电电子学和导弹控制科学家，我国电磁计量科学的开拓者，航天工业总公司有突出贡献的老专家，一级研究员，中国科学院院士，国际宇航科学院院士蔡金涛同志因病医治无效，于 1996 年 11 月 28 日凌晨 3 时 18 分在北京逝世，享年 88 岁。

蔡金涛同志 1908 年 7 月 1 日生于江苏南通县一农民家庭，早年勤奋好学，立志科学报国。1930 年毕业于交通大学（现上海交通大学）。1934 年获清华大学奖学金赴美深造。1936 年获美国哈佛大学科学硕士学位。1937 年回国后，在中央研究院物理研究所任副研究员、研究员，后任资源委员会中央无线电器材厂研究室主任。1944 年在遵义任浙江大学工学院电机工程系教授。1945 年后，在中央无线电器材公司担任总工程师兼研究所所长。新中国成立后，历任中央重工业部电信工业局上海电工研究所主任，通讯兵部军事电子科学研究院总工程师。1957年底调入国防部第五研究院工作，先后担任二分院总工程师、副院长，七机部二院副院长、科技委主任，并曾任国防部五院首届科技委副主任，七机部技术顾问、科技委常委，航空航天部科技委顾问，航天工业总公司科技委荣誉顾问等职。1963年参加中国人民解放军，被授予技术大校军衔。还先后选为第三届全国人大代表，第三、五、六届全国政协委员，第七届北京市人大代表，中国电子学会第一、二届副理事长，中国计量测试学会第一届副理事长，中国航空学会、中国宇航学会理事，中国电子学会、中国计量测试学会、中国航空学会名誉理事，中国电子学会编辑工作委员会主任委员，《中国电子学报》主编（1962至1984年）等职。

蔡金涛是我国电子学学科的前辈，一直从事无线电方面的研究工作，熟悉四门外语，在电子技术和电磁计量等领域有很深的造诣。在30～50年代，他发表了20多篇学术论文和一部专著。对我国的电信技术和电磁计量科学的建立与发展起到了开拓与推动作用。

蔡金涛在专业技术领域的成绩与贡献是多方面的，在国内外享有很高的声誉。1934年蔡金涛在美留学期间，根据国家的需要，收集到了制造高功率发信管的工艺、材料与检验等资料，回国后帮助蒋葆增筹建了资源委员会中央电工二厂真空管车间。1938年生产出中国历史上第一批真空管。他是创办我国真空管制造业的元老之一。

在美留学期间，为筹建我国的计量标准，蔡金涛受命到美国商务部标准局考察，并参加了标准局的工作。他的工作引起了国际无线电科学协会创始人J.H.Dellinger的重视，受到了较高的评价。回国时，他为中央研究院物理研究所购买了校准用的仪器仪表，并自费携带亲自调校好的装有6个标准电池的特制恒温盒和两个1欧姆标准电阻器前往欧洲，经巴黎国际度量衡局及法国、英国和德国等有关单位进行测试比对后，证明具有很高的准确度。带回国后，成为我国第一批“国际伏特”和“国际欧姆”的候选单位标准，现由中国计量科学院珍藏。他是我国建立电磁学计量标准的创始人之一。

1938年蔡金涛在中央研究院物理所桂林工作站工作期间，组建了敌后通讯队，培养了300多名机务员、报务员，并组织生产了所需的全部无线电收发设备。1941年秋，他转任资源委员会桂林中央无线电器材厂研究室主任，又组织研制了扫雷探测器、军用通讯机、交流稳压电源、扩音机等抗战急需的产品。抗战胜利后，他任上海中央无线电器材公司总工程师兼研究所所长期间，领导自行设计了一批实验室需用的仪器，中功率扩音机、高级多管全波段收音机、自动换片的收扩两用机等，并为市场生产了几百部资源牌高级收音机。许多国内外知名学者和专家都曾在他领导的桂林研究室和上海研究所工作过。

上海解放后，中央无线电器材公司的这个研究所由华东工业部接管，改称上海电器工业研究所，仍由他任主任，组织研制了弹速测量仪、应力计、单路载波机、无线电探空仪、印刷电路、汞电池、氧化铜整流器等产品。

1953年1月，他被调到军委通信部电信技术研究所工作，在没有资料可借鉴的情况下，与张志英、蒋通等同志一起，在国内首先研制成晶体管脉冲相位调制多路终端机，为我国微波接力脉冲多路通讯系统的发展奠定了基础。

1958年初，蔡金涛调入二院，从事导弹控制系统的研制工作。1962年我国自行研制的地地导弹首发飞行试验失败后，为解决弹体颤振问题，他受命召开了控制系统方案论证会，提出了解决方案，保障了后续发射的成功，为以后的中程、中远程、远程、洲际地地导弹控制系统的研制成功打下了基础。在地地导弹控制系统的研究中，蔡金涛支持并参与捷联惯导、坐标转换、平台－计算机等新方案的研究，以蔡金涛为主任委员的二分院控制系统初步方案定案委员会作出了以新方案代替惯性－无线电混合制导的重要决策。全惯性制导系统的设计成功，使我国的导弹制导技术实现了质的飞跃。

在地空导弹的研制中，他主持了我国多种型号的方案论证工作，为改型研制有较大作战空域、抗干扰性强，并击落了多架美制RB-57D和U-2高空侦察机的防空导弹作出了贡献。

70年代后期，为适应新技术迅速发展的形势，他更加重视高新技术的预先研究和应用。1979年底，他提出了在型号设计中采用CAD/CAM（计算机辅助设计/计算机辅助制造）的建议。80年代初，鉴于可靠性在导弹研制中的重要性，他提出了开展可靠性研究的建议。他支持二院与电子工业部合作研制微型计算机，支持声表面波技术的开发与研制等。尽管他年事已高，但一直十分关心二院的建设与发展，十分关心人才的培养。他主编的大型工具书《当代武器大全》在他84岁高龄时正式出版。他为我国的航天事业贡献了自己的毕生精力。

蔡金涛同志既是一位在学术上有很高造诣的老科学家，又是一位深得群众爱戴的领导者。在几十年的革命工作中，他热爱祖国，热爱党，热爱社会主义，坚决拥护和执行党的路线、方针、政策，在政治上、思想上自觉地同党中央保持一致；他谦虚谨慎、勤勤恳恳、忠于职守、事必躬亲、平易近人，深受大家的尊敬。他作为我国电信事业的先驱者之一，为我国的电信工程、电磁计量技术及航天事业的发展作出了重要的贡献。

蔡金涛同志的逝世，使我们失去了一位可敬的老领导，使航天事业失去了一位德高望重的老科学家，他的突出业绩和优良品质将永远值得我们怀念和学习。

蔡金涛同志永垂不朽！

蔡金涛大事年表

1908 年

7 月 1 日，出生于江苏省南通县石港东乡二总庵东邻（现属五总乡）。

1913 年　5 岁

入私塾，塾师王元先生。

1914 年　6 岁

就读于另一私塾，启蒙老师为张辅庭先生。

1918 年　10 岁

8 月，考取南通县县立第四高等小学（即骑岸小学），校长兼级任为方仲谟先生。

1920 年　12 岁

8 月，高小毕业，考取江苏省省立第七中学（现南通中学）初中部，时任校长史介人先生。

1923 年　15 岁

8 月，初中毕业，升入江苏省省立第七中学高中部，时任校长于忱先生。

1926 年　18 岁

7 月，高中毕业，以江苏省省立第七中学高三年级理科第一名的成绩毕业，并考取交通部南洋大学（现上海交通大学）电机工程学院电信门。

1930 年　22 岁

7 月，大学毕业，进入上海中国电气公司电话机装配厂（美商）实习（技士）。

12 月，调往由上海中国电气公司代管的广州市自动电话局，任维修工程师。

1931年　23岁

3月，进中央研究院物理研究所，任助理研究员。

1932年　24岁

9月，与于忱之女于德辉结婚。

1933年　25岁

8月，获得清华大学庚子赔款赴美留学资格。

10月，作为第二作者（第一作者为陈茂康）在《中国物理学报》1卷1期上发表《1米波长表的理论、设计和校准》。

1934年　26岁

8月，离沪经日本、檀香山赴美，在旧金山入境。进华盛顿美国商务部标准局学习电磁仪器的制造与校准等方面的技术。

1935年　27岁

8月，进哈佛大学攻读无线电学硕士学位。

1936年　28岁

7月，获哈佛大学科学硕士学位（电信工程）。

7月，到美国国际电话电报公司纽瓦克工厂，实习高功率无线电真空管制造技术。

11月，与同时庚款留美的大学同班同学蒋葆增一起，草拟建真空管厂的计划，列出设备清单，并协助朱其清与美国有关厂商签订供货合同。

1937年　29岁

1月，接中央研究院物理研究所之令，重进美国商务部标准局，为物理研究所在美采购标准电磁仪器、仪表，并在标准局进行比对。

8月，用节省下来的经费赴欧，将电磁单位标准送往法、英、德有关单位和巴黎国际度量衡局进行测试、比对。

10月，由意大利热内亚启程坐轮船回国，年底抵香港。

1938年　30岁

2月，应蒋葆增之邀前往湖南湘潭下摄司中央电工器材二厂，协助筹建真空管制造车间，并生产出了中国历史上第一批真空管。

4月，回到位于上海法租界内的中央研究院物理研究所，任副研究员。

7月，奉命负责物理研究所迁往广西桂林，组建物理研究所桂林工作站，任研究员，并负责物理研究所桂林工作站的工作。

8月，兼任李四光担任馆长的桂林科学试验馆研究员。

9月，在李四光的领导下，在物理研究所桂林工作站开办了两期报务员训练班和两期机务员训练班，培养了200多名报务员和100多名机务员，还领导研制生产了战时急需的无线电收发报机等设备，完成了组建一支通信队的任务。

1939年　31岁

10月，原在美留学时撰写，后在桂林时又用中文补写的论文《展开网络行列式的简捷法》，发表在《中国物理学报》3卷2期上。

1941年　33岁

7月，应原资源委员会桂林中央无线电器材厂之聘请，并征得物理研究所所长丁西林的批准，离开物理研究所，任桂林中央无线电器材厂研究室主任。

1942年　34岁

7月，被临时派赴重庆参加中央训练团党政班第21期受训5周，并集体加入国民党。返回桂林中央无线电器材厂后，曾任区党部候补执行委员和执行委员，负责宣传工作。

1944年　36岁

3月，桂林中央无线电器材厂的员工已达800人，蔡金涛担任主任的研究室已有25名左右的技术人员。

8月，受内迁到贵州遵义的浙江大学校长竺可桢之聘请，任浙江大学工学院电机工程教授一年。

1945年　37岁

8月，前往重庆到资源委员会中央无线电器材厂重庆分厂暂驻，并参加和指导重庆分厂的技术工作。

10月，婉拒资源委员会关于“接收大员”的任职。

11月，完成了《超外差式接收机的统一调谐问题》论文，还与何午山合作完成了《交流电磁饱和式自动稳压器的原理和设计》论文，并试制出了样机。

1946年　38岁

12月，返回上海，任中央无线电器材公司（原为中央无线电器材厂）总工程师兼研究所所长。

1947年　39岁

4月，着手在日侨的修理所原址上筹建研究所及试验室，招募科技人员。

8月，兼任国立交通大学教授，指导两名硕士研究生。

1949年　41岁

5月，拒绝国民党政府和国防部二厅关于将中央无线电器材公司及研究所迁往台湾的决定，在资源委员会委员长孙越崎的领导下，并得到中共上海地下党的支持帮助，经过周旋和斗争，保护了设备和科技人员等资源，与中央无线电器材公司总经理马师亮和研究所秘书潘德钦等一起留在了上海，拥抱解放后的新政权。

11月，研究所独立出来，改称上海电器工业研究所（简称上海电工所），划归为华东区工业部电器工业处代管，任所长。

1950年　42岁

1月，上海电工所交给重工业部，两个月后，又交给电信工业总局，一直任所长，在此期间，随研究所员工一起加入了上海五金工会，为会员。

5、6月，在《电信建设》1卷5、6期上发表《交流电磁饱和式自动稳压器的原理和设计》论文。

7月，在《电信建设》1卷7期上发表《声频功率输出计的设计》论文。

8月，在《电信建设》1卷8期上发表《矫正电源频率变动对于交流稳压器的影响》论文。

9月，被评为上海市第一届劳动模范，第一次聆听陈毅市长的祝辞和讲话。

11月至1951年1月，在《电信建设》1卷11期、12期和2卷1期上连载发表《统一调谐》论文。

1952年　44岁

6月，赴苏州华东革命大学学习。

12月，在苏州华东革命大学学习结业，返回上海，被分配到军委通信部电信技术研究所。

1953年　45岁

1月，调往军委通信部电信技术研究所，任研究员。

10月，参加军委通信部举办的"政治理论培训班"，学完了全部课程。

1954年　46岁

9月，以工程组长的身份，与张志英、蒋通等一起完成脉冲多路通信样机多路部分的线路试验，后又配上微波收发部分。

1955年　47岁

9月，被定为肃反对象，接受政治审查。

1956年　48岁

5月，在《电子学研究》（内部刊物）上发表《各种形状的脉冲所组成的脉冲列被调制后的频谱分析》论文。

11 月，通信兵部对蔡金涛政治历史问题做出结论：没有发现较严重政治历史问题。

1957 年　49 岁

1 月，通信兵部电信技术研究所与邮电部电信科学研究所合并，组建了中国人民解放军军事电子科学研究院，被任命为通信研究室主任，被评为一级研究员。

4 月 21 日，在中南海怀仁堂第一次受到毛泽东主席等党和国家领导人的接见，并合影留念。

5 月，被任命为军事电子科学研究院总工程师。

1958 年　50 岁

2 月，调入国防部五院二分院，先后担任一室（控制系统研究室）主任，同钱文极、黄纬禄等参加了关于“8109”工程等初步设计任务书与苏方的谈判。

4 月，任二分院第一专业设计部副主任。

1959 年　51 岁

4 月，担任第三届全国政协委员。

12 月，成立以周维为团长，廖昌林、钱文极、薛伟民、蔡金涛等为团员的“8109”工程初步设计审查代表团。

1960 年　52 岁

6 月，主持仿制苏 P-2 导弹（国内代号为“1059”）控制系统方案研讨会，为地地型号控制系统的研制和发展奠定了基础。

11 月，主持控制系统仿制的“1059”（1964 年后称为“东风一号”）液体近程弹道导弹发射成功。

12 月，被任命为国防部五院二分院总工程师。

12 月，撰写《苏联“1060”导弹弹道的推导》内部科技报告。

1961年　53岁

3月，主持成立专题组，解决电磁信号屏蔽问题。

5月，国防部五院二分院成立了蔡金涛为主任委员，吴朔平、黄纬禄为副主任委员的地地导弹控制系统初步方案定案委员会。

9月，被任命为二分院副院长。

1962年　54岁

2月，国防部五院首届科技委员会成立，任副主任委员兼地空导弹专业组组长。

4月，当选为中国电子学会副理事长兼编辑工作委员会主任委员。

5月，主持东风二号第一发导弹飞行试验控制系统故障分析会，并讨论采取改进措施。

7月，主持完成并上报了《关于地空导弹技术途径几个问题的意见》。

8月，担任国家科委仪器仪表组组员，参加国家仪器仪表规划的制订与讨论工作。

11月，《契包舍夫式工作参数滤波器的原理和计算》一书由科学出版社出版。

1963年　55岁

6月，在仿制苏C-75地空导弹武器系统（国内代号为“543”，后改称“红旗一号”）中，主抓控制系统，“543”导弹成功地进行了两次飞行试验。

8月，参军，被授予中国人民解放军技术大校军衔。

12月，主持完成了《地地、地空导弹控制系统专用计算机的规划设想》。

1964年　56岁

2月，参加中国航空学会，任第一、三届理事会理事，兼第三届电子专业技术委员会主任委员，后任第四届理事会名誉理事。

主持完成了《国防五院二分院八年导弹武器规划》。

6月，兼任国防部五院二分院第二总体设计部（地空导弹总体设计部）主任。

12月，国防部五院二分院转为七机部二院，仍任二院副院长兼第二总体设计部主任。

12月，当选为第三届全国人大代表。

1965年　57岁

6月，国防部五院现役军人从1965年6月1日起集体转业。

1966年　58岁

3月，在《中国电子学报》第1期上发表《关于网络问题的简捷解法》论文。

1967年　59岁

10月，完成《接近地面的电场强度计算》和《λ=3cm电波射程计算》两篇论文。

11月，完成《关于天线接收到的场强、天线有效面积、天线增益等方面的一些问题》论文。

1968年　60岁

6月，接受隔离审查。

1969年　61岁

11月，隔离审查结束，进入“学习班”（牛棚）。

1972年　64岁

8月，对蔡金涛没查出新的政治历史问题。

1973年　65岁

12月，领导口头宣布恢复蔡金涛的工作，仍任二院副院长。

1975年　67岁

11月，组织上宣布：蔡金涛的政治审查维持1956年的结论，“没有比较严重的政治历史问题”，并落实政策。

1977年　69岁

10月，组织上正式宣布恢复其二院副院长职务。

11月，七机部二院归北京市领导，当选为北京市第七届人民代表大会代表，并担任小组副组长。

1978年　70岁

2月，被北京市委任命为二院副院长，当选为第五届全国政协委员。

3月，代表中国电子学会出席全国科学大会。

11月，当选为中国计量测试学会副理事长。

1979年　71岁

10月，当选为中国宇航学会理事兼电磁计量专业委员会名誉主任。

11月，率代表团（共4人）前往美国华盛顿参加了国际精密时间和时间间隔(PTTI)会议。

12月，七机部二院科技委筹备组成立，任组长。

1980年　72岁

2月，任七机部二院科技委主任委员。

11月，经中央书记处批准，任七机部技术顾问，当选为中国科学院学部委员（后改称院士）。

1981年　73岁

9月，任中国宇航学会计量测试专业委员会名誉主任。

10月，任七机部科学技术委员会委员、常委。

1982年　74岁

9月，退居二线，仍任七机部技术顾问、二院研究员、中国科学院学部委员。

10月，任航天工业部科学技术委员会电子专业组成员。

1983 年　75 岁

6 月，当选为第六届全国政协委员。

9 月，被哈尔滨工业大学聘为兼职教授，当选为中国电子学会高级会员和名誉理事。

1984 年　76 岁

7 月，当选为中国计量测试学会第二届理事会理事。

1985 年　77 岁

10 月，在国际宇航联合会第 36 届大会上，同我国其他 11 名宇航科学家首次被接纳为国际宇航科学院院士。

10 月，荣获中国科学院颁发的“从事科技工作五十年”荣誉奖状。

11 月，荣获中国电子学会颁发的“对您在过去 50 年对中国电子事业做出的贡献表示祝贺”的荣誉证书。

1986 年　78 岁

主笔并与王端骧等 4 名老同事合写了《旧中国无线电工业概况（从清朝到解放）》，在电子工业部《电子工业史料》第 2 辑上发表。

1987 年　79 岁

12 月，完成《旧中国资源委员会中央无线电器材厂（公司）的兴衰》（8 万字）的撰写。

1988 年　80 岁

5 月，在中国航空学会第四届理事会上，被聘为名誉理事。

1989 年　81 岁

10 月，获国防科工委颁发的献身国防科技事业 31 年、为国防现代化建设做出突出贡献的特等奖，以及“献身国防科技事业”荣誉证章、证书。

11 月，获中国科学院颁发的“感谢您对中国科学事业做出了贡献”荣誉证章。

12月，在中国计量测试学会第三届理事会上被聘为名誉理事。

1991年　83岁

2月，被中国电子学会聘为会士（元老会员），并颁发了证书。

3月，任航空航天部科技委委员。

6月，任航空航天部科技委顾问。

9月，被航空航天部授予“有突出贡献专家”荣誉称号。

10月，成为首批享受国务院“政府特殊津贴”的专家。

1992年　84岁

6月，主编的大型工具书《当代武器大全》正式出版发行，该项目荣获航空航天部科学技术进步奖二等奖。

9月，被中国电子学会第五届理事会聘为《电子学报》编委会顾问。

9月，获航空航天部颁发的“从事航天事业30年”荣誉证书及纪念品。

1993年　85岁

1月，获中国电子学会第五届理事会颁发的奖牌，奖牌上刻着“蔡金涛名誉理事：您是中国电子学会创建人之一，为中国电子学会的成长与发展做出了卓越的贡献。值中国电子学会成立30周年之际，向您表示崇高的敬意。

6月，任航天工业总公司科技委顾问。

1996年　88岁

11月28日，因病去世。

蔡金涛主要著作与论文目录

[1] 蔡金涛. 契包舍夫式工作参数滤波器的原理和计算. 北京: 科学出版社, 1962.

[2] 陈茂康, 蔡金涛. 1 米波长表的理论、设计和校准. 中国物理学报, 1933, 1 (1).

[3] 蔡金涛. 展开网络行列式的简捷法. 中国物理学报, 1939, 3 (2).

[4] 蔡金涛, 陈德仁. 负反馈式阻抗升高器. 电信建设, 1950, 1 (2).

[5] 蔡金涛, 何午山. 交流电磁饱和式自动稳压器的原理和设计. 电信建设, 1950, 1 (5, 6).

[6] 蔡金涛, 陈德仁. 声频功率输出计的设计. 电信建设, 1950, 1 (7).

[7] 蔡金涛. 矫正电源频率变动对于交流稳压器的影响. 电信建设, 1950, 1 (8).

[8] 于美 (蔡金涛的笔名). 整流器的接法. 电信建设, 1950, 1 (10).

[9] 蔡金涛. 统一调谐. 电信建设, 1950, 1 (11, 12). 1951, 2 (1).

[10] 于美 (蔡金涛的笔名). 关于反相器. 电信建设, 1951, 2 (5).

[11] 蔡金涛. 各种形状脉冲列被调后的频谱. 电子学研究, 1957, (2).

[12] 蔡金涛. 关于精密测量的一些问题. 研究与学习, 1961, (12).

[13] 蔡金涛. 关于网络问题的简捷解法. 电子学报, 1966, (1).

[14] 蔡金涛. 当代武器大全. 广东: 广东科技出版社. 1992.

参考文献

[1]《当代中国的航天事业》编辑委员会．当代中国的航天事业．北京：中国社会科学出版社，1986.

[2]《当代中国的国防科技事业》编辑委员会．当代中国的国防科技事业：上册．北京：当代中国出版社，1992.

[3]《当代中国的国防科技事业》编辑委员会．当代中国的国防科技事业：下册．北京：当代中国出版社，1992.

[4]国防科学技术工业委员会．走进新世纪的中国航天——纪念中国航天事业创建50周年．北京：中国宇航出版社，2006.

[5]国防科学技术工业委员会．中国航天50年回顾．北京：北京航空航天大学出版社，2007.

[6]聂力．山高水长——回忆父亲聂荣臻．上海：上海文艺出版社，2006.

[7]冯德秀．钱学森和他的母校上海交通大学．上海：上海交通大学出版社，2011.

[8]朱嘉耀．南通师范学校史：第一卷纪事．南京：南京师范大学出版社，2012.

后 记

《中国航天院士传记丛书》是以传主的人生历程，特别是以其科技生涯为主线；以传主的业绩、贡献、成就与品格风范为主题；集传主、航天工作者、航天史、航天科技成就于一体，并具有较好可读性的大型传记类丛书，是一项系统工程。

《中国航天院士传记丛书》是在中国航天科技集团公司和中国航天科工集团公司统一领导下编写出版的，航天二院负责《蔡金涛院士传记》等9个分卷的组织编写工作，二院院士传记编审委员会办公室负责传记编撰的具体组织工作。

撰写院士传记，无疑是一个艰巨、复杂而细致的研究总结过程，尤其是蔡金涛院士是我国航天系统年龄最长的一位院士，他经历了第一次国内革命战争、第二次国内革命战争、抗日战争、第三次国内革命战争和中华人民共和国的建立以及社会主义革命、社会主义建设的各个时期，也饱尝了我国实施以经济建设为中心、实施改革开放政策后的巨大变化，称得上是我国科技界的巨匠，我国无线电电子技术的泰斗级元老，我国无线电电磁计量技术、真空管制造技术、航天控制技术及导弹系统工程技术的重要开拓者之一。梳理这位从清末、中华民国走过来并经历了新中国科技事业、电信事业、航天事业创建、发展壮大过程的科学巨匠的业绩、成就、贡献，需阅览和研究大量史料，听取有关科技工作者的忆述。好在蔡老本人生前拟写了一个自述提纲并留存有自传类的资料，还有在中国航天科工集团公司二院的领导与组织下，尹德增、任献忠、汪南群、蔡愉祖、蔡光祖、蔡卫祖、胡江涌等进行了有关的采访，研究生院的梅铮、刘鑫、杨熔、刘亮、黄志强整理了采访录音。这些都为传记的撰写工作提供了基础。特别是蔡愉祖搜集、提供了大量的资料和图片，张淑卿对手写稿进行了录入，他们为传记的成稿做出了贡献。在此一并致以诚挚的感谢。

蔡金涛几十年始终如一，钻研科技，嗜书如命；朴实务实，注重实践；亦理亦工，追逐科学与事业，忠诚地为祖国、为人民服务。正因为他的优异业绩、卓著贡献与成就，以及他的高尚品格、风尚，而赢得广大科技工作者、航天工作者的爱戴与敬重，成为科技工作者的楷模。

经过我们的团结合作和共同努力，《蔡金涛院士传记》终于付梓了。在此欣慰之时，我们感到蔡老的科学思想、学术成就和思想品格，尚有挖掘和研究的空间。就书稿而言，也难免有个别谬误和挂一漏万之处，敬请有关专家和读者赐正。

谭邦治

2014年10月26日